SPSS統計實務操作

Social Statistics in SPSS

郭靜晃 ◎著

序

　　在教統計的教學生涯中,有些學生一上課就先表明數學不行,常對於統計的分析原理、公式產生排斥的心理,甚至認為SPSS就是統計。此外,也有學生表示統計已三修,每次統計考試必然在M餐廳待上一天,無數的漢堡及可樂都比統計的試算有趣多多。這種焦慮可能來自於數學焦慮,也可能來自於研究方法的邏輯基礎不夠。拜科技所賜,所有統計公式皆嵌入在電腦的套裝軟體,如SPSS、SAS或BMDP的設計完善,加上視窗Window及Microsoft操作系統的發展,使是在量化研究的資料處理分析的速度及正確性,但也無形中抹煞了學生的思考能力。

　　社會科學統計最重要是應用,尤其要瞭解變項之測量尺度,其實按照研究的假設,再逐步應用簡單及簡約原則(keep it short and simple, KISS),運用套裝軟體即可完成資料處理。然而,學生常以為統計的輸出表即是最後的結果,殊不知統計還是要製表、製圖,再利用統計術語來解決假設的問題。

　　本書是因揚智文化事業股份有限公司葉總經理的力促,期望有一本更精簡的統計書籍,以提高學生學習的動機及避免學生們的統計恐懼症,最好能按步驟操作也能瞭解統計,本書就在此期待中被催生,而本書的完成不是完成一本統計原理而是期待製作成一本統計食譜,以期能讓學生在短時間,能瞭解統計的運用,以及提供量化研究中資料整理的參考。

　　本書力求文字簡單,並輔以SPSS操作步驟,至於有關統計的原理與公式,個人期望學生可以再參考其他統計書籍,例如林清山的《心理與教育統計學》,或邱皓政的《量化研究與統計分析》,這兩本書籍已將統計原理及分析寫得很清楚及精簡。本書冀望學生能去除統計焦慮並能

充實統計知識及解決量化研究的分析疑慮。

　　本書之付梓感謝揚智文化事業股份有限公司的督促及鼓勵，以及閻總編輯辛苦的催稿及校稿，為本書之付梓提供各種協助，才能使本書在短時間內順利交稿及出版，在此表達誠摯的謝意。此外，也特別感謝M同學給我的激勵來完成本書，將此申謝。

郭靜晃 謹識

陽明山華崗　2013年初春

目　錄

序　i

Chapter 1　量化研究的科學取向　1
第一節　科學研究的目的　3
第二節　科學研究分類　9
第三節　量化研究之內涵　20

Chapter 2　電腦化及量化資料編碼　25
第一節　電腦化　26
第二節　編碼　28
第三節　SPSS的介紹　32
第四節　編碼與SPSS　35

Chapter 3　描述性統計　45
第一節　描述性統計　46
第二節　描述性統計在SPSS之運用　55

Chapter 4 推論統計與SPSS 75

第一節 推論統計之基本概念 76
第二節 點估計、區間估計在SPSS之運用 84

Chapter 5 雙變項之差異性分析與SPSS 89

第一節 雙變項分析 90
第二節 兩變項之差異性分析 95
第三節 差異性檢定在SPSS之運用 114

Chapter 6 雙變項之相關性分析與SPSS 137

第一節 相關係數之特性與特色 139
第二節 迴歸分析 153
第三節 雙變項之其他相關與關聯 167
第四節 雙變項相關與迴歸在SPSS之運用 173
第五節 雙變項之關聯係數 183

Chapter 7 無母數分析與SPSS 195

第一節 無母數統計檢定 199
第二節 無母數統計檢定在SPSS之運用 225

Chapter 8 多元迴歸分析與SPSS 245

第一節 多變項分析 246
第二節 多元迴歸分析 250

第三節　SPSS複迴歸分析中選取變項的方法　253
第四節　淨相關與部分相關　256
第五節　路徑分析　257
第六節　正典相關　260
第七節　多元迴歸在SPSS之運用　267

Chapter 9　信度分析、因素分析及SPSS之運用　289

第一節　量表之製作　290
第二節　項目分析、因素分析與內部一致性在SPSS之運用　310

Chapter 10　羅吉斯迴歸分析及邏輯對數分析與SPSS　335

第一節　羅吉斯迴歸分析　336
第二節　邏輯對數分析　340
第三節　羅吉斯迴歸在SPSS之運用　342
第四節　邏輯對數線性在SPSS之運用　346

Chapter 11　後記：SPSS操作筆記　353

參考書目　371

CHAPTER 1

量化研究的科學取向

第一節　科學研究的目的

第二節　科學研究分類

第三節　量化研究之內涵

　　社會行為研究是一門科學研究（scientific research），與其說是研究物質與自然技術和工具，倒不如說是一門產生社會（現實世界）知識的過程，它是一種方法，更也是講求結構、知識與系統（system）的過程，最重要的是，其是依據科學研究過程〔先用質化方法，應用歸納主題的理論命題，或形成假設的預先想法，再應用演繹方法在所感興趣的主題，化約為變項之間的關聯，再尋找未知的樣本進行假設檢定，以實證邏輯求取研究結果的最大類推（generability）〕所得到的知識過程。本質上，科學是一種歸類演繹的邏輯方法，它的正確性較高（錯誤率最低定於.05），且比較少發生潛在的錯誤。

　　每種研究類型都會使用數種特定之蒐集資料的方法，大多數從事質化研究的研究者習慣使用質性資料，而從事量化研究的研究者則使用量性的資料。但是，吾人不能視資料性質以作為判斷質／量化研究的唯一要點，有時候，從事質化研究的研究者也會酌量使用量性資料，反之，從事量化研究的研究者有時也會使用質性資料。

　　研究取向（research approach）主要是說明研究者如何獲得知識，而較不著重資料蒐集及分析的方法與技巧，最重要的是研究者是如何進行研究。研究方法論及取向說明研究者堅守哪些研究原則及其對事物看法的假定（assumption），並且如何堅守邏輯立場來執行研究，只是通常在研究報告（論文發表）不會對此過程做出清楚的交待，但每個研究皆有其研究取向及邏輯。一個研究取向如同一個研究計畫，有如建築物的鷹架，更代表其研究傳統或派典或典範（paradigm）。

　　量化研究取向（quantitative research approach）是以數學為基礎的符號邏輯思考體系，取代過去亞里士多德以來的以唯心傳統為基礎的形式邏輯。量化研究採取科學研究典範。科學典範最早由哈佛大學教授孔恩（Thomas Kuhn）所創立，他以「解謎的活動」（crossword puzzle）為例，解釋人類應由科學研究活動，如解謎般來解決問題，以獲得科學知識，進而創造科學文明，解決現實的問題。

Kuhn（1970）認為科學典範包括一整套思想體系，如假定、待答問題、使用的研究技術等。科學研究的方法論（methodology）涉及科學活動的基本假定、邏輯及原則，目的在探討科學活動的基本特徵。

科學研究最重要的是研究要具科學精神，最低要求是具備理解、執行及應用研究發現的能力（APA, 1952），簡言之，科學的精神不外乎態度與方法，以進行有系統的觀察與控制，利用精確定義、測量與分析，完成可重複檢證（replicate）的發現。科學的知識必須要通過邏輯與實證（empirical）的支持，而不是研究者口述個人的想法與經驗，必須要有數據（evidence）作為驗證的支持，而所獲得的知識更是吻合邏輯的合理解釋以及符合經驗世界的觀察。

第一節　科學研究的目的

一、科學目的

科學之目的是應用有系統的實證方法來獲得有組織的知識過程與活動，其主要在於描述、解釋、預測與控制。描述與解釋涉及研究者能清楚而完整加以描述社會現象或行為模式，也是科學最基本之目的。研究者要能明確理解研究議題的內涵與屬性，再進一步透過實徵研究求取擴展到相似情境的類化過程。描述與解釋是一種動態歷程而且持續進行的，所以文獻檢閱也是科學研究的重要基礎，現有的研究是依據過去點滴的研究累積成果而來的，最終以求一個完整的描述解釋系統。

除了描述與解釋之外，科學的活動還期能達成預測與控制的進一步功能，預測與控制有其預先決定的預知與介入（影響因果關係之應用）的積極功能，研究者運用知識或理論的邏輯意涵的推論，來對於未知發

生的事項進行推估。預測與控制有實用的價值並作為假論的推演，再經由實徵的研究操作作為驗證。

二、研究目的

不管其研究之性質是基礎或應用，研究終究有其目的，有時還會有許多個目標，在此將研究之目的歸納為五個：(1)探索（exploration）；(2)描述（descriptive）；(3)預測（prediction）；(4)解釋（explanation）；(5)行動研究（action research），分述如下：

(一)探索

研究者如果想要瞭解某個新興議題，或是之前沒有人做過這方面的研究，這類研究就是以探索性為目的之探索性研究（exploratory research）。通常質性研究常是以探索性為目的，其關心的議題是能整理出更精確的問題，以便未來能據此作更進一步的解答。探索性研究之目標在於：

1. 熟悉涉及研究之人、事、物之問題。
2. 對事件所發生之情況，整理出完整的圖貌。
3. 產生許多概念，以發展出可解釋的理論或推論。
4. 決定進行下一步的研究。
5. 歸納問題並提煉更有系統的議題。
6. 發展未來研究所需的技術與方向。

(二)描述

描述性目的乃是研究者針對研究之情境與個人背景（屬性）變項之間的關係，或對關係之特殊情節提出詳細描述。例如，台灣外籍配偶家

第一章 量化研究的科學取向

庭之子女有15%的比率需要額外的支持；台灣受虐子女有將近90%是來自親屬間的虐待。有時研究者針對某特定樣本的活動型態加以調查，並針對其所有的研究變項作一試探性的分析並求取彼此之間的相關，此種研究是以描述性為目的，試圖找出其活動型態之間的關聯，此種方法可稱為「散彈槍研究模式」（shotgun approach）。

大部分的社會與行為科學研究是屬於描述性的研究，因為在解決問題之時，研究者需要對問題的全貌有所瞭解，一般的調查研究，關係性研究及發展性的研究設計皆以描述性為目的，而且是依照敘述性的假設來加以設計。敘（描）述性的研究與探索性研究之差異性，在於描述性研究需要預先知道研究的方向與內容，也就是具有假設性之方向，而探索性研究則事先無需對問題有太深入的認識與瞭解。因此，描述性研究的設計必須要有預測性及分析假設的邏輯概念。所以說來，描述性研究之目標為：

1. 提供關於某些樣本的真相全貌。
2. 描述一個過程或與屬性變項間的關係。
3. 提供一個數字的描述。
4. 控制資訊以刺激新的解釋方向。
5. 呈現基本背景資訊與某個情境之脈絡。
6. 創造不同屬性的族群或區分不同屬性族群之異同。
7. 釐清真相之步驟的出現順序。
8. 記錄與某個主題之想法有相互矛盾的資訊。

(三)預測

預測性的研究常運用在量化研究，尤其針對研究中至少包括兩個及以上的變項，每一變項皆有描述性之目的，然後研究者再同時考慮此兩個變項間的關係。例如，能運用各種社會支持的人，其對壓力的感受會

較少，或汙水汙染與飲用此水的人得病的事實之間就存在著一種關係。這也是變項之間的統計關係，正相關或負相關。相關研究之統計關係建立在兩個變項（概念）間之共變（covariance）與獨立（independence）。前者是指事件之發生是與另一變項有所關聯；共變描述性研究不似探索性研究只著重於「什麼」（what），而是焦點集中於「如何」（how）與「是誰」（who）的問題上，其重點在於描述事件究竟如何。許多社會研究（無論是量化或質化）常是以描述性為目的，例如，量化的調查研究、文獻分析、內容分析，或質化的田野研究、歷史等比較研究皆是描述性研究。

(四)解釋

當研究者遇到一個已經描述過的議題產生置疑，此事件「為什麼」（why）會以此種描述方式呈現。此種想要知道「為什麼」，試圖得到事件原委之解釋欲望，這便是一個解釋性研究（explanatory research）的目的。解釋性研究致力於尋求知識形成的原因與理由，其更是建立在探索性與描述性研究的基礎之上，進而尋求事情發生的原因。解釋性研究的目標在於：

1. 決定事情真相的原則或理論的正確性。
2. 找出可以解釋的可能性及比較哪一個較好。
3. 發展對於某個真相的解釋。
4. 建構並仔細驗證理論，使理論提供的解釋更趨複雜。
5. 連結某個一般性陳述下的各個不同的議題。
6. 擴展或修正某個理論或原則，以產生新的議題或解釋方向。
7. 提供證據支持或駁斥解釋或預測。意指兩變項一起變化，例如：社會支持　高，其感知壓力小；反之，社會支持低，其感知壓力的程度則較高。所以，我們可以說社會支持與壓力有相關，或稱社會支

持與壓力共變。獨立是共變的相反，是指變項間沒有關聯或沒有關係。如果兩個變項是獨立的，意指某個變項上有某個特定值的個案，在另一個變項上並不會有任何特定值，兩者是沒有預測關係。

(五)行動研究

行動研究是一種應用研究，目的在於解決實務之問題並得以應用改善實務工作，其目標在於改善研究參與者的生活與情況，文章發表及知識獲得便成為次要之目標。行動研究視知識為一種權力形式，並且打破研究與社會行動之間的界限，主要是讓被研究的個體參與整個研究過程，並結合日常或大眾所瞭解的知識，集中於對權力的探討，並以爭取權力為目標，以尋求提高知識或增加對問題的認識，以及採取行動進而尋求問題的解決。例如，教師研究學生的學習動機與行為，並嘗試利用不同的教學方法試圖改善學生的學習興趣，進而觀察學習行為的改變；社會工作人員利用不同的個案管理（case management）技巧，試圖觀察個案是否因而被充權使能（empower），進而改善他們的適應功能。

行動研究者在進行此類研究時，他們嘗試將研究者權力下放，儘量與被研究者擁有相等的權力關係，以減少研究過程的權威與控制，而嘗試擴大被研究者對問題有深度的瞭解以增強他們對力量訴求的增加或對問題情況的改善，此類研究具有鮮明的預設立場，並不是價值中立（朱柔若譯，2000：49）。例如，研究遊民收容的行動研究者可能結合他的研究與發動遊民遊行，遊說改善目前收容的行動或倡導新的遊民政策。

三、應用研究

除了前述所提的研究外，應用研究還有兩種類型：「社會衝擊研究」（social impact research）及「評估研究」（evaluation research），此兩種方法也可能應用質化或量化的研究設計，目的亦可能是探索、描

述、預測或控制來進行研究過程。

(一)社會衝擊研究

其目的在評估計畫變遷可能涉及的影響,以作為計畫或選擇替代政策的參考,其研究的領域可能是社區服務(入學率、志工服務)、社會狀況(犯罪率、獨居老人生活能力)、經濟衝擊(西進政策、國民生活水準的變動)、人口效應(少子化、老年人口變遷)、環境(空氣品質或噪音變化)、健康(疾病發生、汙染結果)、心理福祉(壓力、恐懼或自殺率增加)。舉例來說,台灣面臨電力短缺,政府政策想要興建核子電廠,當選擇一適當地點時,對居住環境、經濟可能造成的改變,對居民的健康、環境宜作一社會衝擊評估。

(二)評估研究

是一種被廣泛使用的應用研究,其針對的問題是「這有效嗎?」。社會工作人員進行一社會處遇計畫(social intervention project)時,在執行結束時,研究者用來評估此方案、政策或社工管理方法是否具有效用?此種研究經常是描述性,也可以是探索性或解釋性,有時也可能應用實驗設計方法來評估方案的效用。評估研究也是政府常用來評鑑行政系統(如學校、政府機關、企業)的計畫執行與預算之執行成效。

社會衝擊與評估研究常會利用需求評估(need assessment)與損益分析(cost-benefit analysis)。在需求評估中,研究者蒐集資料以決定主要的需求及其迫切性,而需求又可分為表達性、規範性、比較性及感覺性四類,這也常是政府機關作為施政或訂定政策的依據。在損益分析,研究者利用經濟學原理發展損益分析,評估數個建議行動的未來成本與收益,套用會計之收入與負債之槓桿原理來分析輸入(input)及輸出(output)之平衡結果。此種研究最難的亦是最主要的係如何決定測量指標。

第二節　科學研究分類

科學研究即是以科學的方法來獲取知識，其分類以研究之目的又可分為基礎研究及應用研究；而以資料蒐集的策略之方法論則又可分為質化及量化的研究。前者常以詮釋方法、社會批判方法、女性主義和後現代之研究方法為策略；後者常以調查法、實驗法，及非反應性之研究（如內容分析方法、文件之次級分析方法）。此外，有時也可因樣本之多寡而分為個案研究（case study）及群體性的研究。

一、依研究目的分類

為了分辨其研究之類型，筆者嘗試以研究之目的來對研究類型加以分類，經整理後將其分為五種類型：(1)歷史性研究（historical research）；(2)調查研究（survey research）；(3)相關研究（correlation research）；(4)事後回溯研究（causal-comparative research）；(5)實驗設計（experimental design）。研究之目的在於描述、預測及控制，所以吾人可以用研究之目的來加以區分，請參考圖1-1。研究之目的又可分三C來做區別：偶然事件（coincidence）、相關關係（correlation）及因果關係（causality），當研究是以描述為目的，研究者常解釋變項與屬性變項之區別，以及變項之發生頻率與性質是否為偶然的關係；研究是以預測為目的時，研究者遂嘗試瞭解自變項與依變項發生之共變關係，也就是兩變項之間是否存有相關關係，當研究目的為控制時，研究者則嘗試找出變項之間的因果、邏輯關係，或驗證理論之因果關係模式，最重要的是研究者嘗試控制自變項並觀察依變項之變化。

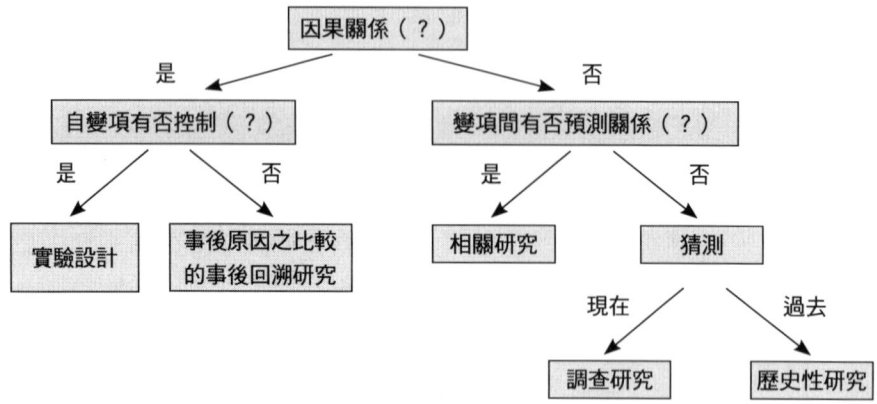

圖1-1　科學研究之分類——以研究目的來區分

(一)歷史性研究

歷史性研究常以探索或描述為研究目的，研究者只是基於研究的興趣或所觀察的事實加以解釋。此種研究可以適合質化研究（如歷史比較研究），例如：台灣社會的人口變遷問題或量化研究（如民族誌資料的文化比較，或二二八事件的真相調查）。此類研究最重要的考量是如何尋找標本（如比較研究）以及尋求資料（其真實性及可信性）。此類量化研究所應用的統計常以描述性統計為主，而且變項亦常以較低尺度的類別變項為主。

(二)調查研究

調查研究又可區分為郵遞問卷、電話訪問或親自訪問等三種蒐集資料的策略。所有的社會科學研究又以此種方法最為普遍，吾人常聽到電視收視率調查或民意調查皆是以描述為研究之目的，而且是以尋求事實為目的。例如，政府常會蒐集人民的觀點或需求而執行一些老人生活狀況調查、單親家庭生活狀況調查，其目的在於探討老人或單親家庭的生

第一章 量化研究的科學取向

活性質與問題。此種研究方法,可用於研究大大小小的各種群體,透過由群體中選取樣本予以研究,以發現社會或心理變項(依變項)並與個人屬性變項彼此分配,影響情形以及相互之關係,此種研究又可稱為樣本調查(sample survey)。

調查研究主要的目的是探索變項其表面意義所隱含的事實,或描述變項在特定群體的分配,例如普查的研究就是以描述為目的。當研究者想瞭解全國兒童的生活狀況而進行的調查是一普查的行為,而且是以描述為目的。調查研究是從大量樣本蒐集特定的訊息,例如:內政部對全國兒童進行其家庭的訪查,調查內容則是針對成人對待兒童的行為。調查的方法可以用來蒐集有關態度的訊息(你認為老師可以對學生進行體罰嗎?);關於現有生活行為和習慣的訊息(你每天可以自由運用的時間是多少?);關於知覺的訊息(你的父母是如何與你溝通?)。

調查的問題可按標準型式準備好,對回答也按事先設定好的一系列類別進行登錄:這種方式是結構型的問卷,通常是以紙筆測驗方式進行。一份設計良好的調查問卷,問題陳述清楚,備有可選擇的答案,這些選擇答案不是模稜兩可或內容重複。另外,調查的問題也可使用開放式的問題,讓受試者自由回答,再經研究者深度的深探(probing)以達到研究者的目的,這種問題及方式是屬於非結構式的問卷。也有結構式的問題加上非結構式的問題合併成為半結構式的問卷。如果研究是讓受試者直接回答調查問題,受試者必須具備讀寫能力,否則要讓研究者讀出調查的問題讓受試者瞭解,以便他們能回答。調查法也可和觀察法合併,是讓研究者直接觀察受試者以得到研究問題的答案。

測驗法在形式上與調查法相似。通常測驗被設計來測量某一種特殊的能力或行為特質,如智力、成就能力,是以一組標準化(standardize)的問題來給兒童作答;或以一些作業或工作(task)讓幼兒來操作,從中評定幼兒的特質。

測驗必須是可信和有效的。當對同一受試者的每次測量都能得到幾

乎同樣的分數或診斷時,則此測驗是可信的(reliable)。所謂測驗有信度的意義是指測量結果的誤差小。測量信度可被區分為兩類:其一為穩定性(可參考再測信度、複本信度、評分者內信度等);其二為一致性(可參考折半信度、KR-20、α信度、評分者間信度等)。該測驗若能測得本身真正要測量的內容時,則此測驗是有效的(valid)。設計測驗的人必須規定什麼是研究者想測量的,他們也必須提供證據,證明測驗確實測量了此一建構。效度種類很多,主要目的是找出其測量的適當性,請參考相關的效度內容,如內容效度、邏輯效度、效標關聯效度、建構效度等(郭靜晃、徐蓮蔭譯,1997)。

(三)相關研究

相關研究之目的在於瞭解兩變項之量值的共變關係,尤其彼此之間的關聯及預測關係。考察變項之間的相關性,常用於調查研究(如測驗法、問卷法、觀察法),並用統計技術計算彼此之相關係數。相關是指已知一個變項(如年齡)的值,使人可去預測另一變項(如助人行為)的程度。觀察的研究者可以提出許多類型的問題。那些單獨玩耍的兒童經常在自己的遊戲中表現出更多的創造力嗎?那些最具攻擊性的青少年的父母使用大量的體罰嗎?從自己的孩子那裡得到大量的幫助和支持的老年人,比那些從孩子那裡得不到什麼幫助的人有更高的自尊嗎?

一種可計算的統計量稱為相關係數。相關係數告訴你,在變項之間是否有數學關係、關係如何。對發展的研究所獲得的許多發現,是相關性的報告。相關係數值的範圍是從+1.0到-1.0之間。

讓我們以攻擊行為和學校學習成績的相關為例。如果較高的攻擊與較好的學習成績相關存在,兩個建構之間是正相關(趨向+1.0),當一個增加,另一個也增加。如果較高的攻擊行為與較差的學習成績相關存在,相關是負的(趨向-1.0),當一個增加,另一個降低。如果在攻擊行為和學習成績之間沒有規律的關聯性,相關係數接近零。變項之間關

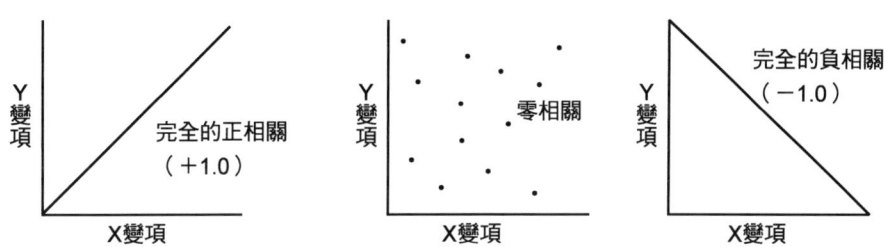

注意:每一點代表同一個人在兩種變量中的測量

圖1-2　X變項與Y變項之間的相關

聯的強度反映為相關是否接近零或趨向＋1.0或－1.0。圖1-2表示出一個完全正相關、一個零相關和一個完全的負相關。

　　兩變項之間高的正相關或負相關僅僅表示它們之間有關聯性存在，不表示有任何因果關係存在。攻擊與較差的學習成績有密切關聯，並不意味著攻擊是兒童學習差的原因，或許學習差是兒童攻擊的原因，或者有某些其他因素可解釋攻擊和低學習成績之變異，如注意力差或對學習成績的低動機，對攻擊和低學習成績雙方起了作用。

(四)事後回溯研究

　　係指一件事情發生之後，才著手蒐集相關此一事件的各項資料，並分析其原因的研究方法（黃光國，1978），此種研究常被應用於社會學、考古人類學、社會工作、經濟學等。雖然心理學、教育學、醫學也常應用個人之特質或經驗為自變項所做之「準實驗」（quasi-experiment），也常具有事後回溯性質。

　　在處理量化研究中，研究者常以問卷、量表或內容分析所得的資料，並加以統計分析，最常用是考驗彼此的差異性或求取變項之間的相關。然而，即使彼此變項之間有顯著的差異或相關，但卻也無法證

實彼此之間是否有因果關係（cause-and-effect relationship）。Kerlinger（1973）就辯稱：「事後回溯研究是一種有系統的實徵研究，此類研究之自變項是研究中的既成事實，而且是無法操弄（manipulate），因此研究者無法控制自變項，而變項之間的關係也是由彼此之間的共變程度來加以推論的。」（p. 379）這點也是其與真正控制因果關係之實驗設計的真正差別。

(五)實驗設計

實驗設計是所有科學研究中唯一可驗證變項之間的因果關係，其最重要的關鍵是變項之間具有因果關係的邏輯，以及自變項是可加以操控的。

因果關係是一種對因果的詮釋（causal explanation），用於檢證原有原因與結果屬性（通常合乎理論之邏輯性）的關係上。因果關係至少需要有三個因素：時間順序、關聯性及排除可替代原因，茲分述如下：

◆時間順序

係指原因必須出現在結果之前。例如：「因為下雨，所以曬的衣服被淋濕了。」這是一種常識性假定建立因果關係的方向──由原因導向結果。

◆關聯性

簡單的因果關係是單方向的，是由原因導向結果這個單一方向運作，單一的因果關係比較容易操作，但是比較複雜的理論是要清楚地說明可能是雙向關係（互為因果）的因果關係，也就是同步具有因果關係。例如，少年喜歡打電動，常去網咖玩電玩，所以成績不好，但也可能是反方向的因果關係，也就是可能是成績不好，所以同儕關係不好，因此常跑去網咖玩電玩。理論含有互動或回饋關係，是難加以檢驗的。有人又稱單向關係是非循環的（nonrecursive），而雙向互惠關係是循環

的（recursive）（朱柔若譯，2000），驗證這種關係是用統計的關聯（association）分析來確認此種因果關係。兩個現象若以固定的模式同時發生，或近乎同時行動，則是要有關聯性的。關聯並不是相關係數，而是較類似共變（concomitant variation），因為兩變數是同時發生的。

◆ **排除可替代原因**

意圖找出研究變項之因果關係，必須要驗證結果之產生是由單一原因致使的，而不是其他原因之故，這也可以宣稱此種因果關係是沒有虛假關係（spurious relationship）存在。例如，天氣下雨，樓上鄰居又澆水，造成衣服被淋濕，那麼衣服被淋濕，不能說是因為下雨之故。研究比較可以用觀察方法看到時間順序與關聯性，但是觀察不到替代原因的排除，因為不可能排除掉所有可能的替代原因。找出替代原因不能用調查研究方法，唯一可以使用的研究設計是實驗設計方法。

實驗法是最適用於測定單向的、因果性的關係的方法。在實驗中，對有些變項組有系統的予以控制，而其他變項則保持恆定。實驗者控制的變項稱為自變項，由受試者的回答或反應確定的變項稱為依變項。

在某些實驗中，一組受試者接受一種與其他組不同的經驗或訊息（通常稱為一個處遇）。接受實驗者操縱的這一組稱為實驗組，不受這種處遇或操縱的受試組稱為控制組。這樣兩個受試組在行為上的差異就歸因於處遇的不同（這是為組間控制，樣本為獨立）。在另一實驗中，對單一組受試者是在其接受處遇之前與之後，或各處遇之間比較其行為。同樣地，處遇前和處遇後行為的系統差異則是由於實驗的安排。有這種情況中，每一個受試者都要控制自己（這是為組內控制，樣本為相依）。

控制是實驗成功的關鍵，實驗者必須學會選擇參加實驗的受試者或受試組。參加者必須對於實驗情境具有相同能力，如果這個條件不具備，就不能假定組間受試者在行為上的差異是來自不同的處遇。實驗者

必須控制受試者呈現任務的方式，以便使下列因素不干擾受試者的行為，例如，受試者理解指示語和實驗安排的能力，對環境的適宜與熟悉程度。控制保證了受試者行為的改變確實是由實驗操縱所造成的。

假定我們有興趣研究失業對兒童和不同年齡之成人的影響。我們不能（也不想）使某些人失去自己的工作而讓另一些人有工作，然而，我們可以比較在同樣年齡和社會階層中父母失業的孩子與父母沒失業的孩子；我們可以比較失業的和有工作的青年及成人。對一種「處遇」的歸因是以實際事實的結果為依據的。科學家的任務就在於：比較這一處遇——失業的經歷——的結果，說明受試者進入此一處遇組或其他組的方式對結果所帶來的限制。研究者可以比較有失業體驗和沒有失業體驗的兒童、青少年和成人，但是不能說失業是唯一可以說明在所觀察到的結果中呈現差異的因素。

實驗法的優點是具有解釋變項之間的因果關係，但其限制乃是在於控制的應用；換言之，我們不能確定在實驗室的人為控制情境如何應用到真實世界的自然情境。例如，吾人把實驗控制的依戀行為（母親是否在場或陌生人是否在場時，孩子的行為反應），應用到家中或教育機構時，孩子的行為可能會有所不同。

心理學許多的研究是採用「準實驗」的方法，也就是說，研究者也是研究他們所感興趣的因果關係的研究或變項，但他們並不實際操控它，例如，我們研究我們所抽取的樣本，其本身在抽樣時已包含了不同的家庭型態（單親或雙親家庭），或不同的父母教養態度（民主、權威或放任式的教養態度），對兒童、青少年或成人之影響。

二、觀察研究、個案研究及訪談法

社會科學研究除了上述的分類之外，有時基於研究之目的或研究對象之限制（尤其對兒童或失能者），有時也會因研究需要而採取觀察研

究、個案研究或訪談法,茲分述如下(郭靜晃,2005):

(一)觀察研究

觀察研究(觀察法)乃是研究者基於研究之目的,客觀地記錄兒童在家庭或學校中的行為。這是一種研究兒童發展的最古老的方式之一。皮亞傑在其認知論的形成中,就是對他自己的孩子進行自然觀察。現今有些觀察者也將此種方法應用到家庭、學校、托育中心或托兒所進行觀察;也有的觀察者請受試者在人為的實驗情境中來進行觀察,以便進行人為的控制。前者稱為直接觀察法,或自然情境觀察(natural settings observation);後者稱為控制觀察法或實驗情境觀察(laboratory settings observation)。

◆優點

這種研究是在檢查各種有關的行為,其優點是:

1. 能夠隨時獲得自然發生的反應。
2. 可以讓正在發生的實際行為啟發研究者瞭解為何產生。

◆缺點

其缺點是:

1. 究竟發生什麼行為,不同觀察者之間常常也難取得一致意見。因此當有兩個或兩個以上觀察者記錄同一情境時,為了證實他們的紀錄是否具有一致性,我們還要評估其一致性的程度(degree of agreement),或進行評分者間信度(inter-rater reliability)考驗。
2. 有些環境中活動過於頻繁,因而很難全部予以精確觀察。因此,研究者必須掌握一些工具,如抽樣系統或錄影技術來幫助我們進行兒童行為觀察。

錄影技術提供我們一個有效觀察的工具，它既適合實驗情境，也適合自然情境的觀察。另外一個抽樣系統可分為「時間取樣」（time sampling）與「事件取樣」（event sampling）。

(1)時間取樣：是事先設定的時間內，以規律性間隔或隨機性間隔，觀察和記錄所選擇的行為。時間取樣中研究者要確定所觀察行為是否具代表性是很重要的。研究者可決定時間間距（time interval），例如，以十五秒、三十秒或一分鐘為單位，在這段時間以外所發生的行為和事件則不加以記錄。

(2)事件取樣：它是以事件發生為重點，而時間取樣是以時間為重點，兩者之間的步驟和結果都大不相同。事件取樣只選擇某一特定之事件作為記錄的對象。事件是指某特殊範圍的行為，例如，兒童的攻擊行為或社會戲劇遊戲。當觀察這些特定行為時，我們必須先確定這些行為是否合乎操作型定義，如果是，那麼就代表行為具有吾人想研究的屬性，再進行整個研究觀察與記錄。

除了上述時間取樣法及事件取樣法外，觀察研究法還可分為：採樣記錄法、日記式記錄法、軼事記錄法、檢核表法及量表法等。

(二)個案研究

個案研究是對個人、家庭或社會群體作更深入的描述。其目的在描述特定的人或群體的行為，通常用於描述個體經歷或考察與理論預見不一致的現象。目前日漸趨之若鶩的質化研究也常常應用此種研究設計。

個案研究可以各式各樣的訊息來源作為依據，包括：訪談、治療過程的對話、長期觀察、工作記錄、信件、日記、回憶錄、歷史文獻等。發展研究常使用個案研究，如心理分析學派大師佛洛伊德曾用此方法澄清某些精神障礙疾病的起因。其女兒安娜·佛洛伊德（Anna Freud）描述一群孤兒（社會群體）的依戀發展，該研究描述在第二次世界大戰期

間生活在集中營裡的一群孤兒彼此的依戀，以及日後重返正常社會環境中，相互維持情感的策略。此外，皮亞傑對其女兒長期觀察並透過訪談技巧，建立兒童的認同結構概念。

個案研究被批評為不太科學，因為個體不能代表大規模群體，而從一個案要去概論（generalize）其他個體或群體時，必須更加小心謹慎。另外，個案研究也被批評缺乏可靠性，因為不同的研究者對同一受試者進行研究，也可能因事件或對事件的詮釋不同而造成相異的觀點。

符合科學觀察標準的個案研究必須有明確的研究目的和蒐集資料的系統方法，同時真實的紀錄及令人信服的個案資料，才能刺激人類發展的理論和實務。

(三)訪談法

訪談法也可以和上述的研究方法共同使用，其主要是以與個案者面對面的談話為依據。這個方法適用於個案研究，也適用於群體推論的研究。同時，訪談法可以是結構式或開放式的口頭調查。應用到兒童心理學的研究時，研究者可將想得到的資料（基於研究目的）與父母、保育兒在兒童家中或保育機構中面對面的溝通，以達到瞭解幼兒行為或進行幼兒行為矯治工作。

一個人的回答極易受訪談者的影響。訪談者可利用微笑、點頭、皺眉或看別處，故意或無意地表示贊成或不贊成，以在建立親密關係和影響回答之間保持一微妙的界限。

人類發展之心理學研究常以實驗法、調查與測驗法、訪談法、觀察法及個案研究來瞭解人類發展之變化情形及原因，此類方法應用之優缺點概要地列於**表1-1**。

表1-1 發展心理學常用五種研究方法之優缺點

方法	定義	優點	缺點
觀察法	行為的系統描述。	記載不斷發展中的行為；獲得自然發生、沒有實驗干預的材料。	耗費時間，故需要仔細訓練觀察者；觀察者會干擾正常發生的事物。
實驗法	將其他因素保持恆定，通常改變一些條件而控制其他條件以分析其中的因果關係。	可檢驗因果關係假設，可控制和分離特殊變量。	實驗室的結果不一定適合其他環境；通常只注意單向因果關係模式。
調查與測驗法	對大群體問一些標準化問題。	可從大樣本中蒐集資料；不大要求訓練；使用非常靈活方便。	修辭和呈現問題的方式會影響作答；回答可能與行為無密切關係；測驗可能不適於學校或臨床環境。
個案研究	對個人家庭或群體的深入描述。	注重個人經驗的複雜性和獨特性。	缺乏普遍性；結果可能帶有調查者的偏見，難以重複。
訪談法	面對面的交談，每個人都可充分闡明其觀點。	提供複雜的第一手資料。	易受調查者成見的影響。

資料來源：郭靜晃、吳幸玲譯（1993），頁27。

第三節　量化研究之內涵

一份實徵性量化研究，大體而言應包括四個主要部分：緒論（introduction）、方法（method）、結果與討論（discussion）（邱皓政，2000），分述如下，有關其流程可參考圖1-3及圖1-4。

一、緒論

量化的實徵研究，皆以豐富的前言與文獻鋪陳為開端，尤其是研究的緣起，包括研究的重要性、背景、研究焦點的形成，以及迄今為止，此問題已有何結論。此章最重要的是彰顯研究者對此研究議題的瞭解，

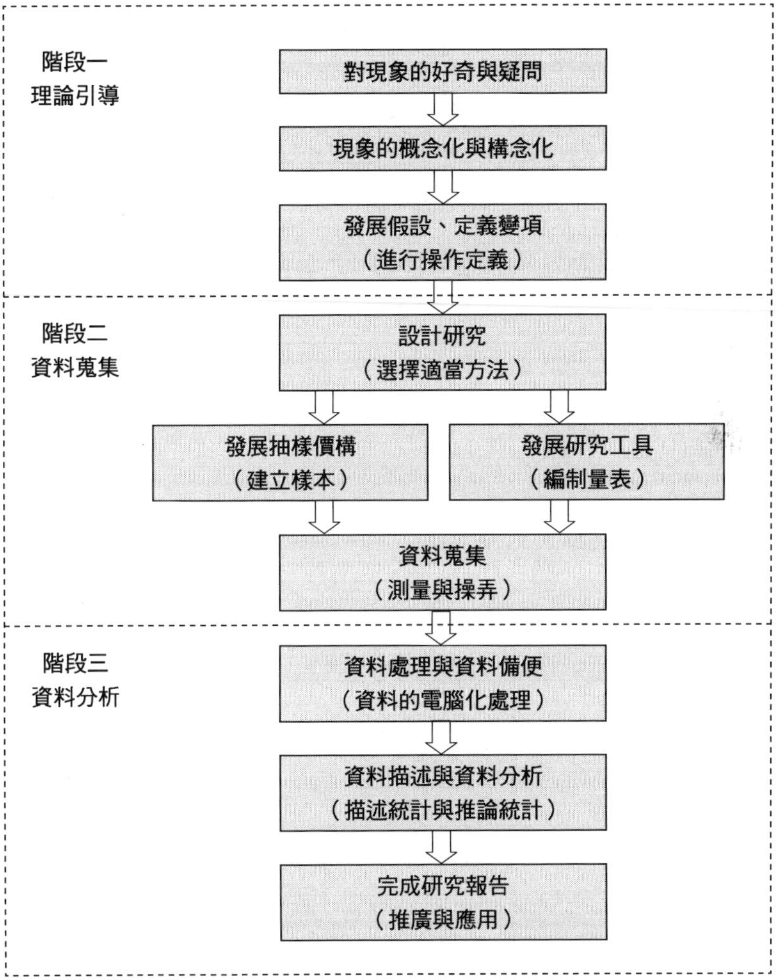

第一章　量化研究的科學取向

圖1-3　量化研究的基本程序

資料來源：邱皓政（2000）。

以及與讀者的溝通，為了強化研究者的立論，研究者也必須提出相關的文獻及理論背景。理論的提出必須要有嚴謹縝密的立論闡述及清楚明確的演繹推理，以及引用恰當適切，最重要的是闡述變項之間的邏輯關聯。

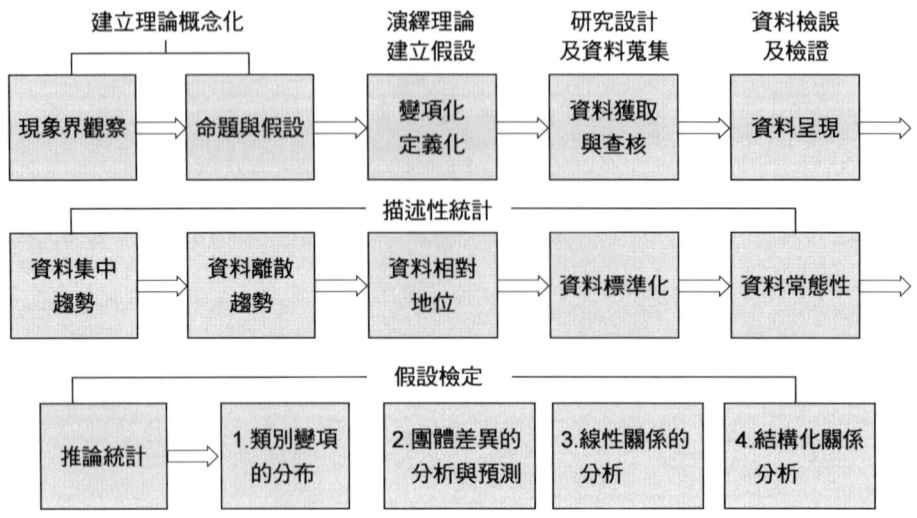

圖1-4　量化研究的核心過程

二、方法

　　方法的內部在於記載研究者執行研究的詳細相關內容，其功能是幫助讀者能理解研究的執行步驟，並可依研究者的流程來產生研究的再製（replicate）。方法可能不依固定的格式，或內容也可以不同，基本上可包括三個部分：

(一)研究樣本

　　研究樣本是研究者依研究性質及事實來說明此特性如何被運作，以及想要類推的可能的標的群體（target population）。研究樣本的特性以及樣本結構的說明，可幫助讀者判斷是否有偏誤（bias）或誤差（error）的存在。

第一章 量化研究的科學取向

(二)研究工具

實徵研究的進行，多半會使用特定的儀器或特定的測量工具以蒐集資料。實驗設計不能涉及實驗儀器設備的使用，而調查研究則依賴問卷的設計、指標或量表之測量工作。客觀、精確的測量，除了工具具有信度、效度外，還必須要採取一定的標準化程序（procedure）。

(三)研究程序

科學的研究強調標準化及客觀化的操作過程，所以程序過程（圖1-3）的說明，如研究前的準備工作、工具的選擇、取樣、人員訓練或實驗的步驟等，將有助於讀者瞭解研究結果可能受上述的步驟之可能影響。

三、結果

研究結果乃是以資料的分析結果（通常是統計分析）的研究隱含的解釋，這也是研究最重要的結果與發現，也就是研究者要應用適切的統計分析程序來驗證假設，並提出具體的論證。

四、討論

當研究者完成分析之後，接下來即要進行研究結果的整理與結論的步驟，討論最主要在描述研究設計與發現，詮釋主要的發現、作評論並以過去的文獻對話，以找出研究者的立論立場，研究價值與意義，以及指出研究缺失和未來研究的方向。

CHAPTER 2

電腦化及量化資料編碼

第一節　電腦化

第二節　編碼

第三節　SPSS的介紹

第四節　編碼與SPSS

有關質性資料有如文字、語言、文案等軟性資料（soft data），再經由質性分析策略形成編碼種類或概念化過程，再呈現給社會大眾。而影響量化研究之資料乃根據研究者對變項之概念化並加以測量化而形成一大堆資料，轉化成數字並形成無數的圖形與表格以及數學（統計）符號所組成的量化之統計分析資料，研究者再依據這些資料瞭解數據的涵義以及研究之意涵（implication）。因此，執行量化研究之研究者除了要瞭解研究變項之定義，規劃研究設計，蒐集資料，然後轉換成數字資料（資料編碼登錄），接下來就是要組織與操弄這些量化資料（也就是利用統計方法），所以，身為一個量化研究者必須要瞭解及使用這些量化分析技術以呈現你的研究結果，同時也要瞭解別人量化資料之意涵。

身在二十一世紀的社會，資訊管理及處理儼然是個人生活必備之技能，電腦之應用及依賴乃是這世紀的重要革命，對生活如此，例如網路訂票、資訊搜尋、玩WII的電腦遊戲等；對社會研究亦是如此，電腦對社會研究之貢獻，猶如顯微鏡之於生物學、望遠鏡之於天文學一般（李美華等譯，1998）。

電腦應用於社會科學研究因其具嚴謹度及少誤差而深受研究者的信任與依賴，也幫助社會科學研究具有多樣化。

Kerlinger（1986）指出電腦對於科學研究有五大助益：(1)高速運算；(2)高記憶容量；(3)可塑性；(4)普遍性；(5)信賴性與服從性。

第一節　電腦化

試想一下，在二十年前，個人電腦尚未普及之前，有關社會科學研究之資料處理要依賴計算機或找大型電腦寫程序運算，那是一件多令人心煩的工作。此外，研究的變項處理，尤其在迴歸或因子間的交互作用，更是令研究者頭痛，不僅耗費時日，而且也不知所計算是否正確。

第二章　電腦化及量化資料編碼

但隨著科技進步，這些問題也可迎刃而解，更可幫助研究者處理更深奧的研究邏輯問題以及結果的運用。然而，電腦化的發展固然可使研究者便利，也造成研究者對統計套裝軟體的依賴以及迷失在操作程序，而對於統計的概念、研究的統整以及資料處理的實證分析能力，卻在無形之中逐漸消失。

　　過去幾十年的電腦發展與設備，誰也難以預料未來我們會使用何種設備以及如何使用電腦化，但使用電腦、依賴電腦已成為生活趨勢。電腦之運用早在1801年由Joseph Marie Jacquard開始使用工業的紡織圖案設計，使用的方法是利用類似打孔機的打孔方式來作資料編碼與儲存。之後，在1890年美國憲法要求政府每十年要做人口普查，而Herman Hollerith將卡片技術用在人口普查技術，並成立國際商業機器公司（International Business Machines Corporation, IBM），之後，1950年代，打孔卡或稱IBM已成為當時用來儲存和擷取社會研究之資料的重要工具或代名詞。

　　回想在六○年代，作者為了能有效運用電腦來分析資料，參加過不少的電腦課程，如COBOL、FORTRAN（前者用於商業應用，後者用於工程應用），然後，小型電腦（microcomputer）問世，關於如何讓之前的大型「電腦主機」或「個人電腦」的執行運作，唯有透過程式運作（如過去的COBOL、FORTRAN）或現今的SAS、SPSS、BMDP來執行各種統計運作。在過去的時代，電腦的運作要經過四道程序：問卷設計，設計編碼簿，鍵入（key in）資料成為資料檔，再利用統計軟體分析及輸出結果（printout）。所以往後一個資料要經dos三個檔案儲存：資料檔（file.dat），程式檔（file.prg）（二十年前還是要寫電腦程式）以及資料輸出檔（file.out），即使在1980年代晚期，電腦分析端賴中控電腦中心運作的既大又昂貴的電腦（又稱大妖怪的super computer），也就是「網路系統」的電腦主機來執行，即使執行SAS、SPSS，我們皆要用電腦卡、終端機或磁帶方式將資料連結到電腦中心，或使用電腦中心的資

料庫。隨著電腦的遠端輸入系統（remote job entry system）、分時（time sharing），數據機（modem）的發展及改良，也都使電腦使用及資料分析更為方便。

但最令人興奮及方便還是「個人電腦」的發展及普遍使用，加上科技革新與發展，使得資料處理速度、記憶容量以及電腦儲存量的改善，也使得社會研究之資料處理變得既方便又有效率，更成為學習社會研究之必備知識。

電腦化已是現代生活的趨勢，但電腦終究還是機器，如何讓電腦操作及變戲法，須讓它能瞭解你要它做什麼（程式），以及懂得你的資料儲存方式──也就是編碼（coding）。編碼如同質性資料般，如何讓資料透過系統之編碼過程來分類資料以將資料量化。附錄一是作者過去執行一項研究計畫的一份問卷，是訪問八歲以下之兒童的父母有關兒童的生活狀況。經過資料蒐集（透過訪問法）後，將資料鍵為數字檔。

第二節　編碼

編碼架構必須要符合研究之需要，儘量保持具有最多細節的資訊，組合資料則由分析之程式來合併，但如果一開始就只有粗略的分類，那分析資料就不能獲得精細的資料，如同資料本身具有連續變項之性質，研究者只做類別變項之歸類，就任由資料流失（lose），但資料只有類別變項之性質就不能獲得屬於連續變項（如等距尺度或比率尺度）之性質。

一、編碼類別之設計

編碼類別在量化資料處理可以兩種方式來呈現，一是結構式處理方

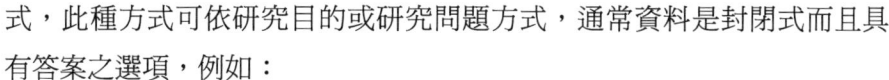

第二章 電腦化及量化資料編碼

式,此種方式可依研究目的或研究問題方式,通常資料是封閉式而且具有答案之選項,例如:

「你父母的婚姻情況?」
☐保持婚姻,住在一起
☐保持婚姻,未住在一起
☐離婚,住在一起
☐離婚,未住在一起。

另一種編碼方式是答案選項未明朗化,而且具有彈性,例如,「你來參加社團的目的為何?」雖然,你可能預期回答會有正面的、負面的或中立的,但你卻不太可能預測到這個答案所有可能的變化範圍。在這種情況下,準備一張列有多個實際選項之答案格子可能是有用的,然後再從這張答案目錄中作分類動作。

編碼類別首重於系統的整理、歸類,如果你有資源可找到人(助理)幫忙,那你還是要將編碼系統寫下並有效訓練你的助理,避免看法混淆而造成不同編碼者有不同之看法,影響一致性度,是謂編碼者間信度(inter-coder reliability)。如果你沒有資源只剩自己做編碼工作,那你還是要寫下編碼系統以便日後檢查或複查的標準,此為編碼檢查(check-code),同時,這也可以成為你對資料編碼的穩定性,又為編碼者內信度(intra-coder reliability)。

二、建構編碼簿

編碼過程之最終產物是將資料(問卷)之選項轉換成數字碼,這些數字代表每個選項之屬性,同時分配到特定欄位,而成為整個資料檔。一本編碼簿(coding book)是研究者告訴別人或自己有關變項之欄位以及

每個變項內含屬性號碼之紀錄。它具有兩個功能：

1. 是整個編碼過程的導引（guideline）。
2. 在分析時，告訴你在資料檔的位置和代表回答者所勾選之屬性。

當研究者選取樣本後，進行資料蒐集，完成整個編碼登錄成為完整資料檔，而登錄及編碼之指引則要依賴編碼簿。例如，在問卷中第一部分兒童基本資料中的第三題有關胎別，問題選項為：1.單胞胎，2.雙胞胎，3.多胞胎。而在編碼簿中此題變項名稱為v1a3，選項為單胞胎，鍵入1；選項為雙胞胎，鍵入2；選項為多胞胎，鍵入3。**表2-1**是此編碼簿裡的其中兩題，有關第三部分第九題的第三小題及第四小題。其中有幾個要素要注意：首先，每一個變項都有其名稱，如v1a3、v3a903或v3a904。其次，每個變項皆要有完整的定義，每個選項一定要窮盡及互斥（exhaustive and mutually exclusive）。

表2-1　編碼簿部分範例

v1a3	v3a903	v3a904	
你所填寫兒童的胎別？	全家平均每月支出為何？（單選題）	每月花費於兒童的支出項目？（複選題）	
1.單胞胎	1＝未滿20,000元	1.食物	0＝無　有＝1
2.雙胞胎	2＝20,000-29,999	2.衣物	0＝無　有＝1
3.多胞胎	3＝30,000-39,000	3.教育、才藝	0＝無　有＝1
	4＝40,000-49,999	4.玩樂、玩具	0＝無　有＝1
	5＝50,000-59,999	5.交通	0＝無　有＝1
	6＝60,000-69,999	6.安親、抗毒	0＝無　有＝1
	7＝70,000-79,999	7.醫療	0＝無　有＝1
	8＝80,000以上	8.書籍	0＝無　有＝1
		9.儲蓄（教育基金、保險）	0＝無　有＝1
		10.其他、請說明	0＝無　有＝1

第二章　電腦化及量化資料編碼

三、編碼輸入

　　過去編碼輸入可透過人工打孔、磁碟方式或利用終端機按鍵，進入電腦上儲存磁碟片上或隨身碟（USB），可以透過Word、Excel或SPSS軟體再作儲存，系統不符合只要透過轉換單（transfer sheet）即可。有時候也可利用訪員資料輸入（可利用電腦輔助電訪系統）；或者讓受訪者或訪者在調查後，直接將資料輸入於問卷的右方，再由編碼員鍵入資料，不需要對應哪一行、哪一格；或者使用光學掃描器（optical scanner）將在特別的編碼紙上的記號，產生一個資料檔，例如，大專聯考的答案卷。

四、資料的清理

　　在完成所有的編碼工作以及鍵入資料形成一個資料檔後，接下來要確定這個檔案有否鍵入錯誤資料，然後，重新找人作檢核（double check）工作也是可行的，但有時資料龐大，此種方法也不可行。但如何確定整個資料檔是無誤的編碼，而資料處理之偏誤可能來自錯誤的編碼、讀錯編碼或感應錯誤。

　　資料檢誤工作有兩種方式，一是對可能的變項作一列印，再做屬性的檢核，例如，**表2-1**之v1a3變項，大概只有四個可能的編碼：1.單胞胎，2.雙胞胎，3.多胞胎，9.漏答（missing data）。當研究者將此變項作一次數分布卻發現有任一案例出現編碼不是1、2、3或9，則很明顯產生錯誤，此時可以由電腦回到那一受試者，然後，再調出問卷，做一檢核。另一檢誤方式為列聯式清理，又稱一致性清查，此種方法要利用寫程式來檢驗資料之邏輯性，例如用（if-then）指令來完成，例如問卷中問婦女生了幾個小孩，所有婦女回答沒有及生了一個、二個、三個，及以上之總和應設等於所有婦女之人數，但如果男性受訪者也回答此項，那表示這是一個錯誤，則需要訂正及檢誤。另舉一例，有一回答者的職業

欄為教授,但其學歷只有國中畢業,這時研究者就須檢查出是否為登錄上的錯誤。在所有資料做過檢誤,而且做得愈仔細,代表資料清理愈乾淨,那才會產生好的及對的結果,不然爛資料永遠會誤導研究結果。

第三節　SPSS的介紹

一、SPSS簡介

SPSS是Statistical Package for the Social Sciences的簡稱,SPSS軟體是SPSS公司於1965年所開發,四十多年來,SPSS軟體為因應不同作業系統而發展出多種版本,例如適用於大型主機的SPSS/UNIX、個人電腦系統的SPSS/PC,以及近年配合微軟視窗的SPSS視窗版。SPSS軟體不但受到心理學、社會學、教育學等學術領域研究者與教學課程的廣泛採用,許多行銷廣告民意調查機構也採用SPSS軟體進行統計分析,在內容上已發展成為一套全方位多功能統計軟體。學生常有一種迷思:SPSS就等於統計。

相較於其他如SAS、BMDP等統計軟體,SPSS最大的優點是簡易便捷的操作原理與指令運用,對於硬體的需求較低,同時,由於研究人員採用SPSS者眾多,逐漸成為學院課程的標準配備,形成了SPSS廣泛流行的一大優勢。尤其在SPSS中文視窗版推出之後,搭配微軟視窗的強大功能,大幅改善使用者操作界面,圖表的製作更加簡單、精美,使得SPSS的學習與運用更加簡易,同時又能銜接其他文書作業軟體,例如微軟Office之Word、Excel、PowerPoint等軟體,使得SPSS視窗版甚受歡迎。中文視窗版推出之後,對於國內社會科學學者的研究工作、學生課堂的學習更加的方便。相對於理工學院,則較普遍使用SAS或BMDP等軟體。茲簡單介紹一些SPSS的運作原理,至於運用在統計分析,則會在各章中分

別介紹。

二、SPSS的基本運作原理

雖然SPSS有多種不同的版本，操作方法亦不盡相同，但是在處理量化的資料上，均有著類似的程序與原則，包括資料定義（data definition）、資料轉換（data transformation）與資料分析（data analysis）三個主要的部分。茲說明如後：

(一)資料定義

資料定義的目的，在使電腦能夠正確辨認量化的數據，並對於數據賦予正確的意義。主要的工作包含變項名稱的指定（變項標籤）、變項數值標籤、變項的格式類型、遺漏值的設定。在視窗版SPSS中，資料的定義是以視窗對話框的方式來界定資料，使用者亦可利用語法檔來撰寫SPSS資料定義語法，在一個檔案中便可以界定所有的變項。

SPSS資料視窗中，資料定義的部分是以單獨的工作表的形式呈現，性質與EXCEL資料庫管理系統相似，將變項的各種屬性的設定與修改，以類似「儲存格」的方式來處理，增加了許多彈性與軟體間的可相容性。另一個優點是SPSS的資料定義與其他常用套裝軟體的相容性大幅增加，例如在Excel工作表與Word文書資料檔當中的文字，可以直接複製、貼上SPSS資料視窗當中變項的標籤與數值標籤，操作上更加簡便。

在執行上，資料定義必須與編碼表配合，將變項的名稱與數據的意義加以適當的標註，並設定資料遺漏時的處理方式，方能使後續的資料處理與分析正確有效的進行。有關編碼表的概念與作法，將在下一節介紹。

此外，SPSS軟體資料視窗所提供的各項編輯功能，可以將SPSS的資料庫進行調整與編修，例如可將資料進行排序、切割、重組、合併，使

得研究者辛苦獲得的研究數據可以適當的加以保存。不過在進行這些整理動作時，需注意各步驟是否正確操作，否則很可能產生錯誤，造成資料的毀損。

(二)資料轉換

資料的格式與內容界定完成之後，這些數據雖然已經可以被電腦所辨識，但是尚未達到堪用狀態，在進入資料的分析工作之前，仍有一些校正與轉換的工作必須完成，例如反向題的反向計分、新變項的創造、總分的加總等等，都是第二階段必須完成的工作。此外，廢卷處理、資料備便、遺漏值的補漏檢查等作業，也是在此一階段進行。

SPSS軟體的視窗版提供了相當便利的資料轉換功能，可以非常容易的選取、過濾或刪除特定的資料；資料重新編碼、四則運算的功能也十分完整，處理的方式有多種的變化可供選擇，絕大多數資料轉換都可以利用視窗指令來下達，而不用人工來作業，相當省時、省力，建議讀者熟加運用。一旦轉換完成後，此一資料庫已可稱為乾淨的（clean and clear）資料，準備下一個階段的分析之用。

(三)資料分析

SPSS資料處理的最後階段，是依操作者的指令，進行各種的統計分析或統計圖表的製作。此時操作者必須具備良好的統計基本知識，熟知研究的目的與研究資料的內容，才能在數十種統計指令當中選擇適合的統計方法來分析資料。最重要的是要先懂統計分析，再熟悉套裝軟體之操作及指令，才能將SPSS做最好的運用。其次，操作者也必須能夠閱讀分析之後的報表數據，從不同的指數與指標當中，尋求關鍵且正確的數據來作為研究報告撰寫的根據。

資料分析完成之際，通常需進行適當的文書處理作業，將輸出報表進行編輯、列印，並撰寫結果，資料分析的作業才算順利完成。SPSS軟

第二章　電腦化及量化資料編碼

體的視窗版自己附帶了一個文書編輯器，專門用來編修統計圖表，SPSS的使用者必須熟習SPSS的文書編輯器，才可以在資料分析完成後，即時進行表格圖表的編修，否則一旦圖形、表格被轉貼到其他軟體之後（例如Word或PowerPoint），就無法加以調整，使用者必須多方嘗試，累積經驗來進行文書編輯作業。

SPSS軟體自推出以來，由於語言編寫方式較為簡易，使用者較多，視窗版推出之後，更獲得使用者與學習者的歡迎。目前普遍採用的SPSS軟體為中文視窗版第20版，英文版第21版已經於2012年推出。越新版本的SPSS，功能越強大，同時與其他軟體的相容性也更高（例如Excel）。尤其是英文版的系統設定當中可以指定使用的語言形式，中文使用者可以直接選擇繁體中文模式（Traditional Chinese），即可直接將結果報表以中文化方式輸出。

第四節　編碼與SPSS

當你完成問卷設計後（**表2-2**），便要開始以SPSS進行編碼，**表2-2**為青少年社會資本調查問卷，本問卷包含單選題、複選題以及社會資本量表，編碼過程與SPSS範例操作步驟如下：

1. 一開始打開SPSS系統後，我們便進入作業視窗（**圖2-1**）。
2. 點選左下方變數檢視，進入編碼作業視窗，首先，我們先建立第一個變項「性別」，在「名稱」欄輸入變項名稱，接著在「值」那欄輸入變項資料，1＝男生，2＝女生，9＝遺漏值（**圖2-2**、**圖2-3**）。
3. 接著建立第二個變項「年級」的資料，如同上述，在「值」那欄輸入變項資料，1＝一年級，2＝二年級，3＝三年級，9＝遺漏值（**圖2-4**）。

表2-2　青少年社會資本調查問卷範例

第一部分　基本資料

一、性別：
　　□1.男生　□2.女生

二、年級：
　　□1.一年級　□2.二年級　□3.三年級

三、你零用錢的來源是誰？（可複選）
　　□（1）父母　□（2）祖父母　□（3）兄姊　□（4）自己（打工、積蓄）
　　□（5）親戚　□（6）其他：請說明_____

第二部分　社會資本評量表

作答說明：以下問題是想瞭解你平常生活時在社會資本建構上之情形。請依照你的實際感受，選擇一個最符合你情況的選項。

【請各位同學依照實際狀況在□打「√」】

	非常符合	符合	普通	不符合	非常不符合
1、我熟識社區內的一些居民。	□	□	□	□	□
2、當我有困難時，同學會為了我而暫時放下手邊的工作。	□	□	□	□	□
3、當我在學校急需別人幫忙時，有朋友願意立刻伸出援手。	□	□	□	□	□
4、當我在學校生病或受傷時，有朋友願意幫助我。	□	□	□	□	□
5、我在學校內有可以分享心事的朋友。	□	□	□	□	□
6、當我心情不好時，學校師長能適時關懷我。	□	□	□	□	□
7、朋友知道有哪些行為是我討厭的。	□	□	□	□	□
8、在有共識的規範下，我和朋友們相處融洽。	□	□	□	□	□
9、這些規範是我和朋友之間的默契，只有我們彼此知道。	□	□	□	□	□
10、我對於自己未來的生涯發展感到茫然。	□	□	□	□	□
11、如果畢業後要就業，我知道自己想要從事何種職業。	□	□	□	□	□
12、如果畢業後要升學，我知道自己想要就讀哪個科系。	□	□	□	□	□
13、即使不是工作上的要求，我也會主動幫同學。	□	□	□	□	□
14、我和朋友之間，有一種不用說出來對方也知道的默契。	□	□	□	□	□
15、如果我不同意朋友的看法，我能毫無顧慮的說出來。	□	□	□	□	□

第二章 電腦化及量化資料編碼

4. 然後開始建立第三個資料「零用錢的來源」，由於本題是複選題，因此在編碼時，和之前的單選題編碼有不同的地方，本問卷在零用錢來源選項上共有六個選項，因此，要設定六組資料，如**圖2-5**在「值」那欄輸入0＝無，1＝父母，而**圖2-6**在「值」那欄輸入0＝無，1＝祖父母，以此類推到第六組資料。

5. 接著進行量表編碼，由於社會資本一共有十五題，因此我們在名稱欄要輸入十五個變項，名稱由社會資本1一直輸入到社會資本15（**圖2-7**），並在「標記」欄位輸入問卷題目，在「值」那欄輸入1＝非常不符合，2＝不符合，3＝普通，4＝符合，5＝非常符合，9＝遺漏值（**圖2-8**）；此外，尚須注意本量表第十題為反向題，因此在輸入值欄位時，必須和其他題目編碼順序相反，如：1＝非常符合，2＝符合，3＝普通，4＝不符合，5＝非常不符合，9＝遺漏值（**圖2-9**）。

6. 當完成編碼簿後，我們就可以點選視窗左下角資料檢視，開始輸入問卷資料進行編碼，**圖2-10**為本書範例之資料檔。

7. 資料輸入完成編碼後，我們便要開始計算量表的總分，首先，我們點選視窗上方的「轉換」，接著選擇「計算變數(C)」準備開始計算變項總分（**圖2-11**）。

8. **圖2-12**為SPSS變數加總的操作視窗，接著點選視窗左邊的問卷題目，逐題的加總起來，操作畫面如**圖2-13**，並在左上角「目標變數」欄位中輸入總分的名稱，最後加總完成後，點選下方的確定，我們的社會資本總分便加總完成了（**圖2-14**）。

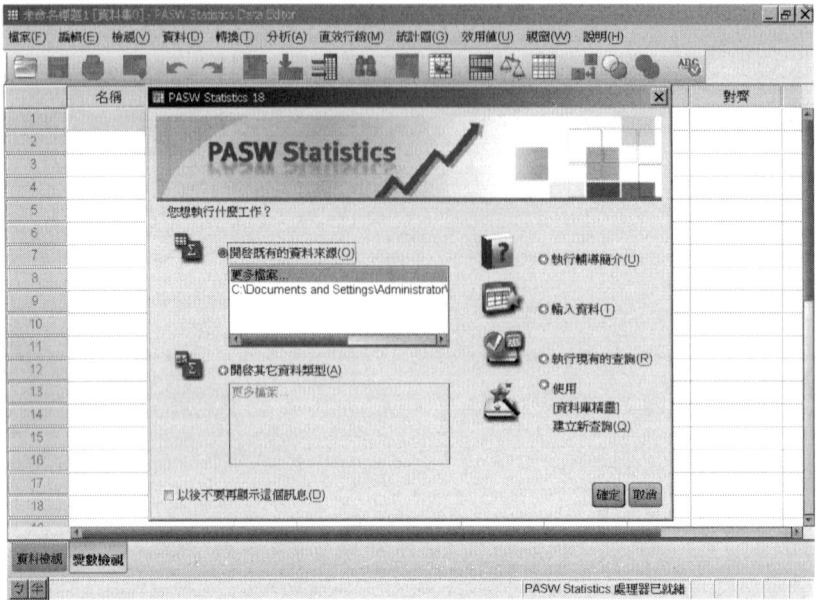

圖2-1　SPSS操作視窗

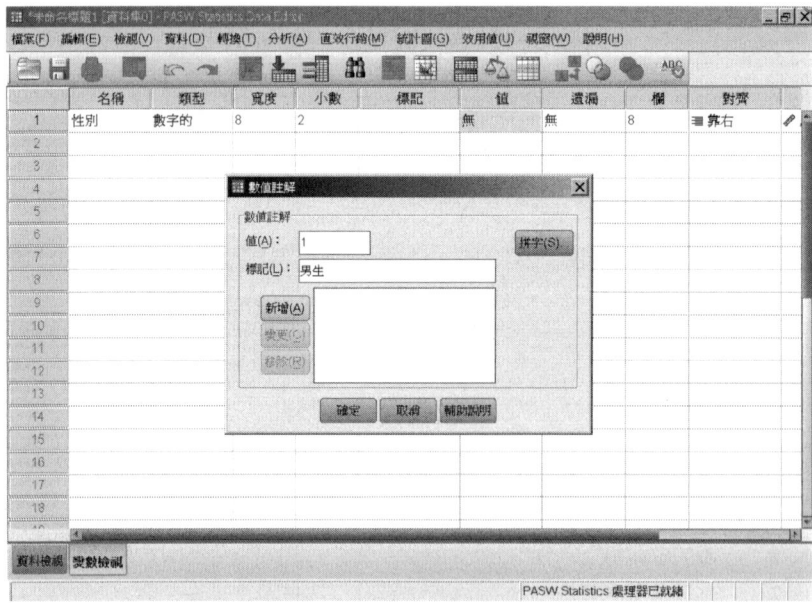

圖2-2　性別的編碼(1)

第二章　電腦化及量化資料編碼

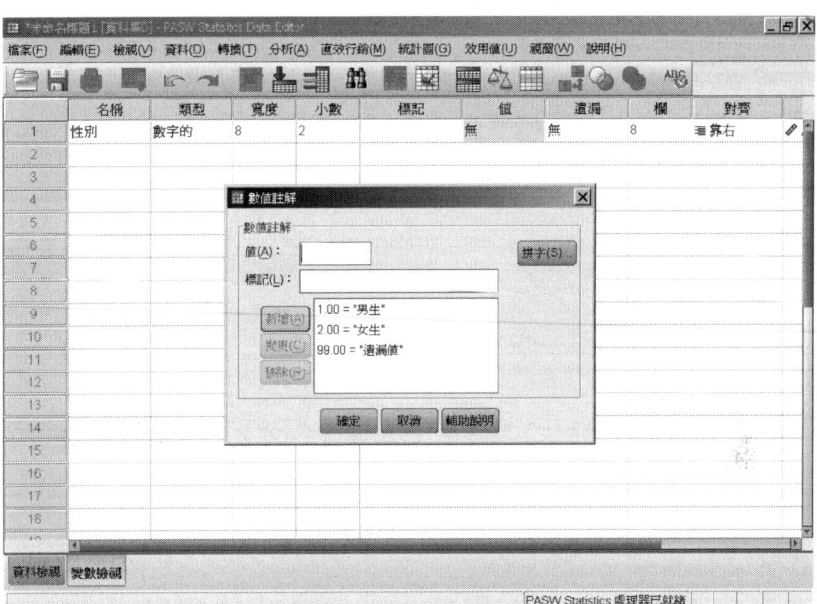

圖2-3　性別的編碼(2)

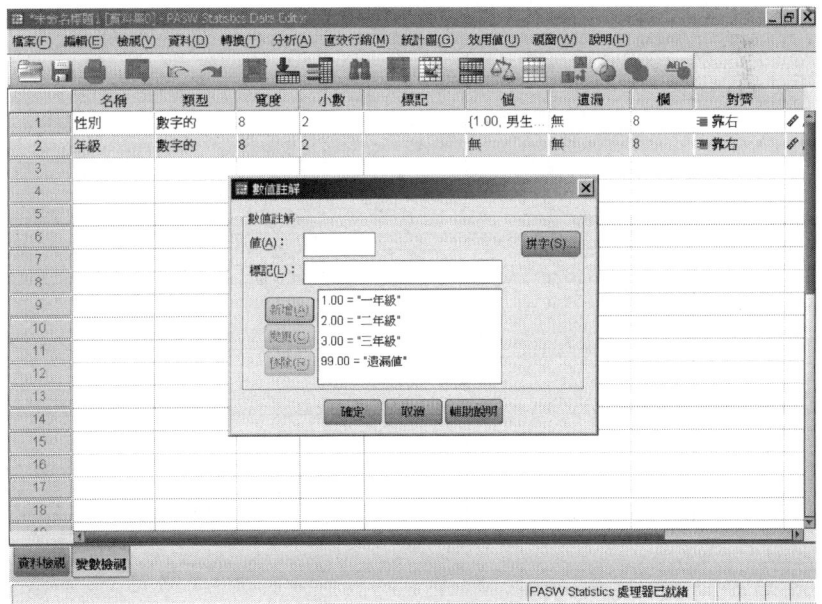

圖2-4　年級的編碼

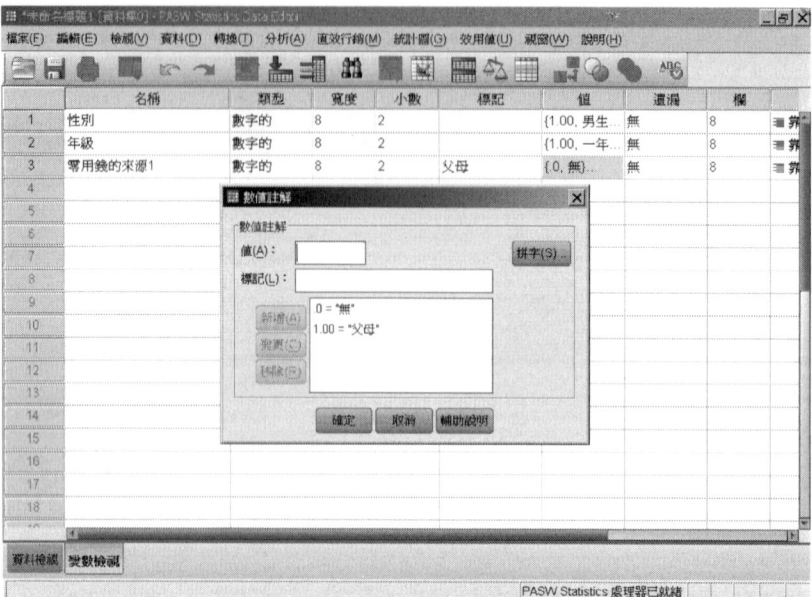

圖2-5　零用錢的編碼(1)

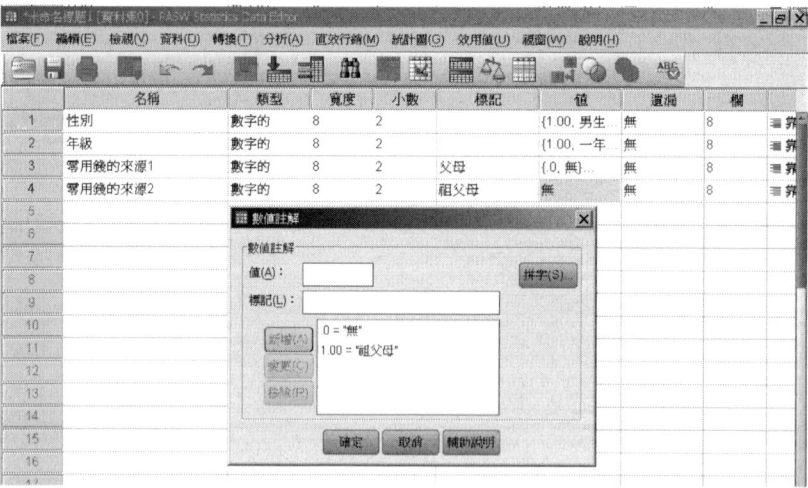

圖2-6　零用錢的編碼(2)

第二章 電腦化及量化資料編碼

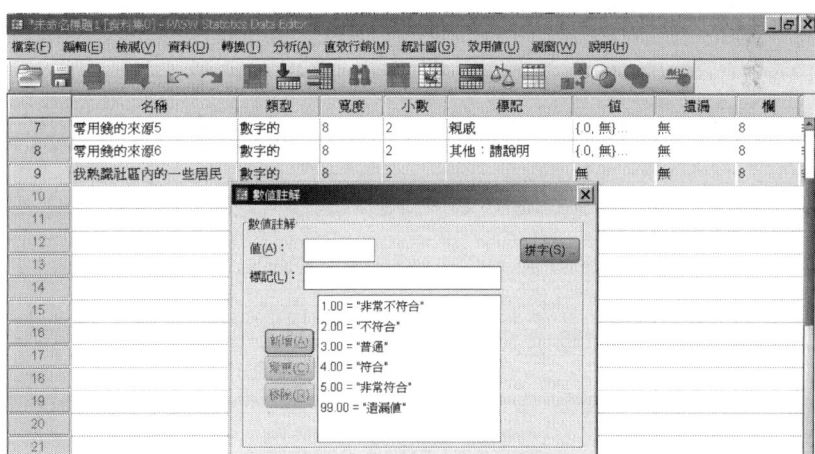

圖2-7 青少年社會資本問卷編碼表範例

圖2-8 社會資本量表編碼

圖2-9　反向題編碼

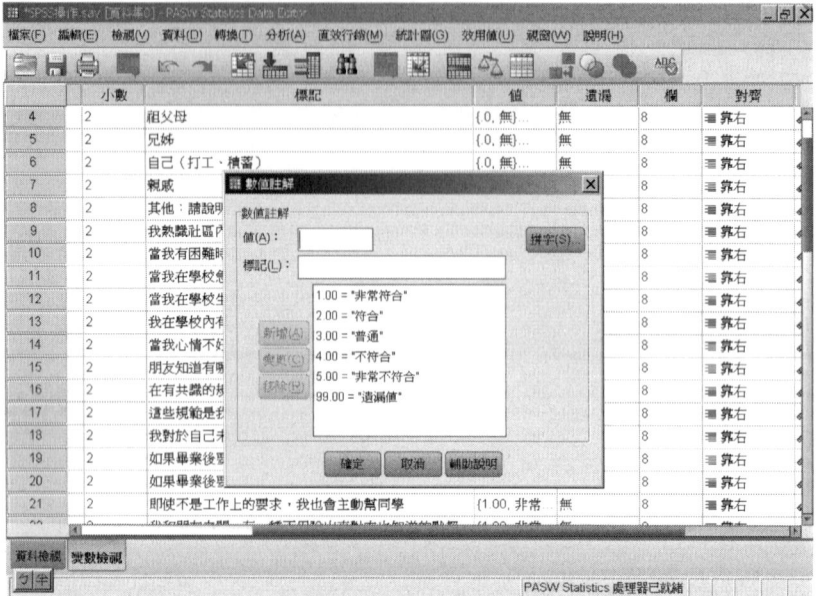

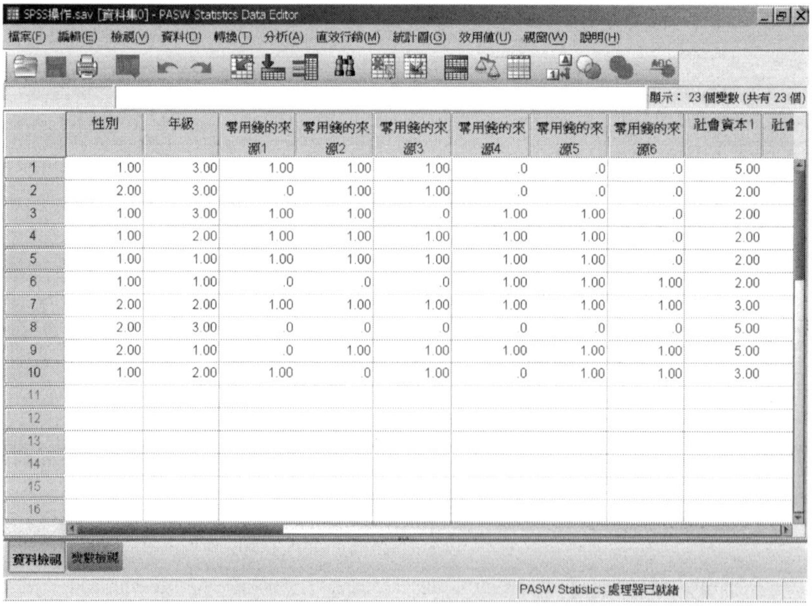

	性別	年級	零用錢的來源1	零用錢的來源2	零用錢的來源3	零用錢的來源4	零用錢的來源5	零用錢的來源6	社會資本1
1	1.00	3.00	1.00	1.00	1.00	.0	.0	.0	5.00
2	2.00	3.00	.0	1.00	1.00	.0	.0	.0	2.00
3	1.00	3.00	1.00	1.00	.0	1.00	1.00	.0	2.00
4	1.00	2.00	1.00	1.00	1.00	1.00	1.00	.0	2.00
5	1.00	1.00	1.00	1.00	1.00	1.00	1.00	.0	2.00
6	1.00	1.00	.0	.0	.0	1.00	1.00	1.00	2.00
7	2.00	2.00	1.00	1.00	1.00	1.00	1.00	1.00	3.00
8	2.00	3.00	.0	.0	.0	.0	.0	.0	5.00
9	2.00	1.00	.0	1.00	1.00	1.00	1.00	1.00	5.00
10	1.00	2.00	1.00	.0	1.00	.0	1.00	1.00	3.00

圖2-10　青少年社會資本資料檔

第二章 電腦化及量化資料編碼

圖2-11　SPSS操作分量表加總

圖2-12　青少年社會資本加總SPSS操作視窗

圖2-13　青少年社會資本總分加總視窗

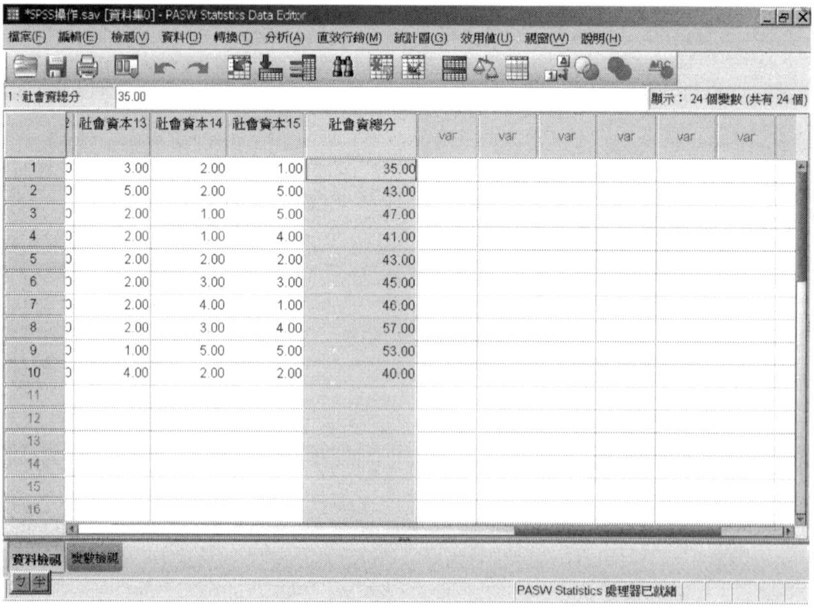

圖2-14　青少年社會資本加總後之資料檔

CHAPTER 3

描述性統計

第一節　描述性統計

第二節　描述性統計在SPSS之運用

幾乎修習「社會及行為研究方法」的學生，常會抱怨這是一門很難學習的學科，不僅是知識論、本體論或方法論之術語、名詞，加上理論之邏輯概念、資料蒐集方法、過多的圖書館資料檢索，最重要的還是統計學的威脅，尤其在社會科學學科的學生，因為刻板化印象覺得社會研究需要大量的數學與統計，似乎學生都遭遇到「先天數學障礙症候群（congenital math deficiency syndrome, CMDS）（李美華等譯，1998：638）。

其實在科學之實證研究中，最重要的是研究的邏輯性而不是數學運算，數學只是達到邏輯運算之目的，而統計更是數學應用的分支，特別是適用於各種假設考驗。

「統計學」（statistics）最簡單的概念是將一大堆雜記的資料，利用圖示及表列的方法，再利用一些符號，如描述統計、推論統計或實驗設計來表示變項之描述或變項之間的差異或關聯性。在社會科學研究中使用統計最重要的原則，用較調皮的語言就是掌握「二硫碘化鉀」（KIS_2），或稱接吻原則（keep it short and simple, KISS），也就是說，掌握最簡單及最短的原則。只要針對研究者所要探討之問題以及所列的假設來進行考驗即可。有關描述統計即是以一種容易辨示的形式來對資料的描述；而推論統計即是從所觀察的、蒐集的資料，由樣本的計算結果推論到母群體的特性，並下結論。接下來幾章，作者將以變項之數量以及測量性質，介紹一些統計的概念及其計算和在SPSS之運用。

第一節　描述性統計

描述性統計（descriptive statistics）就是依研究變項（名義、次序、等距或比率變項）進行集中趨勢與變異趨勢之分析。通常描述性變項是針對依變項進行統計整理並描述之。描述性統計又可稱為單變項之分

第三章　描述性統計

析。

單變項分析（univariate analysis），即指描述一個變項，最簡單的方式就是用次數分配（frequency distribution）來說明此變項屬性的集中趨勢及變量趨勢。然而變項依測量之尺度可分為名義、次序、等距與比率之變項，其次數分布也有不同方式呈現。有時，吾人會使用圖表方式來表達所得的統計資料，以使資料更具吸引力，常見的圖示法有次數多邊圖、直方圖、圓餅圖或莖葉圖方式，分述如下：

一、常見的圖示法

(一)次數多邊圖

次數多邊圖（frequency polygon）又稱折線圖，先以橫軸代表某變項之類別（通常是分數），而縱軸代表次數，單位是人。有時橫軸不是由零點開始，可用一缺口（如#）表示其為一連續變數（**圖3-1**）。

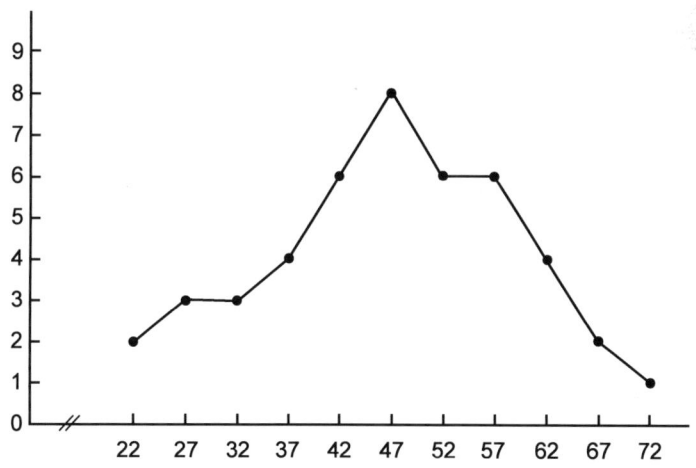

p.s.：變項之尺度為分數（連續變項），但以分組，取其組中點。

圖3-1　四十五位學生期中考分數之次數分配多邊圖

(二)直方圖

直方圖（histogram）又稱長條圖（bar chart）。同一筆資料除了可用次數多邊圖表示之外，也可用直方圖表示（**圖3-2**）。

此外，直方圖也可適用於名義變項之處理，例如，某一研究者針對四十五位學生的期中考，結果有七位及格，三十八位不及格，如**表3-1**及**圖3-3**所示。

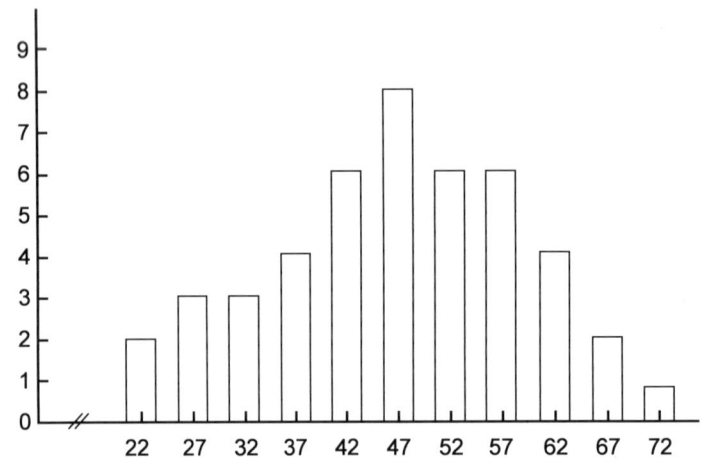

圖3-2　四十五位學生期中考分數之次數分配直方圖

表3-1　四十五位學生期中考分數之及格百分比次數分配

通過與否	次數	百分比
及格	7	15.6
不及格	38	84.4
總計	45	100

第三章 描述性統計

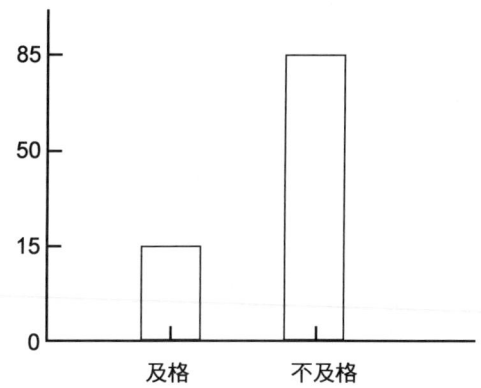

圖3-3 四十五位學生期中考分數之及格與否長條圖分布

(三)圓餅圖

　　同樣對名義或次序變項（類別變項）之次數或百分比之分布，也可以用圓餅圖來表示（圖3-4）。

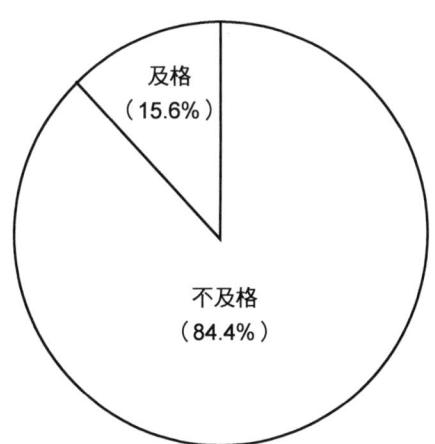

圖3-4 四十五位學生期中考分數及格與否之圓餅圖分布

(四)莖葉圖

圖示法有一即可見端倪的優點，但也有缺點，最重要的是將數字轉換成圖形之後，會喪失一部分訊息。莖葉圖（stem-and-leaf plot）就可兼具數字與圖形的優點。例如，將**圖3-2**的數據換成莖葉圖（**圖3-5**）。

二、集中趨勢

集中趨勢（central tendency）又稱集中量數（measures of central location）就是描述所蒐集到的資料集中之代表值，也就是用一數來代表團體的性質，最能減少預測的錯鋘。常見的集中量數為眾數（mode）、中數（median）及平均數（mean）。眾數是所有資料屬性中最常出現之數字，在**圖3-4**中，不及格為眾數，在**圖3-5**中，47分為眾數。一個次數分配可能有一個以上的眾數，例如，數列中，3，3，4，4，5，6，7中，3及4就是眾數，中數是位居中央的那一數，也就是第五十個百分位數（percentile），也就是P_{50}的數。中數之計算是將分列由低至高排列，如3，7，9，10，13，19，22，那10是在七（奇）個數中最中間的位數，那如果為3，7，9，10，13，19，22，37，為偶位數，那則是為10與13之中間，為10加13除2為11.5。平均數又稱為算術平均數，也是連續變項最常

莖	葉									
2	0	2	5	7	9					
3	1	1	2	5	5	6	8			
4	2	2	2	3	3	3	5	6	7	7	7	8	9
5	1	1	3	3	4	4	5	5	6	6
6	0	1	1	2	7	7				
7	1									

圖3-5　四十五位學生期中考分數之莖葉圖

使用的集中趨勢量數,其是將所有數字加總再除以個數,即 $\frac{\sum x_i}{N}$。如果一個團體在次數分配成為一個常態分配,那麼此三個集中趨勢量數會成為一點(所有值皆相等),而如果分配是一偏態分配(skewed distribution)(**圖3-6**),如果大部分的個案分數較低,只有少數個案分數較高,此種偏態稱為正偏態(眾數小,在左邊,中數在中間,平均數在右邊);而如果大部分的個案分數較高,只有少數個案分數較低,此種偏態稱為負偏態(眾數大,在右邊,中數在中間,平均數在左邊)。各集中量數之比較請參閱**表3-2**。

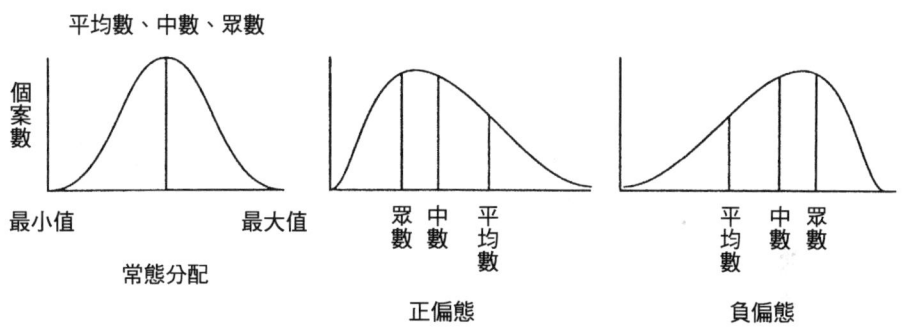

圖3-6　集中趨勢之測量值之分布

表3-2　集中量數之各性質比較

	特性	測量尺度	關係
平均數($\bar{x}$)	1.不受樣本大小影響。 2.感應靈敏。	等距及比率變項	1.常態分配:$\bar{x}$=Md=Mo 2.正偏態:$\bar{x}$>Md>Mo 3.負偏態:$\bar{x}$<Md<Mo 4.受抽樣影響:$\bar{x}$<Md<Mo
數位數(Md)	1.不受極端值影響。 2.感應不靈敏。 3.受抽樣影響。	次序變項	
眾數(Mo)	受抽樣影響大。	名義變項	

三、變異趨勢

變異量數（measures of variation）表示團體之間各份子分數之分散情形，也就是團體成員之個別差異及離散情形，離散愈大代表此團體愈異質性（heterogeneous），反之，則代表此團體同質性（homogeneous）大。舉例來說，有家速食店，其客人年齡為15，16，17，20，23，24，25，他們的平均數與中數是20，而另一家餐廳其年齡層為5，10，15，20，25，30，35，其中數與平均數也是20，但前者年齡之分散程度小，後者年齡分散程度大。

基於變數之尺度不同，其代表離散程度之變異數量也有所不同，分述如下：

(一)變異比率

變異比率（variation ratio）是適合測量尺度為名義變項之離散程度，其公式為 $V = \dfrac{N - Mo}{N}$，即全體的人數減去眾數再除以總人數。例如有一個團體總人數為100人，其中血型為A型占30人，B型20人，AB型10人，O型為40人，那O型為眾數，此團體不是O型的人占0.6，即〔（100－40）÷100〕，而0.6為此團體之變異比率。

(二)四分位距

四分位距（inter-quartile range, IQR）為測量尺度為次序變項之性質的離散量數。由圖3-7，可以瞭解四分位距。簡言之，四分位距為一個代表次序變項之團體中，中間（50%）的人之一半全距。

(三)全距、百分位數及標準差

代表連續變項（即等距變項和比率變項）有三種方法測量變異情

第三章 描述性統計

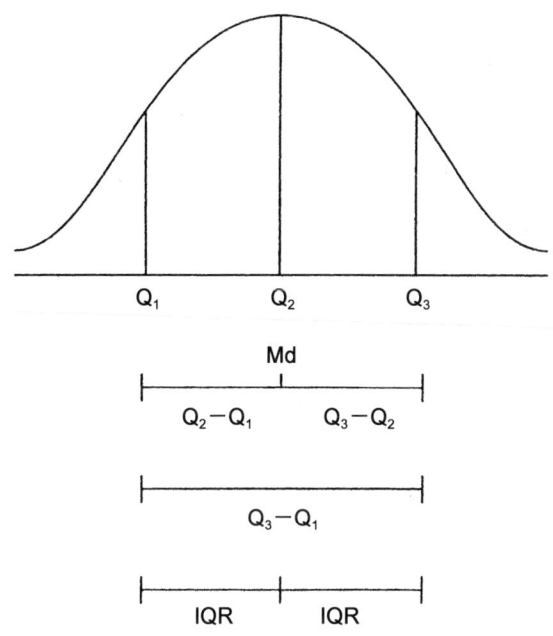

圖3-7　四分位距（IQR）及四分位數Q_1、Q_2和Q_3之間的關係

形。全距（range）即是最大數減去最小數（Max－Min），如上述在速食店的團體之例子，（15，16，17，20，23，24，25），其全距＝10（即25－15），而在餐廳（5，10，15，20，25，30，35），其全距＝30（即35－5）。

百分位數告知在分配中某個配定位置上的分數值，例如第一位四分位數等於P_{25}，中數為P_{50}，第三個四分位數為P_{75}（可參考統計之計算公式）。

標準差（standard deviation）為代表連續變項團體在離散量數之不偏估計數，其公式為

$$SD = \sqrt{\frac{\sum(x_i - \bar{x})^2}{N}}$$

53

也就是每個人之分數減去平均數之平方和（離均差平方和）再除以總人數（N），再開根號。

標準差與平均數可創造Z分數（Z-score），公式為 $Z = \dfrac{x_i - \bar{x}}{SD}$。

Z分數使研究者可以比較兩個或兩個以上之分配或團體，在常態分配（normal distribution），其分布可以分為一個左右對稱的鐘型曲線的分配，又稱常態分配曲線（normal distribution curve）（圖3-8）。

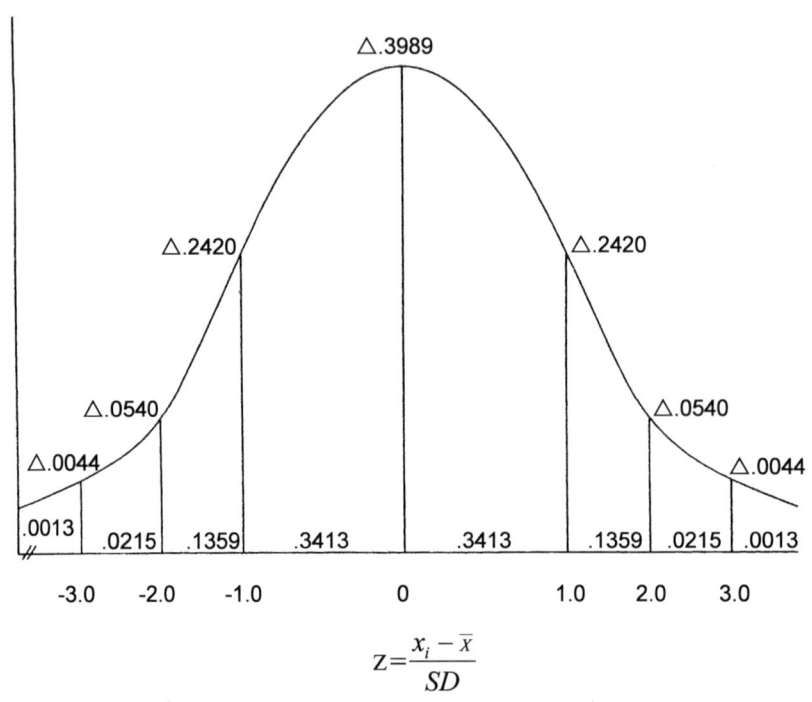

p.s.：△代表此點的高度（人數值）

圖3-8　常態分配曲線的高度與面積

第三章　描述性統計

第二節　描述性統計在SPSS之運用

　　描述性統計是依研究變項（名義、次序、等距或比率變項）進行集中趨勢與變異趨勢之分析。通常描述性變項是針對依變項進行統計整理並描述之。描述性統計又稱為單變項之分析。

　　探討集中量數時，在名義（類別）變項中，要看眾數之分配；在次序變項中，要看中位數之數值；在等距變項中，則是看平均數之數值。

　　而探討變異量數時，在名義（類別）變項中，要看變異數之分配；在次序變項中，要看四分位差之分配；在等距變項中，則是看標準差之分配。

　　首先，我們先來操作名義（類別）變項次數分配的過程：

1. 使用SPSS軟體來操作次數分配之操作步驟（**圖3-9**），首先點選「分析(A)」→接著點選「敘述統計(E)」→最後選擇「次數分配表(F)」。

2. 進入次數分配操作視窗後，選取欲建立次數分配之變數，將此變數從左方移至右方變數(V)欄位，茲以「性別」變項為例（**圖3-10**）。

3. 選取好想要做次數分配的變數後，我們可點選右方的「統計量(S)」選擇我們要做的次數分配項目（**圖3-11**），在名義（類別）變項中，我們要選擇眾數與變異數，勾選完畢後按「繼續」即可；接著，再點選「圖表(C)」，選擇想要呈現的圖形，完成後按「繼續」即可（**圖3-12**）。

4. 最後，當我們做完以上步驟，按下「確定」鍵，即可獲得變數統計量（**表3-3**）、次數分配表（**表3-4**）及次數分配圖（**圖3-13**）。

5. 當統計軟體幫我們輸出次數分配表後，我們還必須將它的格式整理為研究與論文所要求的使用格式，並將無用之數據去除，保留所需

圖3-9　類別變項之次數分配分析操作視窗

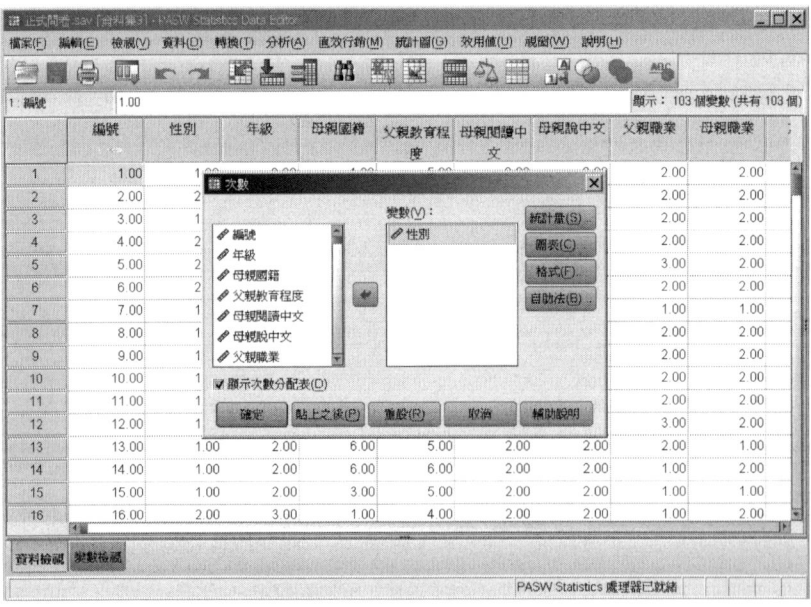

圖3-10　類別變項（性別）次數分配之操作範例

第三章 描述性統計

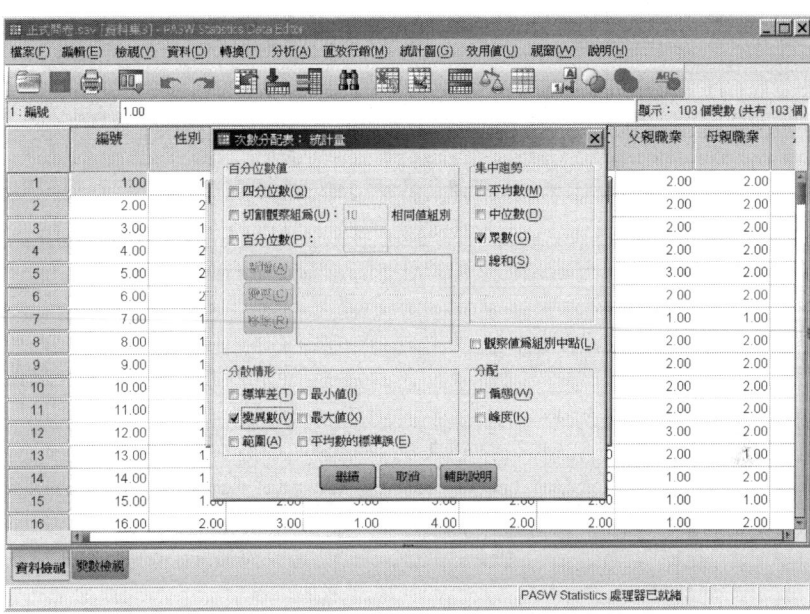

圖3-11 類別變項（性別）次數分配之統計量操作

圖3-12 類別變項（性別）次數分配之圖表操作

表3-3 類別變項（性別）之統計量輸出表

統計量

性別

個數	有效的	203
	遺漏值	0
眾數		1.00
變異數		.238

表3-4 類別變項（性別）之次數分配表

性別

		次數	百分比	有效百分比	累積百分比
有效的	1 男	125	61.6	61.6	61.6
	2 女	78	38.4	38.4	100.0
	總和	203	100.0	100.0	

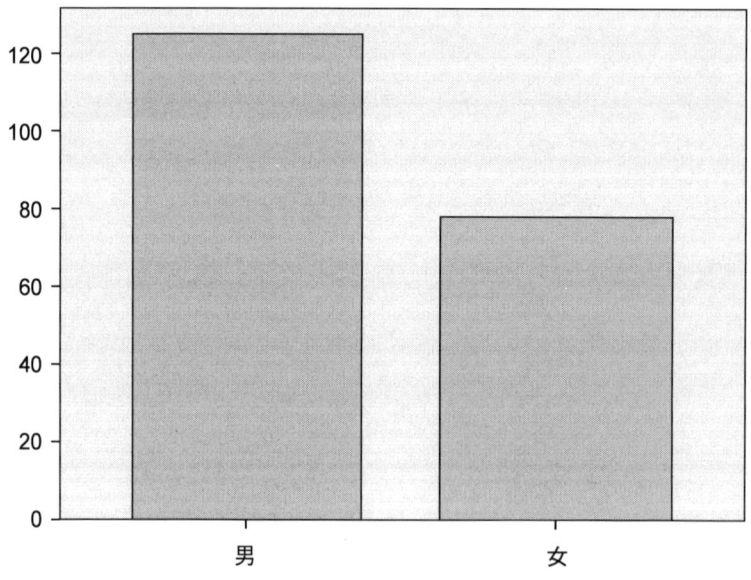

圖3-13 類別變項（性別）之次數分配圖

第三章　描述性統計

表3-5　性別次數分配摘要表　　　　　　　　　　　　　　　　N＝203

		次數	百分比	有效百分比	累積百分比
有效的	1 男	125	61.6	61.6	61.6
	2 女	78	38.4	38.4	100.0
	總和	203	100.0	100.0	

且重要之數據，這樣才能符合研究與論文之要求（**表3-5**）。

6. 最後，要針對我們所輸出的資料來作解釋與說明，否則，我們辛苦做出來的資料只是一堆無用的統計數據。

從**表3-5**性別次數分配摘要表中可以得知，全部樣本數共203人，眾數為男生，共125人，占全體61.6%；女生共78人，占全體38.4%。

接著，我們要來操作次序變項次數分配的過程，在這裡年級雖定義為次序變項，可是在SPSS的運作，我們可視為是一種名義變項，還是計算其百分比及次數分配。

1. 使用SPSS軟體來操作次數分配之操作步驟（**圖3-14**），首先點選「分析(A)」→接著點選「敘述統計(E)」→最後選擇「次數分配表(F)」。
2. 進入次數分配操作視窗後，選取欲建立次數分配之變數，將此變數從左方移至右方變數(V)欄位，茲以「年級」變項為例（**圖3-15**）。
3. 選取好想要做次數分配的變數後，我們可點選右方的「統計量(S)」選擇我們要做的次數分配項目（**圖3-16**），在次序變項中，我們要選擇眾數與四分位差，勾選完畢後按「繼續」即可；接著，再點選「圖表(C)」，選擇想要呈現的圖形，完成後按「繼續」即可（**圖3-17**）。
4. 最後，當我們做完以上步驟，按下「確定」鍵，即可獲得次數分配表（**表3-6**）及次數分配圖（**圖3-18**）。

60

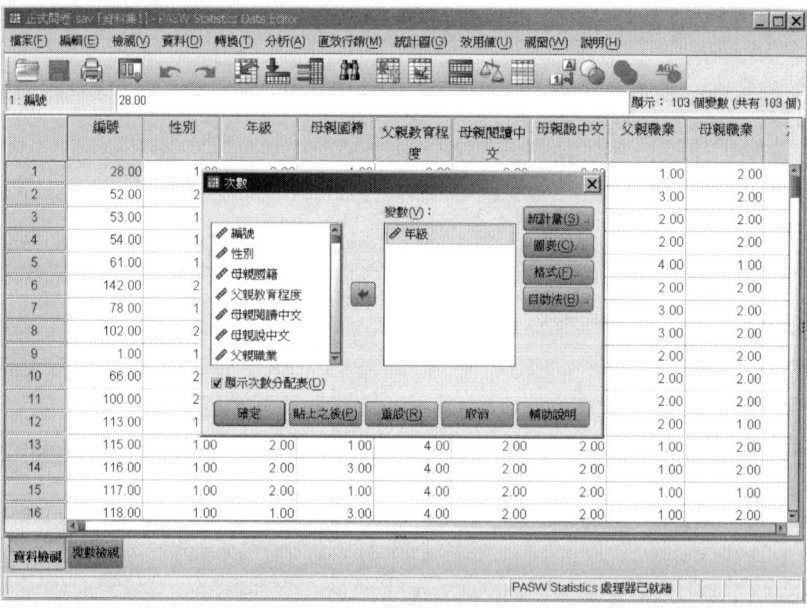

圖3-14　次序變項之次數分配分析操作視窗

圖3-15　次序變項（年級）次數分配之操作範例

第三章 描述性統計

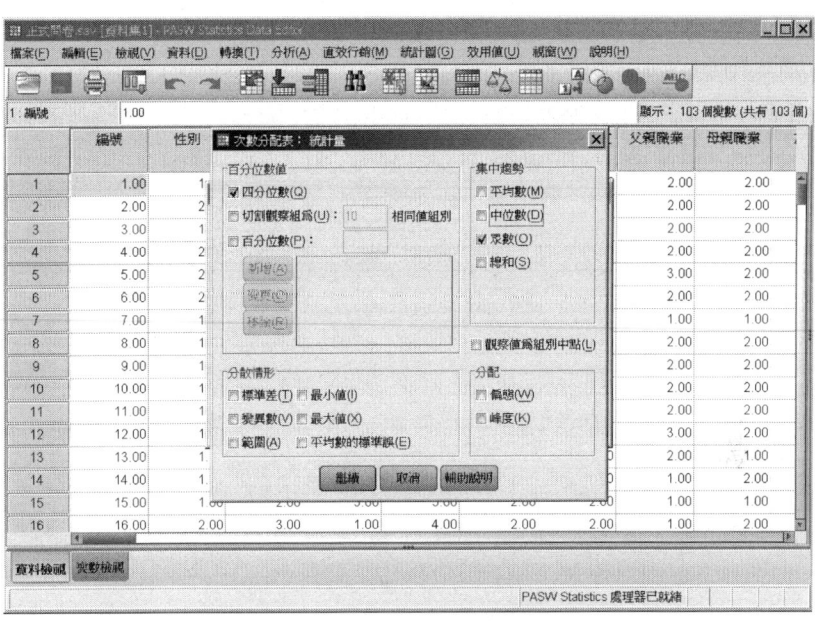

圖3-16　次序變項（年級）次數分配之統計量操作

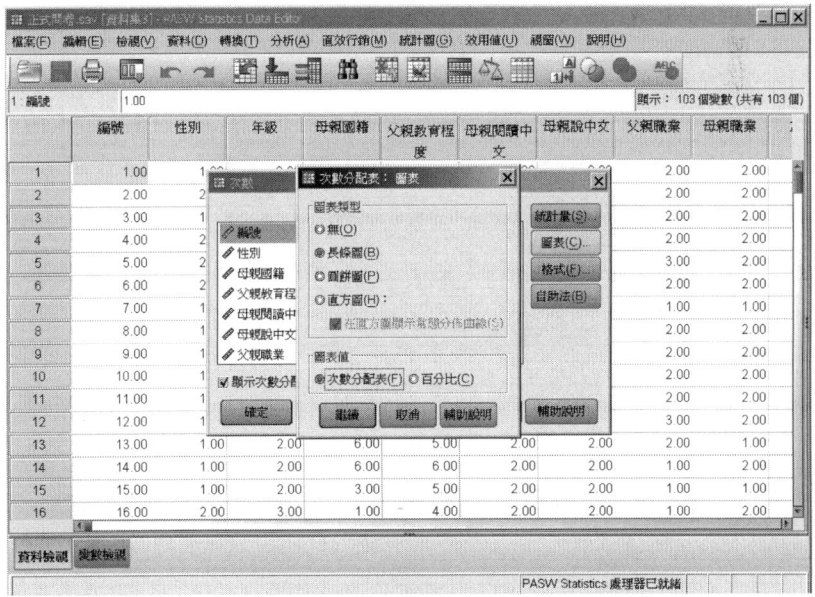

圖3-17　次序變項（年級）次數分配之圖表操作

表3-6 次序變項（年級）之次數分配表

年級

		次數	百分比	有效百分比	累積百分比
有效的	1 一年級	51	25.1	25.1	25.1
	2 二年級	88	43.3	43.3	68.5
	3 三年級	64	31.5	31.5	100.0
	總和	203	100.0	100.0	

5.當統計軟體幫我們輸出次數分配表後，我們還必須將它的格式整理為研究與論文所要求的使用格式，並將無用之數據去除，保留所需且重要之數據，這樣才能符合研究與論文之要求（**表3-7**）。

6.最後，要針對我們所輸出的資料來作解釋與說明，否則，我們辛苦做出來的資料只是一堆無用的統計數據。

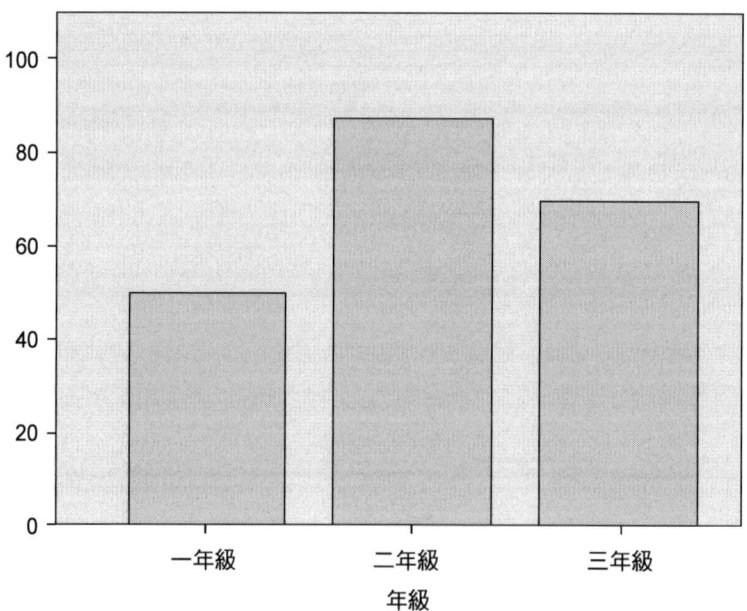

圖3-18 次序變項（年級）之次數分配圖

第三章　描述性統計

表3-7　年級次數分配摘要表　　　　　　　　　　　　　　　　N＝203

		次數	百分比	有效百分比	累積百分比
有效的	1　一年級	51	25.1	25.1	25.1
	2　二年級	88	43.3	43.3	68.5
	3　三年級	64	31.5	31.5	100.0
	總和	203	100.0	100.0	

　　從**表3-7**年級次數分配摘要表中可以得知，全部樣本數共203人，眾數為二年級，受試者以二年級人數為最多，共88人，占全體樣本43.3%；其次為三年級，共64人，占全體樣本31.5%；最後為一年級，人數為51人，占全體樣本數25.1%。

　　接著，我們要以含有極端值的變項來操作次序變項次數分配的過程：

1. 使用SPSS軟體來操作次數分配之操作步驟（**圖3-19**），首先點選「分析(A)」→接著點選「敘述統計(E)」→最後選擇「次數分配表(F)」。
2. 進入次數分配操作視窗後，選取欲建立次數分配之變數，將此變數從左方移至右方變數(V)欄位，茲以「社會資本總分」為例（**圖3-20**）。
3. 選取好想要做次數分配的變數後，我們可點選右方的「統計量(S)」選擇我們要做的次數分配項目（**圖3-21**），勾選完畢後按「繼續」即可；接著，再點選「圖表(C)」，選擇想要呈現的圖形，完成後按「繼續」即可（**圖3-22**）。
4. 最後，當我們做完以上步驟，按下「確定」鍵，即可獲得變數統計量（**表3-8**）、次數分配表（**表3-9**）及次數分配圖（**圖3-23**）。
5. 當統計軟體幫我們輸出次數分配表後，我們還必須將它的格式整理為研究與論文所要求的使用格式，並將無用之數據去除，保留所需且重要之數據，這樣才能符合研究與論文之要求（**表3-10**）。

圖3-19　次序變項（有極端值）之分析操作視窗

圖3-20　次序變項（有極端值）之操作範例

第三章 描述性統計

65

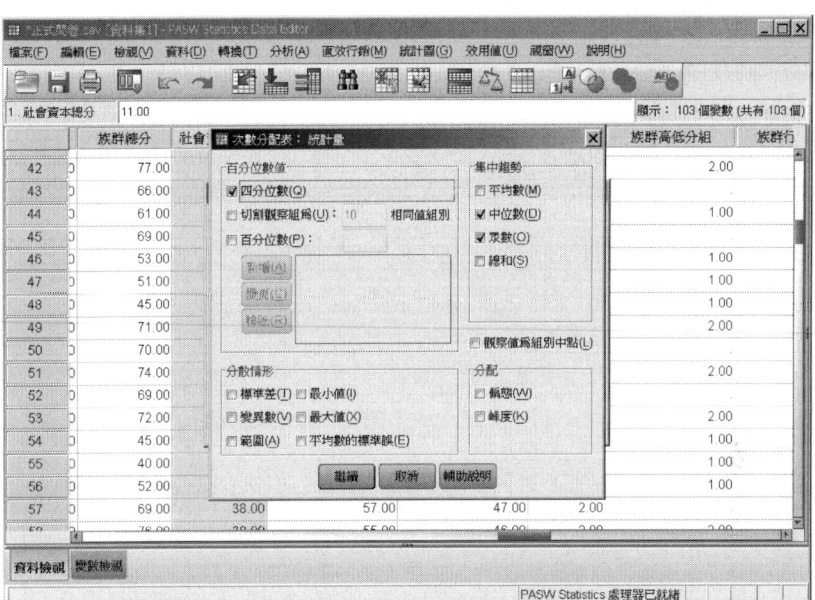

圖3-21　次序變項（有極端值）之統計量操作

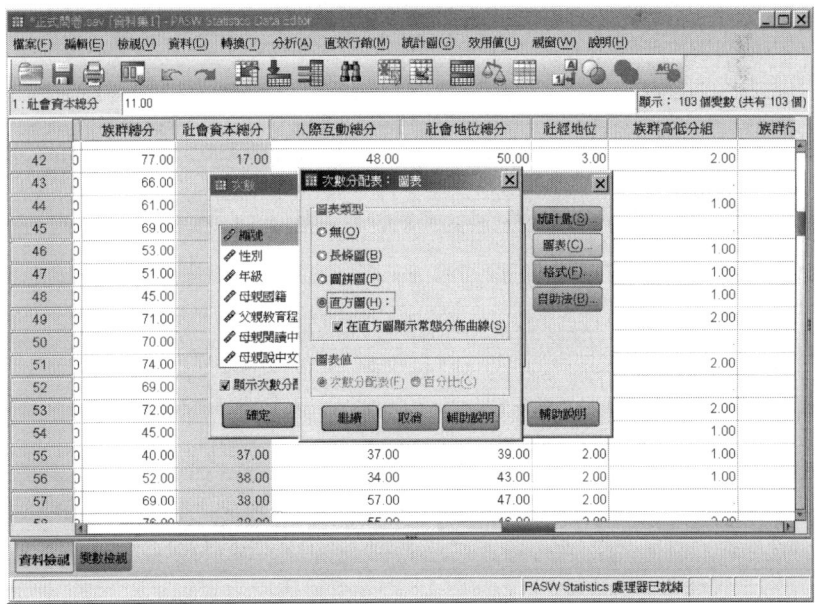

圖3-22　次序變項（有極端值）之圖表操作

表3-8 次序變項（有極端值）之統計量輸出表

統計量

社會資本總分

個數	有效的		203
	遺漏值		0
中位數			46.0000
眾數			12.00
百分位數		25	33.0000
		50	46.0000
		75	58.0000

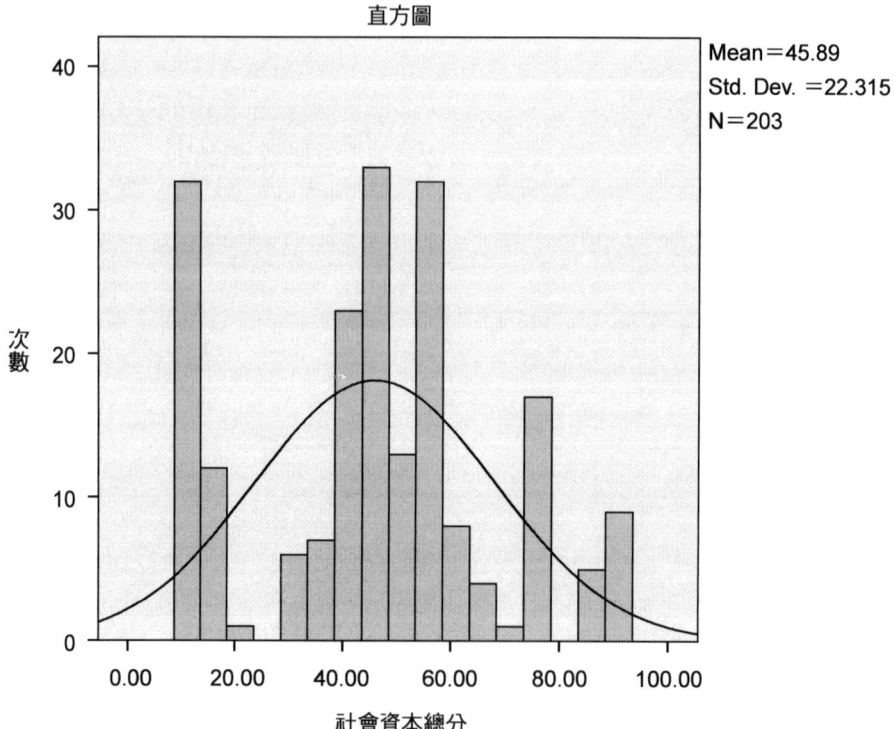

圖3-23 次序變項（有極端值）之次數分配圖

表3-9 次序變項（有極端值）之次數分配表

社會資本總分

		次數	百分比	有效百分比	累積百分比
有效的	11.00	8	3.9	3.9	3.9
	12.00	17	8.4	8.4	12.3
	13.00	7	3.4	3.4	15.8
	15.00	5	2.5	2.5	18.2
	16.00	4	2.0	2.0	20.2
	17.00	1	.5	.5	20.7
	18.00	2	1.0	1.0	21.7
	20.00	1	.5	.5	22.2
	29.00	1	.5	.5	22.7
	30.00	1	.5	.5	23.2
	32.00	1	.5	.5	23.6
	33.00	3	1.5	1.5	25.1
	34.00	1	.5	.5	25.6
	36.00	1	.5	.5	26.1
	37.00	2	1.0	1.0	27.1
	38.00	3	1.5	1.5	28.6
	39.00	4	2.0	2.0	30.5
	40.00	5	2.5	2.5	33.0
	41.00	6	3.0	3.0	36.0
	42.00	4	2.0	2.0	37.9
	43.00	4	2.0	2.0	39.9
	44.00	5	2.5	2.5	42.4
	45.00	14	6.9	6.9	49.3
	46.00	7	3.4	3.4	52.7
	47.00	2	1.0	1.0	53.7
	48.00	5	2.5	2.5	56.2
	49.00	2	1.0	1.0	57.1
	50.00	3	1.5	1.5	58.6
	52.00	4	2.0	2.0	60.6
	53.00	4	2.0	2.0	62.6
	54.00	5	2.5	2.5	65.0
	55.00	9	4.4	4.4	69.5
	56.00	8	3.9	3.9	73.4
	57.00	3	1.5	1.5	74.9
	58.00	7	3.4	3.4	78.3
	59.00	2	1.0	1.0	79.3
	60.00	2	1.0	1.0	80.3
	61.00	2	1.0	1.0	81.3
	62.00	2	1.0	1.0	82.3
	64.00	3	1.5	1.5	83.7
	67.00	1	.5	.5	84.2
	69.00	1	.5	.5	84.7
	76.00	1	.5	.5	85.2
	77.00	15	7.4	7.4	92.6
	78.00	1	.5	.5	93.1
	88.00	5	2.5	2.5	95.6
	89.00	4	2.0	2.0	97.5
	90.00	5	2.5	2.5	100.0
	總和	203	100.0	100.0	

表3-10　社會資本次數分配、中位數、四分位數及四分位差　　　　　N=203

		次數	百分比
有效的	11.00	8	3.9
	12.00	17	8.4
	13.00	7	3.4
	15.00	5	2.5
	16.00	4	2.0
	17.00	1	.5
	18.00	2	1.0
	20.00	1	.5
	29.00	1	.5
	30.00	1	.5
	32.00	1	.5
	33.00	3	1.5
	34.00	1	.5
	36.00	1	.5
	37.00	2	1.0
	38.00	3	1.5
	39.00	4	2.0
	40.00	5	2.5
	41.00	6	3.0
	42.00	4	2.0
	43.00	4	2.0
	44.00	5	2.5
	45.00	14	6.9
	46.00	7	3.4
	47.00	2	1.0
	48.00	5	2.5
	49.00	2	1.0
	50.00	3	1.5
	52.00	4	2.0
	53.00	4	2.0
	54.00	5	2.5
	55.00	9	4.4
	56.00	8	3.9
	57.00	3	1.5
	58.00	7	3.4
	59.00	2	1.0
	60.00	2	1.0
	61.00	2	1.0
	62.00	2	1.0
	64.00	3	1.5
	67.00	1	.5
	69.00	1	.5
	76.00	1	.5
	77.00	15	7.4
	78.00	1	.5
	88.00	5	2.5
	89.00	4	2.0
	90.00	5	2.5
	總和	203	100.0

中位數：46　　Q_1：33　　Q_2：58　　QD：12.5

第三章　描述性統計

69

6. 最後，要針對我們所輸出的資料來作解釋與說明，否則，我們辛苦做出來的資料只是一堆無用的統計數據。

　　從**表**3-10中可以得知，全部樣本數共203人，且社會資本因有極端值影響，因此，社會資本量表的中位數為46，眾數為12，表示有17個人社會資本得分為12，占全體8.4%，遺漏值為0，全部有效百分比為100%。
　　最後，我們要來操作等距變項次數分配的過程：

1. 使用SPSS軟體來操作次數分配之操作步驟（**圖**3-24），首先點選「分析(A)」→接著點選「敘述統計(E)」→最後選擇「次數分配表(F)」。
2. 進入次數分配操作視窗後，選取欲建立次數分配之變數，將此變數從左方移至右方變數(V)欄位，茲以「社會規範」變項為例（**圖**3-25）。
3. 選取好想要做次數分配的變數後，我們可點選右方的「統計量(S)」選擇我們要做的次數分配項目（**圖**3-26），在等距變項中，我們要選擇平均數與標準差，勾選完畢後按「繼續」即可；接著，再點選「圖表(C)」，選擇想要呈現的圖形，完成後按「繼續」即可（**圖**3-27）。
4. 最後，當我們做完以上步驟，按下「確定」鍵，即可獲得變數統計量（**表**3-11）、次數分配表（**表**3-12）及次數分配圖（**圖**3-28）。
5. 當統計軟體幫我們輸出次數分配表後，我們還必須將它的格式整理為研究與論文所要求的使用格式，並將無用之數據去除，保留所需且重要之數據，這樣才能符合研究與論文之要求（**表**3-13）。
6. 最後，要針對我們所輸出的資料來作解釋與說明，否則，我們辛苦做出來的資料只是一堆無用的統計數據。

　　從**表**3-13中可以得知，全部樣本數共203人，社會規範量表的平均數為8.33，標準差為1.63333，遺漏值為0，全部有效百分比為100%。

圖3-24　連續變項之分析操作視窗

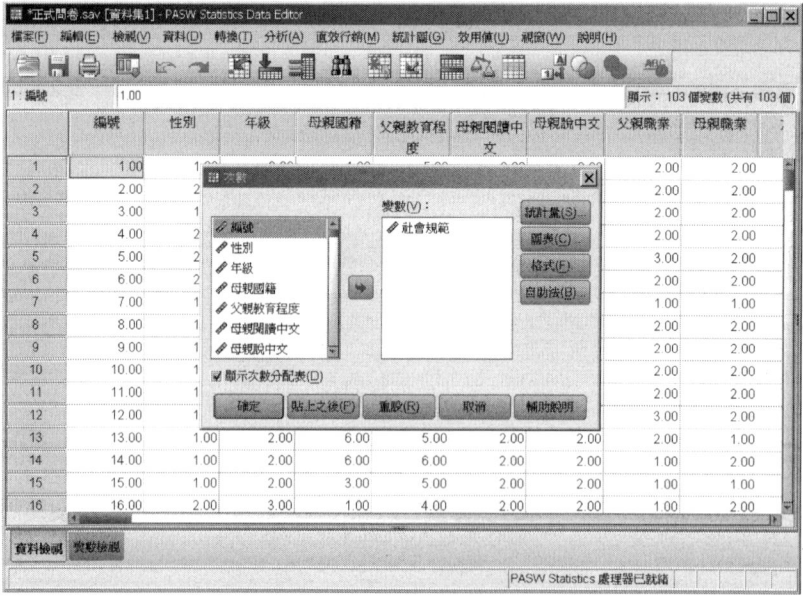

圖3-25　連續變項之操作範例

第三章 描述性統計

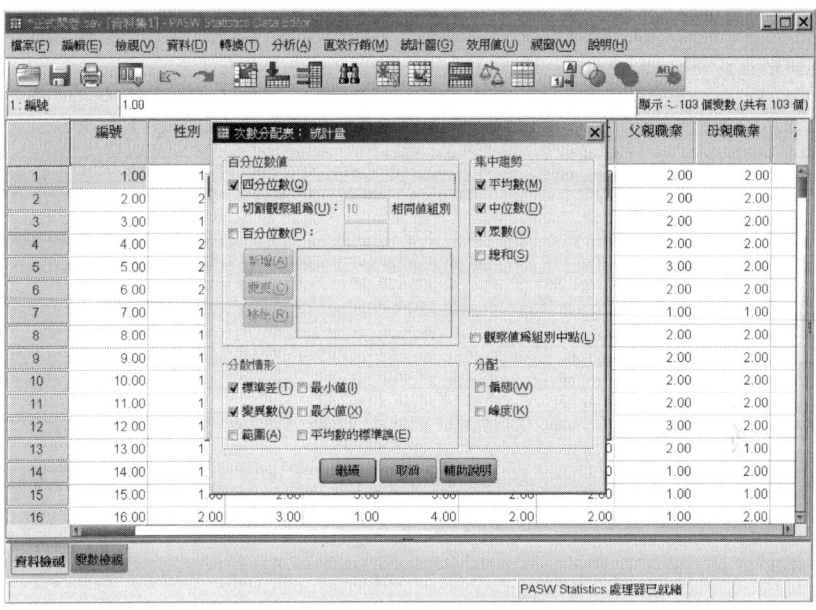

圖3-26　連續變項之統計量操作

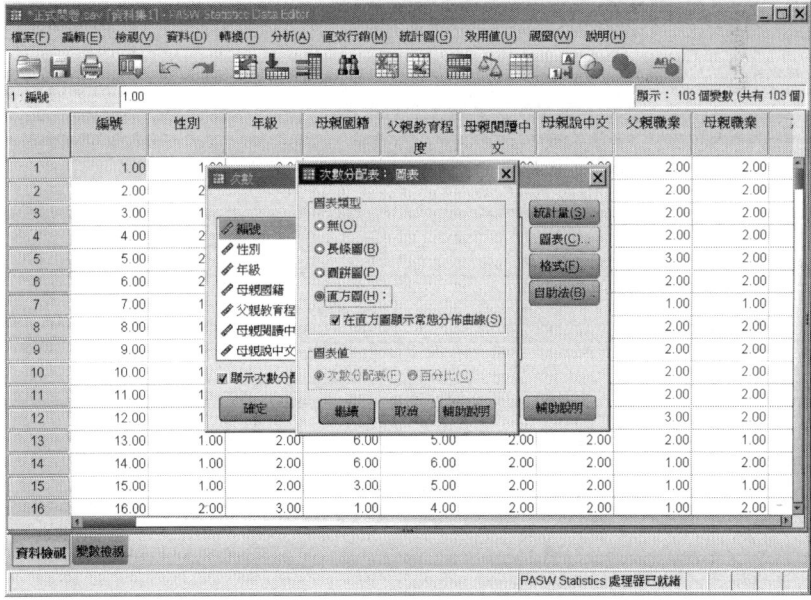

圖3-27　連續變項之圖表操作

表3-11 連續變項（社會規範）之統計量輸出表

統計量

社會規範

個數	有效的	203
	遺漏值	0
平均數		8.3300
中位數		9.0000
眾數		9.00
標準差		1.63333
變異數		2.668
百分位數	25	7.0000
	50	9.0000
	75	10.0000

表3-12 連續變項（社會規範）之次數分配表

社會規範

		次數	百分比	有效百分比	累積百分比
有效的	5.00	14	6.9	6.9	6.9
	6.00	19	9.4	9.4	16.3
	7.00	25	12.3	12.3	28.6
	8.00	40	19.7	19.7	48.3
	9.00	51	25.1	25.1	73.4
	10.00	42	20.7	20.7	94.1
	11.00	11	5.4	5.4	99.5
	12.00	1	.5	.5	100.0
	總和	203	100.0	100.0	

第三章 描述性統計

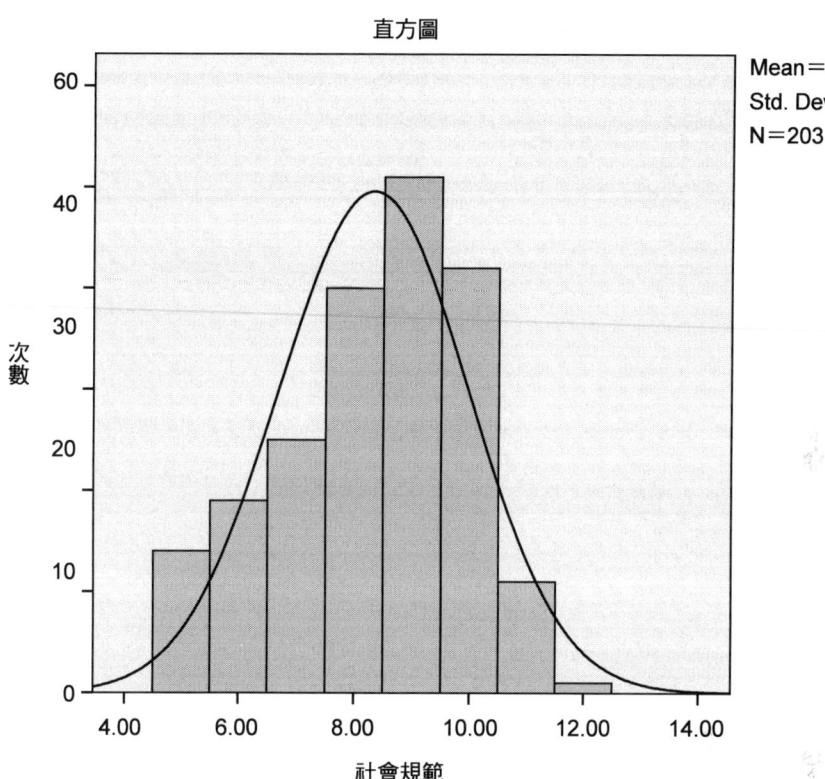

圖3-28　連續變項之次數分配圖

表3-13　連續變數（社會規範）次數分配、平均數、標準差　　　N=203

		次數	百分比	平均數	標準差
有效的	5.00	14	6.9	8.33	1.63333
	6.00	19	9.4		
	7.00	25	12.3		
	8.00	40	19.7		
	9.00	51	25.1		
	10.00	42	20.7		
	11.00	11	5.4		
	12.00	1	.5		
遺漏值	99.00	0	0		
	總和	203	100.0		

CHAPTER 4

推論統計與SPSS

第一節　推論統計之基本概念

第二節　點估計、區間估計在SPSS之運用

　　量化實徵研究（quantitative empirical research）之目的除了描述與解釋之外，最重要還有預測及控制的功能。基本上科學實徵研究，尤其是量化，最重要在於研究方法能公開透明，研究焦點之變項間的關係應具邏輯意涵，選取樣本能以隨機抽樣的原則，以求研究可具類化性（generalizability）及再驗性（replicate）。在統計分析中，因樣本是透過隨機抽樣過程所選取而來，其研究變項之數值是以推論統計（inferential statistics）方法，以樣本統計數（statistics）來推估母數（parameter）。有關推論統計之概念有母數、隨機抽樣、常態分配、虛無與對立假設、區間估計、型一誤差（type I error）與型二誤差（type II error）、單/雙尾檢定、自由度等，將在第一節中有較詳細的介紹。

第一節　推論統計之基本概念

一、母數、統計數與估計數

　　推論統計是由已知的現象推論到未知，也就是說從樣本分析的統計數推論到未知母群體的母數，其方法更是由特定（殊）到普通性的一種科學步驟。

　　母群體（population）是依某些原則來認定的所有觀察量數之總集合，而樣本（sample）是由母群體觀察量數抽樣而來的部分集合，代表母群體性質的量數，稱為母數或參數，樣本性質的量數則稱為統計數。通常母數是用希臘字母代表，如母群體平均數μ，標準差為σ，相關係數為ρ（rho）；樣本的統計數則用英文字母代表，如平均數為M，標準差為SD，相關係數為r。當母群體性質不明時，我們的目的不在於樣本本身，而是要瞭解母群體性質，我們則用估計數（estimator）來估計母數，代表估計數的大小稱為估計值（estimate）。

二、隨機抽樣

　　抽樣或稱選樣,是一種選取樣本的技術與方法,實徵研究因有推論之目的,故所選取的樣本要具母群體代表性(representativeness),否則這些樣本僅只有描述或解釋之功能。抽樣方式有很多種,可分為隨機抽樣及非隨機抽樣,隨機抽樣常用的方法有簡單隨機抽樣、系統抽樣、分層抽樣、亂數表抽樣、叢集抽樣;而非隨機抽樣常用的方法有立意抽樣、配額抽樣、滾雪球抽樣等,有關抽樣之技術請參考相關研究方法之書籍。在抽樣過程中,我們應注意抽樣的分配(sampling distribution)、抽樣誤差(sampling error)及中央極限定理(central limit theorem)。在推論統計中,樣本的分配最好要呈現常態分配,而多個樣本之平均數即為母群體平均數(μ),樣本平均數的標準誤 $\sigma_{\bar{x}} = \frac{\sigma}{\sqrt{N}}$,換言之,每次有N個人抽取一次平均數,多次之後,所有樣本的平均數即為母群體之平均數,而每次抽取的樣本數愈大,其標準誤愈小(樣本標準誤與樣本數之大小的平方根成反比),此為中央極限定理,其分配為(μ,$\sigma_{\bar{x}}$)的常態分配。

三、常態分配

　　當樣本量趨於∞,樣本之統計數會呈現往中間集中,而兩邊之面積會呈對稱,此種現象稱為常態分配(normal distribution),如圖4-1所示,心理測量的特質常具有此種分配。

　　當變項數值呈現常態分配,其左右對稱的面積是相等的,$Z = \frac{x_i - \bar{x}}{SD}$。在常態分配中Z分數尺度(Z-score scale)上某一點與平均數之間的面積及其與總面積之比率(proportion)是相等的(圖4-2)。

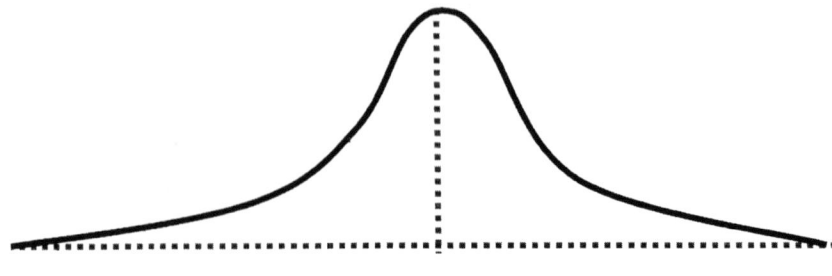

圖4-1　常態分配圖

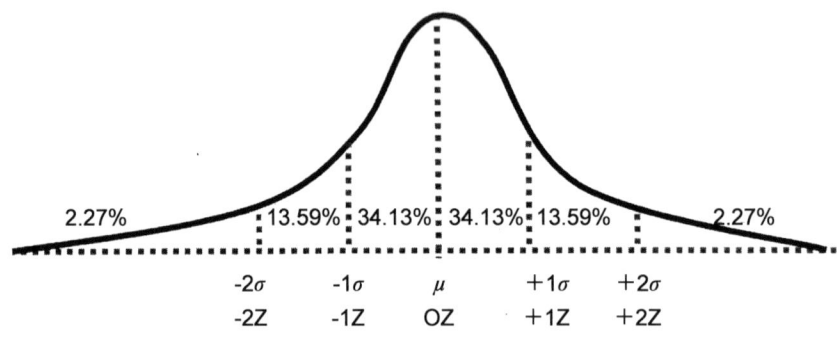

$\overline{X}$ 值在 $\mu \pm 1\,\sigma_{\bar{x}}$ 之間者占68.26%
$\overline{X}$ 值在 $\mu \pm 2\,\sigma_{\bar{x}}$ 之間者占95.44%
$\overline{X}$ 值在 $\mu \pm 3\,\sigma_{\bar{x}}$ 之間者占99.74%

$\sigma_{\bar{x}} = \dfrac{\sigma}{\sqrt{N}}$（為樣本平均數的標準誤）

圖4-2　常態曲線下的面積分區

四、虛無假設與對立假設

　　推論統計另一個重點是假設檢定（hypothesis testing），尤其在量化的實徵研究。假設有研究假設和統計假設之分。

(一)研究假設

1. 科學假設（構思）：研究者根據他的經驗和智慧，對該問題所做的理智猜測，並以陳述句的方式表示出來謂之。如選擇反應時間要長於簡單的反應時間。
2. 統計假設：如果把科學假設，用數量或統計學用詞等的陳述句加以表達，並對未知的母數的性質作有關的陳述謂之，如$\mu_1 > \mu_2$。

(二)統計假設

1. 虛無假設：以$H_0：\mu_1 = \mu_2$。
   費雪爾（S. R. Fisher）首先提出一個與對立假設意見完全相反的假設，故意來否定它的真實性，這就是虛無假設，如$H_0：\mu_1 \leq \mu_2$。實驗者必須實際去實驗和蒐集資料，並拿出證據來推翻H_0。
2. 對立假設：以H_1表示，如$H_1：\mu_1 > \mu_2$。如果它的證據拒絕H_0，則對立假設H_1成立的可能性較大，實驗者的科學假設之真實性便較可能存在。
3. 例子：焦慮→學業成績（焦慮與學業成績有相關存在）

   $H_0：\rho = 0$

   $H_1：\rho \neq 0$

五、區間估計

區間估計是研究者在研究中要聲明冒型一誤差的機率α有多大。若決定用$\alpha = .05$，則把α分為兩個臨界區，因為$\mu < x$，$\mu > x$，故為雙尾檢定，查表得$Z_{.05/2} = -1.96$及$Z_{1-.05/2} = 1.96$。

故在95%的信賴水準下$\bar{x} - 1.96\sigma_{\bar{x}} < \mu < \bar{x} + 1.96\sigma_{\bar{x}}$（95%信賴區間）（圖4-3）。

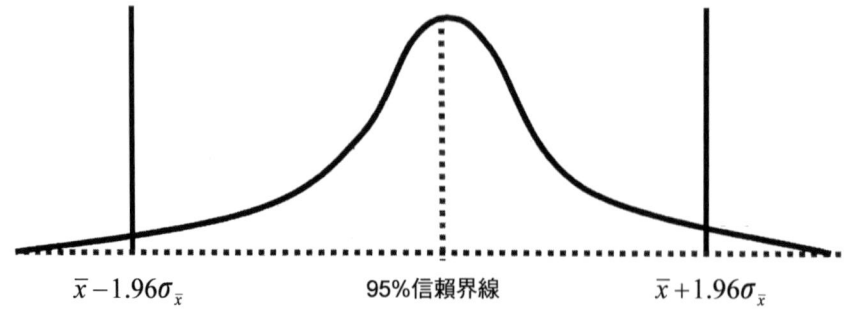

圖4-3　95%信賴區間

在95%的信賴水準下，上述估計錯誤之機率仍有5%存在。亦即，如果有95%的$\bar{x}$落在μ的上下1.96個標準誤，那麼在任何一個$\bar{x}$上面減去1.96 $\sigma_{\bar{x}}$及加上1.96 $\sigma_{\bar{x}}$，得一個自$\bar{x}-1.96\sigma_{\bar{x}}$至$\bar{x}+1.96\sigma_{\bar{x}}$的區間，則將有95%的機會包括$\mu$在此一區間內。

當母群體的σ已知時，我們用Z table來估面積（因為σ已知），但如果母群體的σ未知，我們則用樣本的標準差（s），並用t分配表來查面積。此估計又可分為點估計（point estimation）和區間估計（interval estimation）。

六、型一誤差 / 型二誤差

(一)型一誤差

是我們拒絕H_0時所犯的錯誤，以「α」表示，又稱為顯著水準（圖4-4），可採「.05顯著水準」、「.01顯著水準」。一般認為此類型誤差比較嚴重且不可原諒，應儘量避免。顯著水準一般當作$\alpha=0.05$或$\alpha=0.01$，機率小是指很少發生，換言之，T（X_1, X_2……, X_n）屬於R，是指發生了不常發生的事，此即可視為假設H_0值得懷疑。

第四章 推論統計與SPSS

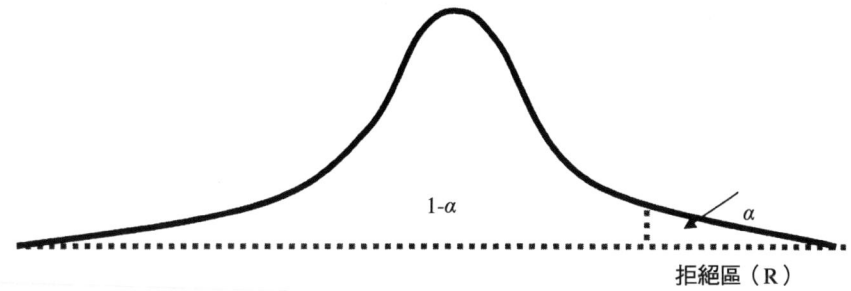

圖4-4 拒絕H_0所犯的錯誤率

(二)型二誤差

是我們接受H_0時（即拒絕H_1）所犯的錯誤，以「β」表示，這是研究者錯失發掘真相的機會；當真正性質是H_0卻作了H_1的決策，這是一個假警報的機率（α）。而「統計檢定力」，是指正確拒絕H_0的機率，以$1-\beta$表示。

表4-1 α、β和（$1-\beta$）的關係

真實狀況 統計決策		母群體的真正性質	
		H_0是真	H_0是假
裁決	拒絕 （接受H_1）	型一誤差，假警報（α）	裁決正確（$1-\beta$），「統計檢定力」
	接受H_0 （拒絕H_1）	裁決正確，信心水準（$1-\alpha$）	型二誤差，錯失真相（β）

七、單尾檢定 / 雙尾檢定

(一)統計檢定　　$H_0：\mu_1 \leqq \mu_2$

　　　　　　　　$H_1：\mu_1 > \mu_2$

　　對立假設

　　　　　　　　$H_0：\mu \geqq \mu_0$

　　　　　　　　$H_1：\mu < \mu_0$

(二)單尾檢定

凡檢定單一方向性的問題時謂之,如大於或優於。

當研究者只關心單一一個方向的比較關係時,例如男生的數學成績X_1優於女生X_2,平均數的檢定僅有一個拒絕區。

1. $H_1:\mu>\mu_0$時(圖4-5)
2. $H_1=\mu<\mu_0$時(圖4-6)

臨界點(拒絕區)以CR表示,是因為假設檢定時,如果計算所得的Z值落入這一區域便要拒絕H_0之故。

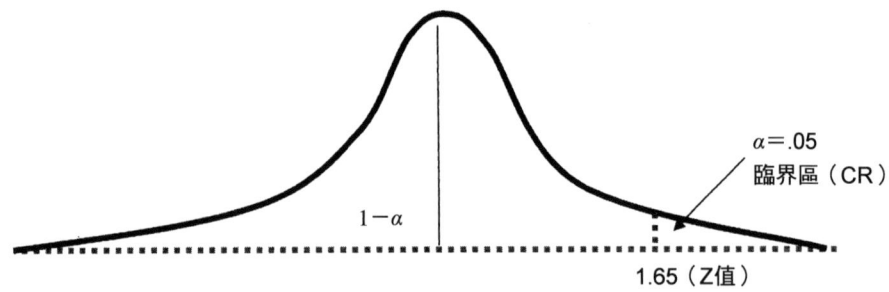

圖4-5　$H_1=\mu>\mu_0$時

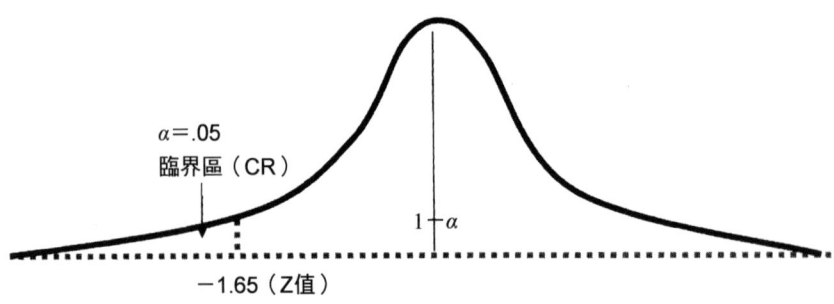

圖4-6　$H_1:\mu<\mu_0$時

(三)雙尾檢定

$\mu \neq \mu_0$,並不強調方向性,只強調有差異的假設檢定謂之。

當研究者並未有特定方向的設定(例如男生的智商與女生的智商有所不同),假設檢定在兩個極端的情況皆有可能發生,而必須設定兩個拒絕區。

1. 雙尾檢定CR值(**圖**4-7)。
2. 顯著水準與臨界點(**圖**4-8)。

$H_1:\mu \neq \mu_0$

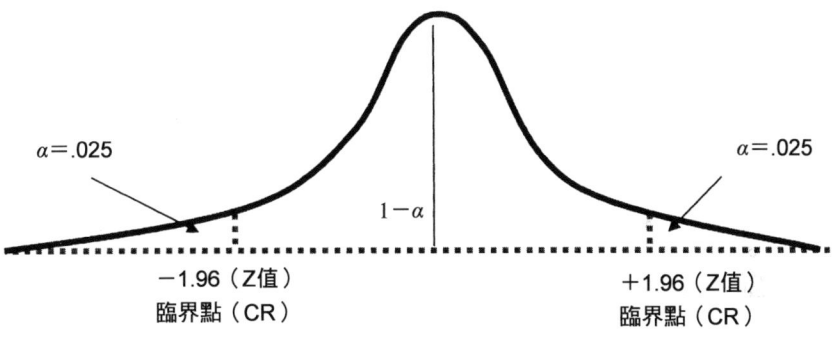

圖4-7　點估計之臨界值

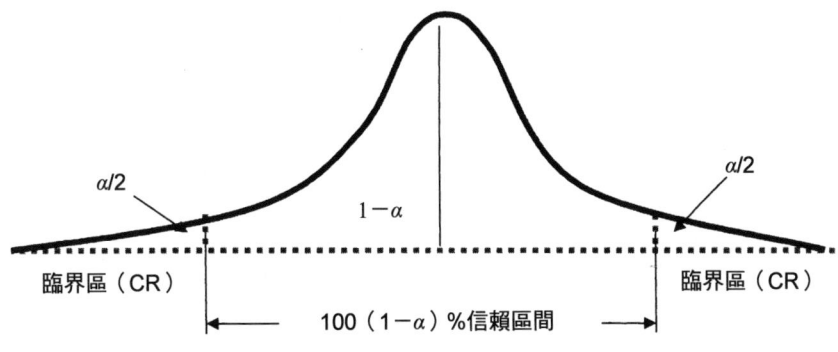

圖4-8　區間估計之臨界值

3.虛無假設是不具方向性,而且代表兩個比較值是相等的,如$H_0 = \mu = \mu_0$,而對立假設是兩個值不相等,或具方向性,如:

對立假設　　$H_1 = \mu \neq \mu_0$(雙尾檢定),或

對立假設　　$H_1 = \mu > \mu_0$(單尾檢定),或

對立假設　　$H_1 = \mu < \mu_0$(單尾檢定)。

八、自由度(df)

任何變數之中可以自由變化的數值之數目謂之。如:有2、7、9、11、12、14、15七個數值,則$\bar{x} = 10$,N=7,而df=N-1=7-1=6。

因為如果六個$X - \bar{X}$的值已經決定好,則剩下一個$X - \bar{X}$乃是一定的。

亦即N個數值之中一定有一個失去自由,也就是失去一個自由度,其餘還有N-1個可以自由變化,這剩下可以自由變化的數值之數目(N-1)便是自由度。惟自由度並不全部是N-1,它的大小需視問題的性質和應失去多少個自由度而定。

在相關係數分析,其自由度為N-2。

 第二節　點估計、區間估計在SPSS之運用

運用SPSS統計軟體來進行操作區間估計的過程如下:

1. 使用SPSS軟體來操作區間估計之操作步驟(圖4-9),首先點選「分析(A)」→接著點選「比較平均數法(M)」→最後選擇「單一樣本t檢定(S)」。

2. 進入單一樣本t檢定操作視窗後,選取欲操作區間估計之變數,將此變數從左方欄位移至右方檢定變數欄位(T),茲以「社會資本總分」變項為例(圖4-10)。

第四章 推論統計與SPSS

圖4-9　區間估計之SPSS操作視窗

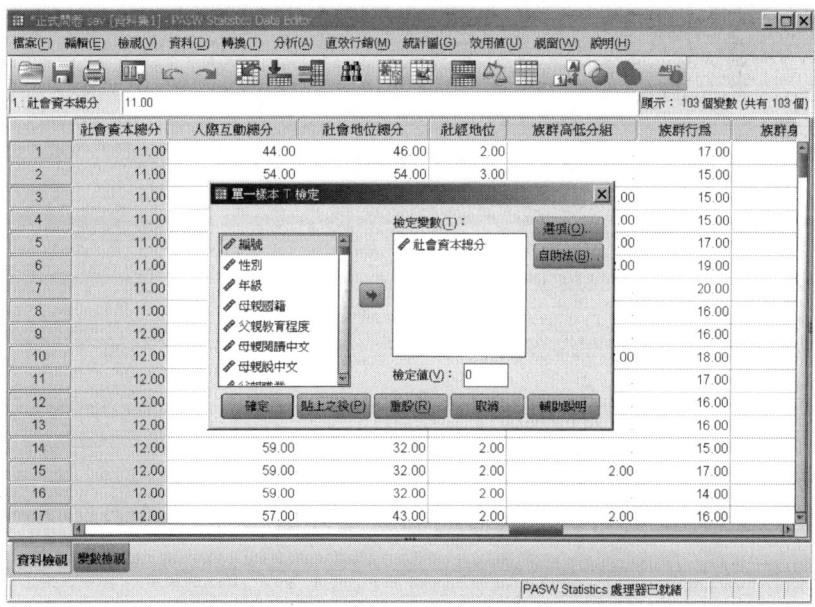

圖4-10　區間估計之SPSS之分析選擇

3. 選取好想要做操作區間估計之變數後,我們接著點選右方的「選項(O)」,設定我們要做的信賴區間百分比(**圖4-11**),一般都是設定在95%,設定完畢後按「繼續」即可。
4. 最後,當我們做完以上步驟,按下「確定」鍵,即可獲得單一樣本統計量(**表4-2**)及單一樣本檢定(**表4-3**)。
5. 當統計軟體幫我們輸出統計報表後,我們還必須將它的格式整理為研究與論文所要求的使用格式,並將無用之數據去除,保留所需且重要之數據,這樣才能符合研究與論文之要求(**表4-4**)。
6. 最後,要針對我們所輸出的資料來作解釋與說明,否則,我們辛苦做出來的資料只是一堆無用的統計數據。

圖4-11　區間估計之信賴水準設計

表4-2　單一樣本統計量

	個數	平均數	標準差	平均數的標準誤
社會資本總分	203	45.8916	22.31476	1.56619

表4-3　單一樣本檢定

	檢定值＝0					
	t	自由度	顯著性（雙尾）	平均差異	差異的95%信賴區間	
					下界	上界
社會資本總分	29.301	202	.000	45.89163	42.8034	48.9798

表4-4　區間估計摘要表

	個數（N）	平均數（Mean）	標準差（SD）	自由度（df）	95%信賴區間	
					下界	下界
社會資本總分	203	45.89	22.31	202	42.8034	42.8034

n.s. p＞.05　*p＜.05　**p＜.01　***p＜.001

從上述摘要表可以得知，社會資本總分單一樣本平均數檢定的平均數為45.89分，$t_{(202)}$＝29.301，p＝.000＜.05，達 α＝.05之顯著水準，而在95%信賴水準下的區間估計為42.8034～48.9798。

CHAPTER 5

雙變項之差異性分析與SPSS

第一節　雙變項分析

第二節　兩變項之差異性分析

第三節　差異性檢定在SPSS之運用

前章節所述單變項分析之統計分析主要在於描述一個變項之性質，而雙變項分析（bivariate analysis）之分析要同時考慮兩個變項之分布，以及兩個變項之比較（差異性檢定）與兩個變項之共變（degree of association），又稱關聯程度。接下來三章將介紹有關雙變項之假設檢定及關聯分析，大致可分為差異性假設檢定，相關分析、關聯分析及無母數檢定。

第一節　雙變項分析

雙變項統計分析主要是描述兩個變項同時出現的事物，例如一個人同時具有身高與體重，當許多人時兩變項之間就存在著一種關係，此種關係稱為共變與獨立，前者係指兩個變項一併發生或有所關聯，後者是指兩個變項沒有關係。

有三種方法可以幫助研究者決定兩變項之間是否有關係存在：(1)變項之散布圖（scatter diagram）或關係圖；(2)表示共變之相關係數值；(3)交叉表或百分比表。

例如，某研究者從一班中抽取學生10名，其測驗一（x）及測驗二（y）之分數如**表5-1**，其散布圖如**圖5-1**，兩者之相關係數＝80，其公式為：

$$r = \frac{\sum (X-\bar{X})(Y-\bar{Y})}{NS_x S_y}$$

此外，某一研究共有3,107位受試者，有接受福利補助有288名，沒有接受補助者有2,819名，女生有1,809名，其交叉表分布如**表5-2**。

兩個變項之統計分析主要有假設檢定及關聯分析，在假設檢定上還要考量資料的特性及是否迎合母數檢定之假定，例如：(1)資料是否為常態分配；(2)資料變異數是否具有同質性；(3)資料是連續變項尺度。如果

第五章　雙變項之差異性分析與SPSS

表5-1　10名學生之測驗一及測驗二之分數

學生	測驗一	測驗二
A	11	12
B	10	9
C	6	9
D	5	7
E	3	5
F	7	5
G	3	6
H	8	6
I	9	10
J	2	3

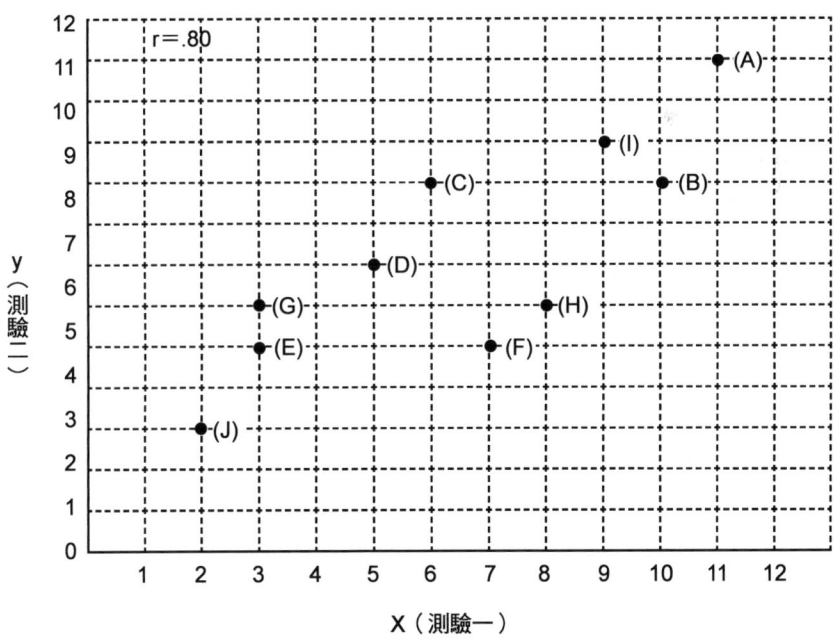

圖5-1　10名學生之測驗一及測驗二分數之相關散布圖

表5-2　性別X福利補助卡方交叉檢定表

性別＼接受補助	福利補助 有	福利補助 無	總和
男	84 (6.5%)	1,214 (93.5%)	1,298 (100%)
女	204 (11.3%)	1,605 (88.7%)	1,809 (100%)
總和	288 (9.3%)	2,819 (90.7%)	3,107 (100%)
$X^2=20.75***$			

***$p<.001$

有違反上列假定之(1)、(2)項，那儘量要使用無母數檢定方式，有關母數及無母數檢定方法及其目的，請參閱**表5-3**及**表5-4**，至於有關這些統計方法的原理及計算，請自行參閱相關統計書籍。

表5-3　母數統計檢定的方法及目的

統計檢定方法	目的
t檢定（t test）	檢定兩個平均、百分比，或相關是否顯著的差異（母體變異未知）。
Z檢定（Z test）	檢定單一個平均數、百分比，或相關是否顯著不同於某一獨特母群體的數值（母群體變異數已知）。
變異數分析（ANOVA）	檢定一個自變項或兩個自變項以上的幾個平均分數是否顯著的不同，以及各自變項之間的交互作用的效果。
共變數分析	以某些自變項為共變量，控制其對依變項的影響下，檢定各自變項間平均數的差異。
因素分析	辨認變項間的同因素，以較少的共同因素說明所研究的現象（目的在去除同一建構下較不重要的題項，可用於去除雜質題項，可當作建構效度）。
趨向分析	檢定假設性趨向存在的顯著性，主要應用在實驗處理之變異數分析，有顯著效果後再看（k-1）的層次的趨向效果。
杜凱方法 薛費方法	變異數分析達到顯著水準後，用以檢定各組間平均數的差異顯著性。薛費方法適用不等人數之組別。

資料來源：修改自郭生玉（1981）。

第五章　雙變項之差異性分析與SPSS

表5-4　無母數統計檢定方法的種類及目的

統計檢定的方法	目的
卡方檢定（χ^2）	檢定兩個次數分配是否顯著不同。
中數檢定（median test）	檢定兩個中數是否顯著的不同。
曼惠特尼U檢定（Mann-Whitney U test）	檢定兩個獨立樣本平均數是否顯著的差異（類似母數統計檢定之t檢定）。
符號檢定（sign test）	檢定兩個相依樣本分數是否顯著的差異。
魏氏配對組符號等級檢定（Wilcoxon matched-pairs signed-ranks test）	檢定兩個相依樣本分數是否顯著的差異（類似母數統計檢定中的相依樣本之t檢定）。
克—瓦二氏檢定（K-S test）	檢定單一因子的各組平均數是否顯著不同。

資料來源：修改自郭生玉（1981）。

根據**表5-5**的資料可看出下列幾項重要的分析方法：

1. 如果自變項和依變項均為等距或比率資料，且僅一個時，可使用皮爾森相關分析（Pearson correlation）。但如自變項有一個以上時，可以使用複相關分析。

2. 如果自變項和依變項均為次序資料，且僅一個時，可採用斯皮爾曼等級相關分析（Spearman rank correlation）。

3. 如果自變項是次序資料，而依變項是類別資料，且各為一個時，可使用符號檢定（sign test）、中數檢定（median test）、U檢定和克—瓦二氏檢定（Kruskal-Wallis test）等等非母數檢定方法。

4. 如果自變項是類別資料，而依變項是等距或比率資料，而自變項有一個以上，依變項僅一個時，可使用變異數分析，可分為組間及組內法。

5. 如果自變項和依變項均為類別資料，而各一個時，可使用χ^2檢定，或φ相關和費雪爾正確概率檢定（Fisher's exact probability test）。

6. 如果依變項是等距或比率資料，且一個以上時，須使用多變項分析，如二因子變異數分析（可再分二因子組間變異數分析，一因子

表5-5 自變項和依變項的資料種類及數目和統計方法的選擇

			自變項的類型及數目				
			等距或比率變項		次序變項		類別變項	
			一個	一個以上	一個	一個以上	一個	一個以上
依變相的類型及數目	等距或比率變項	一個	相關（Pearson r）	複相關（R）	可將自變項和依變項轉化成較低層次的變項，而選用表中適當的統計方法		1.變異數分析 2.t檢定	變異數分析
		一個以上	因素分析（沒有自變項）	1.多變項複迴歸分析 2.典型相關 3.結構方程模式（SEM）			多變項分析——單一因子	多變項分析——雙因子、三因子或組內設計
	次序變項	一個	可將自變項和依變項轉化成較低層次的變項，而選用表中適當的統計方法		斯皮爾曼等級相關	肯氏和諧係數（ω） Gamma（γ） Tau（τ）	1.符號檢定 2.中數檢定 3.U檢定 4.克一瓦二氏檢定（K-S）	佛里曼二因子等級變異數分析（Friedman）
		一個以上						
	類別變項	一個		1.區辨分析 2.羅吉斯迴歸分析	1.符號檢定 2.中數檢定 3.U檢定 4.克一瓦二氏檢定（K-S）	佛里曼二因子等級變異數分析	1.φ相關 2.費雪爾正確概率檢定 3.χ^2檢定 4.Lambda（λ）	1.χ^2檢定 2.邏輯對數分析
		一個以上						

資料來源：修改自Tuckman (1972)；郭生玉（1981）。

組間、一因子組內之二因子混合設計變異數分析，及二因子組內之變異數分析），或三因子變異數分析（可再分三因子組間變異數分析，二因子組間、一因子組內之混合設計變異數分析，及三因子組內之變異數分析）。

7.如果自變項和依變項皆是連續尺度，而且都是多重測量指標，則可

第五章　雙變項之差異性分析與SPSS

使用典型相關；如果有多個自變項（屬於連續變項），而依變項是類別變項，那可使用區辨分析或羅吉斯迴歸分析（logistic regression analysis），但如果自變項及依變項皆是多重指標之連續變項，此時可用結構方程模式（structure equation modeling, SEM）；此外，如果自變項是類別變項，而依變項也是類別變項，則可用邏輯對數分析（log-linear analysis），那需要將類別變項作虛擬變項（0, 1）處理。

8. 在測量兩變項之相關（共變）之關係，除了之前介紹過Pearson r（母數為ρ），及Spearman r相關之外，在兩個名義變項之間的關聯要用Lambda (λ)，兩個次序變項之關聯要用Gamma (γ)或Tau (τ)相關（其測量性質之規定請參考**表5-6**）。代表兩變項之關聯通常為其相關係數平方，例如Lambda＝.7，其關聯$(.7)^2＝.49$。

第二節　兩變項之差異性分析

兩變項之差異性分析，尤其在假設檢定常在比較兩組或多組平均數之差異，其虛無假設為$H_0 : \bar{x}_1 = \bar{x}_2$，對立假設為$H_1 : \bar{x}_1 \neq \bar{x}_2$。此種設計最常應用於實驗設計，或對依變項之數值比較在人口變項（如性別、年級、社經地位）之差異性分析。在推論統計須迎合一些假定，如樣本須

表5-6　兩個變項關聯測量之摘要表

測量值	希臘符號	資料類型	高關聯	獨立內值	關聯
Lambda	λ	名義	1.0	0	1.0～0
Gamma	γ	次序	+1.0，-1.0	0	1.0～0
Tau	τ	次序	+1.0，-1.0	0	1.0～0
Rho	ρ	等距、比率	+1.0，-1.0	0	1.0～0
列聯相關	c	名義、次序	1.0	0	1.0～0

迎合常態分配，樣本選擇是隨機且群體的變異是同質（homogeneous）。一般在差異性分析之判斷，依變項為連續變項，自變項為類別變項（統計分析策略選擇可參考**表5-7**）。差異性分析最普遍使用是t檢定及變異數分析（ANOVA）。

一、t檢定

假設檢定之程序包括下列四個步驟：(1)列出H_0及H_1；(2)根據σ已知或未知決定適當統計方法（σ已知用Z檢定，σ未知用t檢定）；(3)決定α值，劃定拒絕區；(4)根據所得之數據進行統計分析，裁決定和結果解釋。

(一)一個母群體之t檢定

◆ 母群體σ已知的單尾檢定

【例題5-1】

某廠商宣稱其面膜產品有抗老化之功能，乃自五十歲的女性中隨機抽取98名進行膚質測試。他利用過去的常模（$\mu=100$，$\sigma=16$）測得結果，$\bar{x}=104$。問是否可以支持其產品有效的說法？

表5-7 統計分析策略

IV DV	類別		連續		混合設計
	單一IV	多元IV	單一IV	多元IV	類別＋連續IV
單一 類別	卡方檢定 （交叉檢定）	多元列聯表分析； G^2統計	R-T檢定 R-ANOVA	Logistic 迴歸	虛擬化Logistic 迴歸
單一 連續	t檢定 ANOVA （獨立、相依）	Factorial因子化 ANOVA（獨立、 相依、混合設計）	相關分析 簡單迴歸	相關分析 多元迴歸	因子化ANOVA 虛擬化多元迴歸
多元 連續	DFA；MANOVA		典型相關；路徑分析；SEM		

第五章　雙變項之差異性分析與SPSS

因為母群體的σ已知，所以我們使用Z檢定

$$Z = \frac{\bar{x} - \mu}{\sigma_{\bar{x}}} = \frac{\bar{x} - \mu}{\frac{\sigma}{\sqrt{N}}}$$

將數值代入

$$Z = \frac{104 - 100}{\frac{16}{\sqrt{98}}} = 2.48$$

> 注意母群的樣本標準誤（$\sigma_{\bar{x}}$）如果過去已有多量研究，才能已知的σ，不然就要用樣本標準誤（$s_{\bar{x}}$），$s_{\bar{x}} = \frac{s}{\sqrt{N}}$。

因實際觀察Z＝2.48大於查表值1.65（α＝.05）或2.33（α＝.01），故$H_0：\mu_x \leq \mu$應予拒絕，而接受$H_1：\mu_x > \mu$。所以可支持其產品抗老化是有功能的。

◆ 母群體σ已知的雙尾檢定

雙尾檢定只是在H_0及H_1之列法有所不同，以及要注意α值要除以2。$H_0：\mu_x = \mu$，$H_1：\mu_x \neq \mu$。

【例題5-2】

某國中導師想知道他班上49名學生的智力是否與國中學生的智力有所不同。他利用魏氏智力測驗得到$\bar{x} = 105$。魏氏智力測驗常模得知$\mu = 100$，$\sigma = 15$，試問該導師可否得到其假設。

$H_0：\mu_x = \mu$

$H_1：\mu_x \neq \mu$

$$Z = \frac{\bar{x} - \mu}{\sigma_{\bar{x}}} = \frac{105 - 100}{\frac{15}{\sqrt{49}}} = 2.33$$

實際計算得Z值2.33，再查表α＝.05時我們查Z表得知Z＝1.96，但α訂為.01時，Z值為2.58。故這班學生在α訂為.05時，我們可宣稱其比一般國中生智力來得高，但如α值訂為.01時，則我們要支持虛無假設，這班國中

生與一般國中生智力是相似的。

◆ 母群 σ 未知和單尾檢定

當母群體 σ 未知，樣本的標準誤則要用樣本的 s 來作為不偏估計值，其樣本標準誤（$s_{\bar{x}}$）為 $s/\sqrt{N}$。

$$t = \frac{\bar{x} - \mu}{s_{\bar{x}}} = \frac{\bar{x} - \mu}{s/\sqrt{N}}$$（記得計算的值要查 t 表）。

【例題5-3】

健康專家們認為學生迷戀電玩會占去他們運動的時間，剝奪他們身體鍛鍊的機會，所以迷戀電玩的學生體重會較一般學生來得低。該專家從迷戀電玩的學生隨機抽取10名學生，測得體重46，42，44，49，39，43，50，42，40和45公斤。已知該年級學生平均體重為47.19公斤，問該專家是否可支持他的想法。

$H_0：\mu_x \geq \mu$

$H_1：\mu_x < \mu$

$$t = \frac{\bar{x} - \mu}{s_{\bar{x}}} = \frac{44.0 - 47.19}{\frac{3.59}{\sqrt{10}}} = -2.81$$

$$s = \sqrt{\frac{\sum(x-\bar{x})}{N-1}} = \sqrt{\frac{\sum x^2 - \frac{(\sum x)^2}{N}}{n-1}} = \sqrt{\frac{19476 - \frac{(440)^2}{10}}{10-1}} = 3.59$$

注意，因為是推論，所以分母要除 n−1。

t 值為 -2.81 再查表 $t_{.95(n-1)} = 1.833$，$t_{.99(n-1)} = 2.821$，所以如果 α 訂為 .05，那可支持 H_1，但 α 訂為 .01 時則要支持 H_0。

◆ 母群體 σ 未知和雙尾檢定

如同上題般，只是 H_0 與 H_1 假設不同，而且當訂了 α 值後，查表值要除以 2，如查 $t_{.975}$ 或 $t_{.995}$ 的值。其餘計算皆相似，當然此題也可用區間估計方

法先算出區間,再看平均數($\bar{x}$)落入接受區或拒絕區。

當α訂為.05時那95%的信賴區間為$\bar{x}-2.201S_{\bar{x}}<\mu<\bar{x}+2.201S_{\bar{x}}$

即$44-2.201\times\dfrac{3.59}{10}<\mu<44+2.201\times\dfrac{3.59}{10}$

43.209<μ<44.790,但μ=47.19,顯然不在此區間,樣本比μ來得輕。

(二)來自兩個母群體的t檢定或同一母群體的兩個樣本檢定

這一類的差異顯著性檢定,最常被應用到實驗設計研究。此種檢定又分為兩種方式,第一種稱為「等組法」,應用隨機分配方法選取兩組各方面條件皆相等的受試者,又稱為「獨立樣本」設計。理論上,這兩組之間的相關等於0,有時也稱為「受試者間設計」。第二種方法稱為「單一組法」,使用此種方法,只用一組受試者,而每位受試者均必須接受重複的實驗處理,此方法的受試者稱為「相依樣本」或「重複量數」,有時也稱為「受試者內設計」。簡言之,獨立樣本:第一個樣本與第二個樣本無關聯(不同人),又稱為受試者間設計。相依樣本:第一個樣本與第二個樣本有關聯(同一人),又稱為受試者內設計。

◆獨立樣本t檢定

此種t檢定是檢定兩個獨立樣本的分布,又稱為「受試者間設計」。

1. 當$\sigma_{\bar{x}_1}$和$\sigma_{\bar{x}_2}$已知時,當他們檢定時成為一個樣本集合體(pool together),其$\sigma_{(\bar{x}_1-\bar{x}_2)}^2=\sigma_{\bar{x}_1}^2+\sigma_{\bar{x}_2}^2$,此時可用Z檢定。

$$Z=\dfrac{(\bar{x}_1-\bar{x}_2)-(\mu_{x_1}-\mu_{x_2})}{\sigma(\bar{x}_1-\bar{x}_2)}=\dfrac{\bar{x}_1-\bar{x}_2}{\sqrt{\sigma_{\bar{x}_1}^2+\sigma_{\bar{x}2}^2}}=\dfrac{\bar{x}_1-\bar{x}_2}{\sqrt{\dfrac{\sigma_{\bar{x}_1}^2}{N_1}+\dfrac{\sigma_{\bar{x}_2}^2}{N_2}}}$$

其統計假設為:

$H_0:\mu_{x_1}=\mu_{x_2}$

$H_1:\mu_{x_1}\neq\mu_{x_2}$

【例題5-4】

某老師用魏氏智力測驗（$\sigma=15$）測甲乙兩班學生。甲班有學生50名，得 $\bar{x}_1=123$；乙班有48名，得 $\bar{x}_2=117$。試問甲班導師宣稱其學生智力高於乙班，$\alpha=.05$，你同意此說法嗎？

$H_0 : \mu_{x_1} \leq \mu_{x_2}$

$H_1 : \mu_{x_1} > \mu_{x_2}$

$$Z = \frac{123-117}{\sqrt{(15)^2(\frac{1}{50}+\frac{1}{48})}} = 1.98$$

Z=1.98時，再查Z表 $Z_{1-.05}=1.65$ 時，所以決定 $H_1 : \mu_{x_1} > \mu_{x_2}$（$\alpha=.05$）。

2.當 $\sigma_{\bar{x}_1}$ 和 $\sigma_{\bar{x}_2}$ 均未知時

處理此種t檢定，要注意樣本分配是否合乎常態，以及母群體的差異數是否有同質性的假定，如果沒有，那用t檢定就不太適合，最好改用無母數檢定（參考第七章曼—惠特尼u檢定）。

$$t = \frac{\bar{x}_1 - \bar{x}_2}{\sqrt{S_p^2(\frac{1}{N_1}+\frac{1}{N_2})}}$$

$$S_p^2 = \frac{S_1^2(N_1-1)+S_2^2(N_2-1)}{N_1+N_2-2}$$

因為 $\sigma_{\bar{x}_1}$ 與 $\sigma_{\bar{x}_2}$ 皆未知，所以我們要用 S_p^2 當作其不偏估計數，S_p^2 為一種合併的變異數（pooled variance）。

【例題5-5】

某一牙科診所從他拔智齒的病人，隨機分配到兩組，一組為給予止痛劑，另一組為由醫生口頭安慰，最後測量其拔完之後的疼痛時間。資料得知如下：

第五章　雙變項之差異性分析與SPSS

Group 1　　　　　Group 2
$N_1 = 25$　　　　$N_2 = 25$
$\bar{x}_1 = 68.2$　　　$\bar{x}_2 = 62.7$
$S_1 = 12.11$　　　$S_2 = 15.36$

$$t = \frac{\bar{x}_1 - \bar{x}_2}{\sqrt{S_p^2(\frac{1}{n_1} + \frac{1}{n_2})}} = \frac{68.2 - 62.7}{\sqrt{\frac{24(12.11)^2 + 24(15.36)^2}{25 + 25 - 2}(\frac{1}{25} + \frac{1}{25})}} = \frac{68.2 - 62.7}{3.99} = 1.38$$

t 等於1.38，再查表$t_{.95(48)} = 1.68$，故在$\alpha = .05$時，$t_{obt} < t_{critical\ value}$，所以這兩位的疼痛時間是相等的（接受$H_0$）。

◆ 相依樣本t檢定

「相依樣本」或「受試者內設計」的t檢定，是指同受試樣本前後兩次觀察所得的量數，這是指重複量數或不同受試者，但研究者所關心的特質已被設定完全相等，並且隨機分配至不同的兩個組別，這是為「配對組法」（matched-group method），同卵雙生的遺傳特質被設定，就是應用此種方法。此時t檢定之公式為：

$$t = \frac{\bar{d} - 0}{s_{\bar{d}}} = \frac{(\bar{x}_1 - \bar{x}_2) - 0}{\sqrt{\frac{\sum d^2 - \frac{(\sum d)^2}{N}}{N(N-1)}}}$$

【例題5-6】

某研究者利用12名兒童接受看廣告實驗。**表5-8**是接受廣告實驗之前和之後的注意商品之時間。試以$\alpha = .01$，檢定研究者所說「廣告會使得注意力改變」的說法是否為真。

$H_0 : \mu_{x_1} \geq \mu_{x_2}$
$H_1 : \mu_{x_1} < \mu_{x_2}$

表5-8　12名兒童廣告實驗之注意力前後測平均成績差異檢定

學生	X_{i1} 前測	X_{i2} 後測	d_i
A	10	12	-2
B	8	7	1
C	11	14	-3
D	9	13	-4
E	6	9	-3
F	15	16	-1
G	10	12	-2
H	13	12	1
I	9	10	-1
J	11	14	-3
K	8	8	0
L	7	11	-4
和	117	138	-21
平方和	1121	1664	71
乘積和	1402		
相關	.7682		
平均	9.75	11.50	-1.75
標準差	2.5271	2.6458	1.7645

$$t = \frac{(9.75 - 11.50) - .00}{\sqrt{\frac{(2.5271)^2 + (2.6458)^2 - 2(.7682)(2.5271)(2.6458)}{12}}}$$

$$= -3.44^{**}$$

$$t = \frac{-1.75 - 0}{\frac{1.7645}{\sqrt{12}}}$$

$$= \frac{(9.75 - 11.50) - 0}{\sqrt{\frac{71 - \frac{(-21)^2}{12}}{12(12-1)}}}$$

$$= -3.44^{**}$$

$$t_{.01(12-1)} = -2.718$$

　　求得t = -3.44，再查t表$t_{.99(11)}$ = 2.718，故$t_{obt} > t_{critical\ value}$，所以接受$H_1$，12名兒童接受廣告實驗後，其注意商品的時間會增加。

二、ANOVA檢定

　　「變異數分析」（analysis of variance, ANOVA）的統計方法是一種F檢定。變異數分析通常被用來檢定三個或三個以上母群體平均數的差異性。即虛無假設H_0：$\bar{x}_1 = \bar{x}_2 = \bar{x}_3...$，對立假設為$H_1$：$\bar{x}_1 \neq \bar{x}_2 \neq \bar{x}_3...$。ANOVA檢定仍需考量其樣本是獨立或相依。

(一)獨立樣本

或稱「受試者間設計」、「完全隨機化設計」（completely randomized design）。它係指利用「隨機分派」的方法將N個受試者分派到k個不同的組別，分別接受這一個自變項的k個實驗處理（或k個水準）中的一個實驗處理。此時，由於某一組的n個受試者和其他組的n個受試者均不是同樣的人，而且是隨機抽樣而來的，彼此之間毫無關係存在，故為獨立樣本。有時在k組受試者之中，有一組（或兩組）並不接受實驗處理者，是為控制組，他們也必須是用上述隨機分派的方法組成的。

(二)相依樣本

或稱「受試者內設計」、「隨機化區組設計」（randomized block design）。這種設計通常有下列三種情況：

1. 重複量數（repeated measures）設計：利用同一組N個受試者重複接受k個實驗處理。像這樣利用「單一組法」使同樣受試者在k個實驗條件下被重複觀察，其所得的k組量數之間有相關存在，故為非獨立樣本。
2. 配對組法：要利用「配對組法」組成k組受試者，並假定這k組受試者在某一與依變數有關的特質方面（例如智力）完全相同。這k組受試者雖然並不是同樣的人，但仍然假定為同一組人。由於這k組受試者被視為一組人，而且他們在該特質方面完全相等，所以這k組量數之間便不是獨立樣本。
3. 同胞法：例如利用同卵三生子隨機分派到不同組別，去接受不同實驗處理（參考林清山，2008：313）。

(三)單因子及二因子變異數分析

變異數分析其統計量度是依變項為連續變項，而自變項為類別變

項,視其自變項之數量稱為因子設計,例如,自變項只有一個是為單因子變異數分析,自變項有兩個是為二因子變異數分析,其種類繁多,請參考**表**5-9。在此只介紹單因子及二因子變異數分析,有關SPSS實務操作,將於下節說明。

表5-9 變異數分析家族

變異數分析家族	自變項（因子）（類別）	共變項（連續）	依變項（連續）	SPSS/WINDOWS 指令	備註
單因子變異數分析（獨立樣本設計）	✔		✔	【比較平均數法】單因子變異數分析	
單因子變異數分析（相依樣本設計）	✔R		✔	【比較平均數法】單因子變異數分析	虛擬依變項為多元依變項
二因子變異數分析（獨立樣本設計）	✔ ✔		✔	【一般線性模式】GLM：一般化因子	
二因子變異數分析（相依樣本設計：完全設計）	✔R ✔R		✔	【一般線性模式】GLM：重複量數	虛擬依變項為多元依變項
二因子變異數分析（相依樣本設計：混合設計）	✔ ✔R		✔	【一般線性模式】GLM：重複量數	虛擬依變項為多元依變項
單因子共變數分析	✔	✔	✔	【一般線性模式】GLM：一般化因子（增加共變量）	
二因子共變數分析	✔ ✔	✔	✔	【一般線性模式】GLM：一般化因子（增加共變量）	
事後檢定分析類型	備註				
單因子變異數分析：多重比較	1.重複量數變項無法進行事後檢定 2.增加共變數後所有變項無法進行事後檢定				
二因子變異數分析交互作用顯著時: 一、單純主要效果整體檢定 二、多重比較					
二因子變異數分析交互作用未顯著時:主要效果多重比較					

第五章 雙變項之差異性分析與SPSS

◆ 單因子變異數分析（獨立樣本）

單因子變異數分析其直線方程式為：$X_{i(n)} = \mu + \alpha_i + e_{i(n)}$，其計算原理重點概述如下，詳細操作請逕行參閱統計書籍。

1. 自變項造成依變項的變化。反應在組平均數的差異。
2. 分子為平均數的變異項，即反應出組間差異。

    $SS_{dfbetween}/df_{between}$；分母為誤差項，即反應出與組別差異無關的隨機差異。

    SS_{within}/df_{within}；兩者的比值為F值（F ratio），故又稱為F檢定。

3. 計算時，先求SS_{total}，再求$SS_{dfbetween}$，相減之後就得SS_{within}。

$$SS_{between} = \sum n_i(\overline{X}_i - \overline{X})^2, df_{between} = k-1 \text{（k為水準數）} \dots\dots(1)$$
$$SS_{within} = \sum (X_i - \overline{X}_i)^2, df_{within} = N - k \text{（N為總樣本數）} \dots\dots(2)$$
$$SS_{total} = \sum (X_i - \overline{X})^2, df_{total} = N - 1 \dots\dots\dots\dots\dots\dots\dots\dots\dots(3)$$

4. 再依上述計算值（可運用SPSS跑表），做下列之摘要表（**表5-10**），然後再寫統計結果及研究意涵。
5. 單因子變異數分析，其變異數具有分割性及可加性之性質，分割情形如**圖5-2**。

◆ 單因子變異數分析（相依樣本）

相依樣本單因子變異數分析，又稱為「隨機化區組設計」，或「受試者內設計」，其可能是「重複量數」、「同胎法」或「配對組」之設計。其線性模式為$N_{ij} = \mu + \beta_j + \pi_i + \varepsilon_{ij}$，計算過程：

表5-10　單因子變異數分析（獨立樣本）摘要表

變異來源	SS	df	MS	F	P	事後比較
組間（A因子）	SS_b	k-1	SS_b/df_b	MS_b/MS_w		
組內（誤差）	SS_w	N-k	SS_w/df_w			
全體	SS_t	N-1				

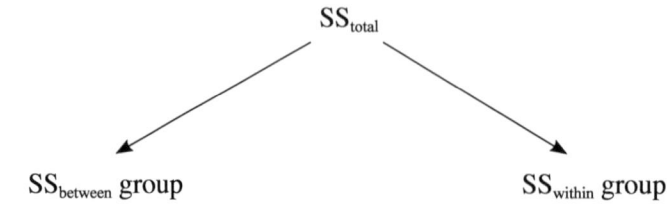

圖5-2　單因子變異數分析（獨立樣本）變異數分割示意圖

1. 自SS_{total}中排除$SS_{between\ subjects}$。
2. 計算$SS_{between\ treatment}$和$SS_{residual}$。
3. 計算自由度。
4. 列出變異數分析摘要表（**表5-11**）。

表5-12是單因子變異數分析之資料分布型態，相依樣本在於受試者為配對或重複量數，而獨立樣本是每組皆有不同的人數，其變異數分割如**圖5-3**。

由於其計算較為複雜，我們將用SPSS實務操作中舉例。

◆二因子變異數分析

多因子實驗（設計）是指研究者在一個實驗裡同時觀察兩個或兩個以上自變項對一個依變項（又稱為單變量統計）之影響。

在這裡我們只用兩個自變項，所以稱為二因子變異數分析。由於有

表5-11　相依樣本變異數摘要表

變異來源	SS	df	MS	F	P	事後比較
組間（A因子）	SS_b	k-1	SS_b/df_b	MS_b/MS_r		
組內（誤差）	SS_w	pk-k				
受試者間	SS_p	p-1				
殘差	SS_r	(p-1)(k-1)	SS_r/df_r			
全體	SS_t	pk-1				

表5-12 單因子變異數分析

獨立與相依樣本單因子變異數分析資料型態

受試者或配對組	類別變項（k組）			受試者／配對組平均數
	組一	組二	組三	
1	$X_{1.1}$	$X_{2.1}$	$X_{3.1}$	$P_1 = \sum X_{i.1}/k$
2	$X_{1.2}$	$X_{2.2}$	$X_{3.2}$	$P_2 = \sum X_{i.2}/k$
12	$X_{1.12}$	$X_{2.12}$	$X_{3.12}$	$P_{12} = \sum X_{i.12}/k$
組平均數	$\bar{X}_1 = \sum X_{1j}/n_1$	$\bar{X}_2 = \sum X_{2j}/n_1$	$\bar{X}_3 = \sum X_{3j}/n_3$	總平均數＝ $\bar{X}_G = \sum X_j/N$

註：細格內為個別受試者在依變項上之得分

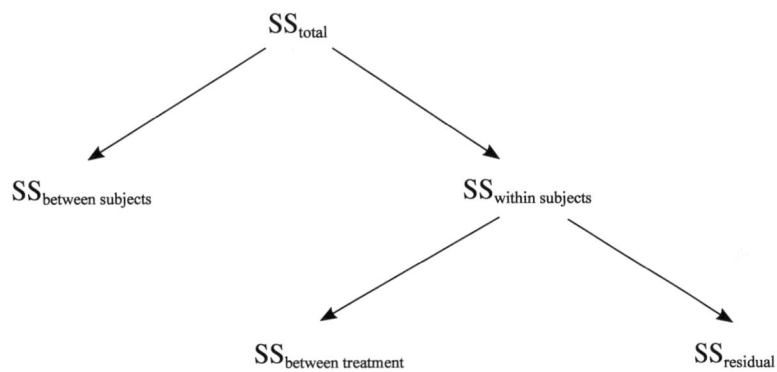

圖5-3　單因子變異數分析（相依樣本）變異數分割示意圖

兩個自變項，其獨立或相依情形，可形成二因子組間設計（兩個自變項皆是獨立），二因子混合設計（一因子為獨立，另一個因子為相依），和二因子組內設計（兩個因子皆是相依）。茲以獨立二因子變異數分析為例，其餘請逕行參閱統計書，但務必記得，其三種模式有不同分析及變異來源（誤差）。

獨立二因子變異數分析其直線模式為 $X_{ij(n)} = \mu + \alpha_i + \beta_j + \alpha\beta_{ij} + e_{ij(n)}$。
二因子變異數分析的統計假設有三個：

1. H_0：A因子的所有p個水準的$\alpha_i = 0$（或H_0：$\sigma\alpha^2 = 0$）
   H_1：A因子的p個水準之中至少有一個$\alpha_i \neq 0$
2. H_0：B因子的所有q個水準的$\beta_j = 0$（或H_0：$\sigma\beta^2 = 0$）
   H_1：B因子的q個水準之中至少有一個$\beta_j \neq 0$
3. H_0：所有p×q個細格的$\alpha\beta_{ij} = 0$（或H_0：$\alpha\beta = 0$）
   H_1：所有p×q個細格之中至少有一個細格的$\alpha\beta_{ij} \neq 0$

上述的假設中又以第三個最為重要，因為二因子變異數分析，研究者最想預見是其AB因子的交互作用，不然只要找出A或B因子的主要效果（用單因子變異數分析，即可解決此問題）。二因子變異數分析之重點摘要分述如下，例題將列於下一節SPSS實務統計節中。

◆ 主要效果（main effect）：個別因子（自變項）的效應
   1. A因子平均數的差異稱為A主要效果（A main effect）。
   2. B因子平均數的差異稱為B主要效果（B main effect）。

◆ 交互效果（interaction effect）：多因子共同造成的影響
   AB交互作用下的細格平均數變異。

◆ 效果顯著性：可以經由F檢定來判定（表5-13及5-14）
   1. A與B主要效果相互獨立，分別代表A與B變項與依變項的關係，可視為是兩個獨立的單因子變異數檢定。
   2. AB交互作用（兩個自變項相互作用對依變項產生的影響），意涵為：
      (1)當「在考慮A的不同水準條件下，檢視B因子對於依變項的影響」〔有當a_1與a_2兩種限定條件下的B效果，稱為B單純主要效果（simple main effect of the B factor）〕。

表5-13 獨立二因子變異數分析摘要表

變異來源	SS	df	MS	F	P
組間					
A	SS_A	$k-1$	SS_A/df_A	MS_A/MS_w	
B	SS_B	$l-1$	SS_B/df_B	MS_B/MS_w	
AB	SSA_B	$(k-1)(l-1)$	SSA_B/df_{AB}	MS_{AB}/MS_w	
組內（誤差）	SS_w	$N-kl$	SS_w/df_w		
全體	SS_t	$N-1$			

表5-14 二因子混合設計變異數分析摘要表

變異來源	SS	df	MS	F	P值
組間					
A主要效果	SS_A	$k-1$	SS_A/df_A	MS_A/MS_r	
B主要效果	SS_B	$l-1$	SS_B/df_B	MS_B/MS_s	
AB主要效果	SS_{AB}	$(k-1)(l-1)$	SS_{AB}/df_{AB}	MS_{AB}/MS_s	
組內		$N-kl$	SS_w/df_w		
Subject受試者間	SS_s	$k(n_{cell}-1)(l-1)$	SS_s/df_s		
Residual殘差	SS_R	$k(n_{cell}-1)$	SS_r/df_r		
全體		$N-1$			

(2)當「在考慮B的不同水準條件下，檢視A因子對於依變項的影響」〔有當b_1、b_2、b_3三種限定條件下的A效果，稱為A單純主要效果（simple main effect of the A factor）〕。

(3)單純主要效果還要再執行另一個摘要表（**表5-15**）。

(4)如果ANOVA摘要表為現有p<.05時，代表此檢定具有顯著性差異，此時必須再執行事後比較（**圖5-4**）。有關事後比較方法統計原理請參考統計書籍，SPSS操作將在下一節評述。

表5-15 單純主要效果的變異數分析摘要表

變異來源	SS	df	MS	F	P	事後比較
A因子						
右b_1	—	—	—	—		
左b_2	—	—	—	—		
……						
B因子						
右a_1	—	—	—	—		
左a_2	—	—	—	—		
W. Cell（誤差）	—	—				

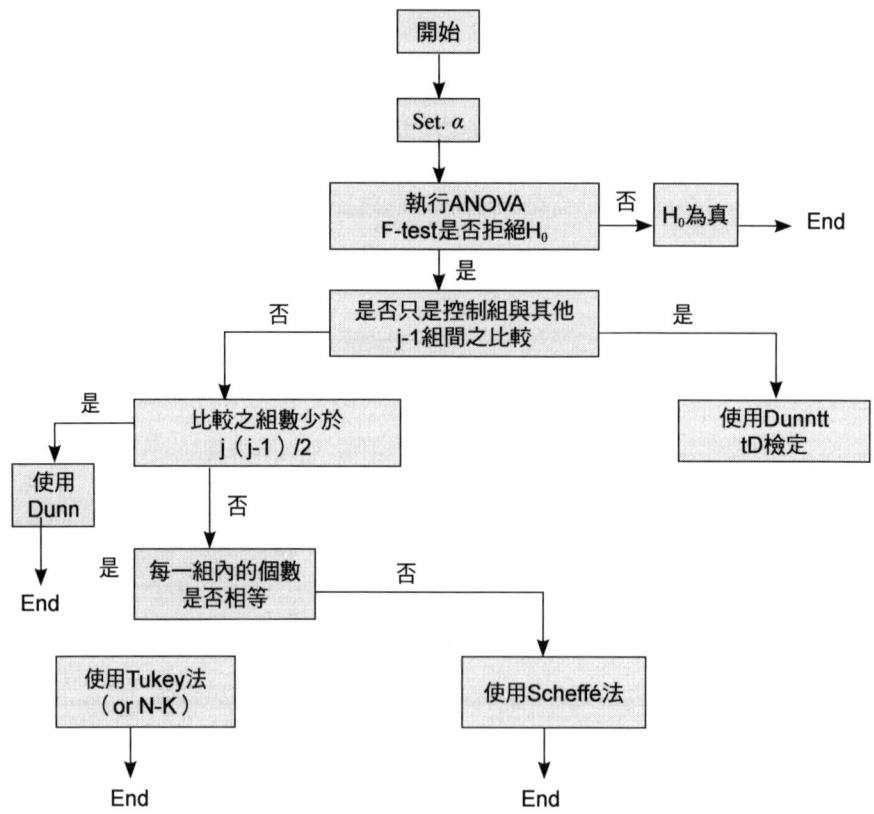

圖5-4 事後比例方法使用之流程圖

三、χ^2分析

　　t檢定、ANOVA檢定是處理依變項為連續變項之差異性分析，而χ^2檢定主要在處理類別變項（如名義或次序）中之次數分析。χ^2分配是假定我們自一個常態分配中每一次隨機抽取一個分數X，並用$\chi_i^2 = Z^2 = (\frac{X-\mu}{\sigma})^2$之公式（也就是將$Z = \frac{X-\mu}{\sigma}$重複無限次之後，我們會得平均數為0，標準差為1的常態分配。所以說來χ^2的定義為：

　　$\chi^2 = \sum \frac{(f_o - f_e)^2}{f_e}$，$f_o$為觀察次數，$f_e$為期望次數，也就是我們將實際次數減期望次數，平方後再除以期望次數，此實際與期望的差距總和就是為χ^2。

　　χ^2統計法雖然只有一個定義公式，但卻可以有各種不同的用途。最常見的用途有四（林清山，2008）：

1. 適合度檢定（test of goodness of fit）：就某單一變項檢定其觀察次數與相對應的期望次數是否相符合（t檢定也是一種適合度檢定）。

2. 百分比同質性檢定（test of homogeneity of proportions）：檢定研究者所感到興趣的J個群體在I個反應方面的百分比是否都是一樣，亦即這些群體的反應是否為同質。在I×J交叉表（cross-tabulation table）上，只有一個變項是設計變項（design variable），分為J個群體；其餘一個則為反應變項，分為I種反應。

3. 獨立性檢定（test of independence）：檢定研究者感到興趣的兩個自變項是否互為獨立；如果不是互為獨立事件，則繼續進行「關聯性檢定」（test of association），以瞭解二者之關聯的性質和程度。在這種用途裡，I×J交叉表上的兩個變項均為「設計變項」。（有關關聯連性檢定將在下一章詳述）

4. 改變的顯著性檢定（test of significance of "change"）：用來檢定同一群受試者對一件事情的前後兩次反應之間的差異情形。在I×J交叉表上的兩個變項均為反應變項。

【例題5-7】

某位研究者針對某一大學作服務學習之研究，其用分層抽樣方法抽取該校學生，文學院51，法學院78，理學院61，工學院103，醫學院67（**表5-16**），而學校之學院學生在文學院、法學院、理學院、工學院及醫學院之人數比例為1：3：2：4：2，試問此研究結果可否具有該校學生學院性質之代表性。

本次研究在學生人數之分布上以工學院103位為最多，其次是法學院占78位，最少的是文學院51位，經$\chi^2_{.99(4)}=19.542(\alpha<.01)$，大於查表$\chi^2_{.99(4)}=13.277$，所以本次研究的學生人數不具該學校之代表性，在文學院有偏多，在法學院及工學院有偏少之現象。

χ^2可運用至多因子，如果自變數是兩個因子可以以列聯表作為描述，並計算其χ^2，如果是2×2，如**表5-17**所示。

【例題5-8】

某研究生配偶選取大學生1,000人，男女各500人，調查他們政黨參與

表5-16　360位學生在各學院之次數分布及χ^2檢定

	f_o	f_e	(f_o-f_e)	$(f_o-f_e)^2$	$(f_o-f_e)^2/f_e$
文學院	51	30	21	441	14.7
法學院	78	30	-12	144	1.6
理學院	61	60	1	1	.017
工學院	103	120	-17	289	2.408
醫學院	67	60	7	49	.817
	360				19.542

表5-17　χ^2之2×2列聯表

期望值 f_e		X		Marginal total
		r1	r2	
Y	c1	AC/N	AD/N	A
	c2	BC/N	BD/N	B
Marginal total		C	D	N

表5-18　大學生政黨參與狀況

性別＼政黨參與	國民黨		民進黨		新黨		無黨籍		小計
男	75	15%	75	15%	50	10%	300	60%	500 50%
	50%	75	50%	75	33%	62.5	48%	312.5	
女	75	15%	25	5%	75	15%	325	65%	500 50%
	50%	75	25%	50	67%	62.5	52%	312.5	
小計	150 15%		100 10%		125 12.5%		625 62.5%		1,000

情形,如**表5-18**所示。

$$\chi^2 = \frac{(75-75)^2}{75} + \frac{(75-50)^2}{50} + \frac{(50-62.5)^2}{62.5} + \frac{(300-312.5)^2}{312.5} + \frac{(75-75)^2}{75} + \frac{(25-50)^2}{50} + \frac{(75-62.5)^2}{62.5} + \frac{(325-312.5)^2}{312.5} = 31$$

$\chi^2=31$大於查表 $\chi^2_{.95(3)}=7.815$,故此檢定拒絕H_0:性別在政黨無顯著差異,而接受H_1:性別在政黨參與有顯著差異,意即大學生參與政黨的傾向具有性別差異,其中無論男、女大都是無黨籍,而男生加入民進黨,女生則加入新黨的傾向較高,加入國民黨則比例相當。

第三節 差異性檢定在SPSS之運用

一、單一樣本t檢定在SPSS之運用

運用SPSS統計軟體來進行操作獨立樣本t檢定的過程如下：

1. 使用SPSS軟體來操作單一樣本t檢定之操作步驟（圖5-5），首先點選「分析(A)」→接著點選「比較平均數法(M)」→最後選擇「單一樣本t檢定(S)」。
2. 進入單一樣本t檢定操作視窗後，選取欲操作單一樣本t檢定之變數，將此變數從左方欄位移至右方檢定變數欄位(T)，茲以「社會資本總分」變項為例，並在下方檢定值（V）欄位輸入檢定值，茲分別以60分（圖5-6）及55分（圖5-7）為例，各操作一次。

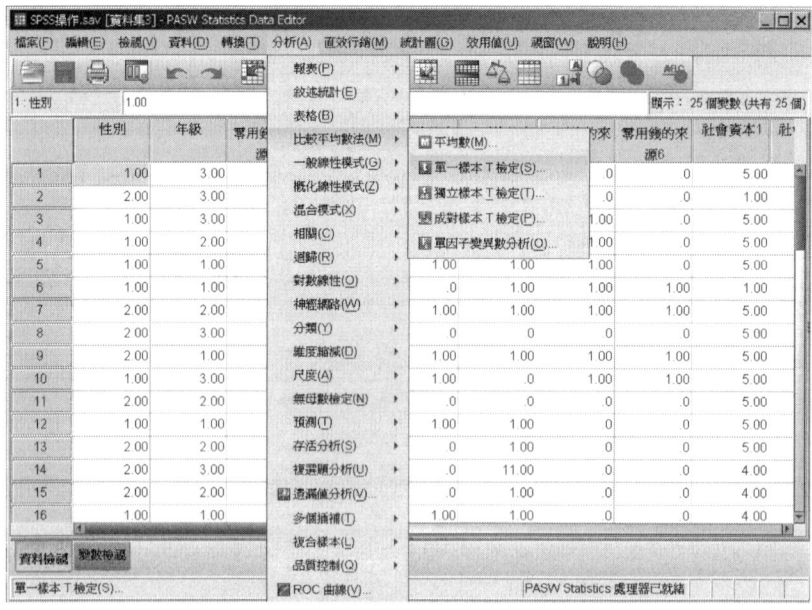

圖5-5　單一樣本t檢定SPSS操作視窗

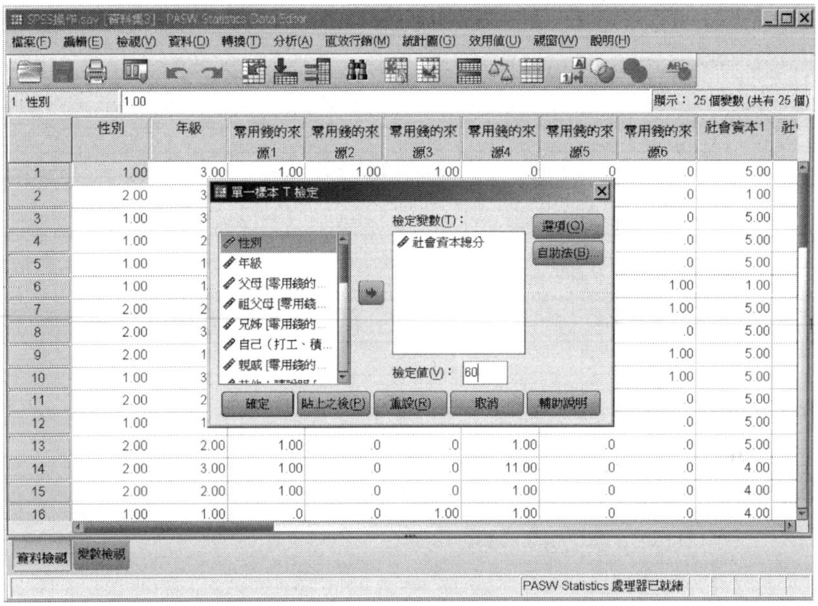

第五章 雙變項之差異性分析與SPSS

115

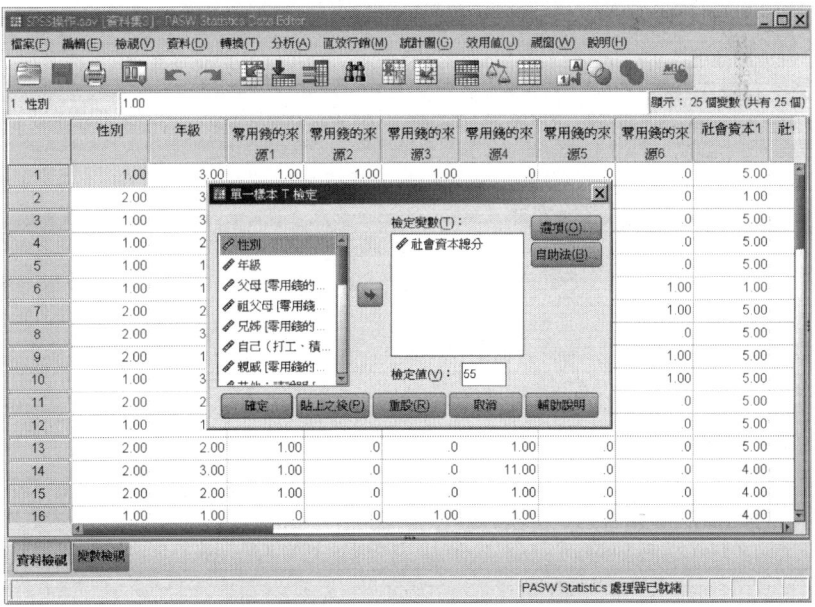

圖5-6　單一樣本t檢定變數選取（檢定值＝60）

圖5-7　單一樣本t檢定變數選取（檢定值＝55）

3. 最後，當我們做完以上步驟，按下「確定」鍵，即可獲得單一樣本t統計量及單一樣本t檢定（表5-19、表5-20、表5-21）。
4. 最後，要針對我們所輸出的資料來作解釋與說明，否則，我們辛苦做出來的資料只是一堆無用的統計數據。

表5-19　單一樣本統計量

	個數	平均數	標準差	平均數的標準誤
社會資本總分	30	62.1333	9.88462	1.80468

表5-20　單一樣本檢定（檢定值＝60）

	檢定值＝60					
	t	自由度	顯著性（雙尾）	平均差異	差異的95%信賴區間	
					下界	上界
社會資本總分	1.182	29	.247	2.13333	-1.5576	5.8243

　　從上述統計資料可以得知，社會資本的平均數為62分，以60分作為檢定標準值，經過統計處理後，$t_{(29)}=1.182$，$p=.247>.05$，未達顯著水準，表示受測對象之社會資本得分與標準分數並無顯著差異。

表5-21　單一樣本檢定（檢定值＝55）

	檢定值＝55					
	t	自由度	顯著性（雙尾）	平均差異	差異的95%信賴區間	
					下界	上界
社會資本總分	3.953	29	.000	7.13333	3.4424	10.8243

　　從上述統計資料可以得知，社會資本的平均數為62分，如果換為55分作為檢定標準值，經過統計處理後，$t_{(29)}=3.953$，$p=.000<.05$，達顯著水準，表示受測對象之社會資本得分與標準分數之間有顯著差異。

第五章 雙變項之差異性分析與SPSS

二、獨立樣本t檢定在SPSS之運用

運用SPSS統計軟體來進行操作獨立樣本t檢定的過程如下：

1. 使用SPSS軟體來操作獨立樣本t檢定之操作步驟（**圖5-8**），首先點選「分析(A)」→接著點選「比較平均數法(M)」→最後選擇「獨立樣本t檢定(T)」。
2. 進入獨立樣本t檢定操作視窗後，選取欲操作獨立樣本t檢定之變數，將此變數從左方欄位移至右方檢定變數欄位(T)，茲以「社會資本總分」變項為例，接著把欲進行變數移入分組變數（G）並定義組別，茲以性別為例，男生為1，女生為2（**圖5-9**）。
3. 最後，當我們做完以上步驟，按下「確定」鍵，即可獲得獨立樣本t統計量及獨立樣本t檢定（**表5-22**）。
4. 最後，要針對我們所輸出的資料來作解釋與說明，否則，我們辛苦做出來的資料只是一堆無用的統計數據。

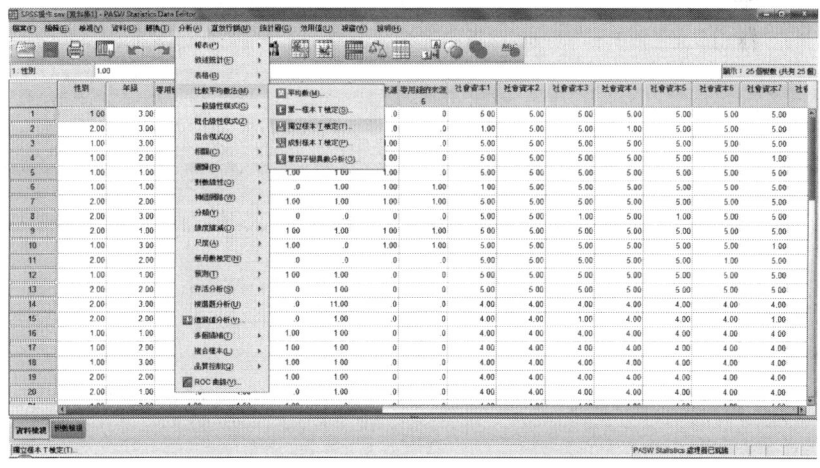

圖5-8　獨立樣本t檢定SPSS操作視窗

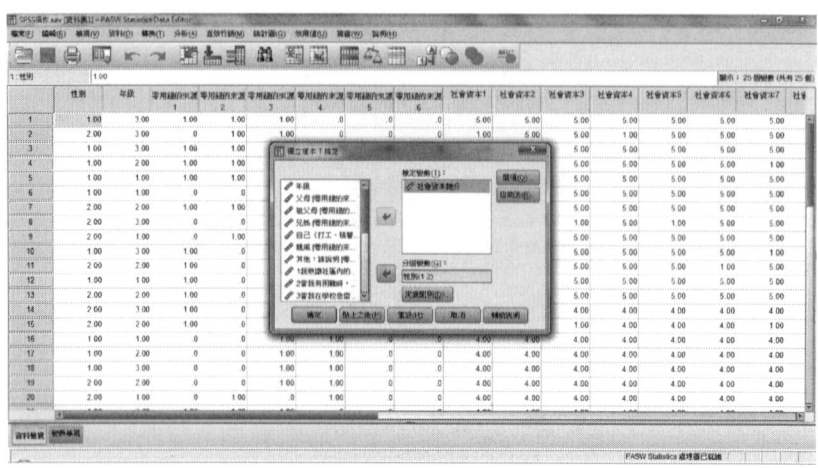

圖5-9 獨立樣本t檢定社會資本總分之變數檢定

表5-22 獨立樣本t檢定之輸出表

組別統計量

性別		個數	平均數	標準差	平均數的標準誤
社會資本總分	男生	16	63.5625	9.69514	2.42379
	女生	14	60.5000	10.20369	2.72705

獨立樣本檢定

		變異數相等的 Levene檢定		平均數相等的t檢定					
		F檢定	顯著性	t	自由度	顯著性（雙尾）	平均差異	標準誤差異	差異的95%信賴區間 下界	上界
社會資本總分	假設變異數相等	.000	.990	842	28	407	3.06250	3.63565	-4.38480	10.50980
	不假設變異數相等			839	27.032	409	3.06250	3.64850	-4.42319	10.54819

　　從上述統計報表可以得知，兩個樣本的平均數為63.56和60.5，變異數同質性Levene檢定未達顯著（F＝.000，p＝.990＞.05），表示男生和女生這兩組樣本的離散情形無明顯差別，而由假設變異數相等的t值與顯著性（$t_{(28)}$＝.842，n.s.），發現檢定結果未達顯著，表示性別對於社會資本

第五章 雙變項之差異性分析與SPSS

並無顯著明顯差異。

三、單因子變異數分析在SPSS之運用

運用SPSS統計軟體來進行操作單因子變異數分析的過程如下：

1. 使用SPSS軟體來操作單因子變異數分析之操作步驟（圖5-10），首先點選「分析(A)」→接著點選「比較平均數法(M)」→最後選擇「單因子變異數分析(O)」。
2. 進入單因子變異數分析操作視窗後，選取欲操作單因子變異數分析之變數，將此變數從左方欄位移至右方依變數清單(E)，茲以「社會資本總分」變項為例，接著把欲進行變數移入下方因子欄（F），茲以年級為例（圖5-11）。
3. 接著在Post Hoc多重比較中勾選「Scheffé法」（圖5-12），以及在選項欄位中勾選所欲測量之統計量（圖5-13）；最後，當我們做完以上步驟，按下「確定」鍵，即可獲得描述性統計量（表5-23）、

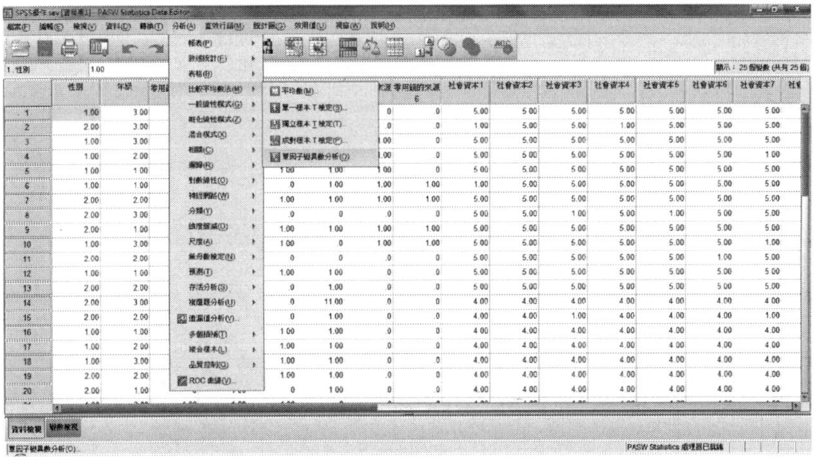

圖5-10　單因子變異數分析之SPSS視窗

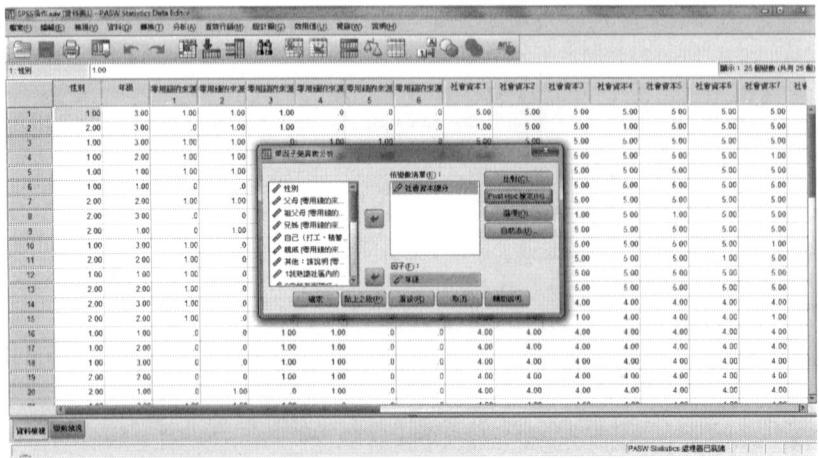

圖5-11　單因子變異數分析之變數選擇

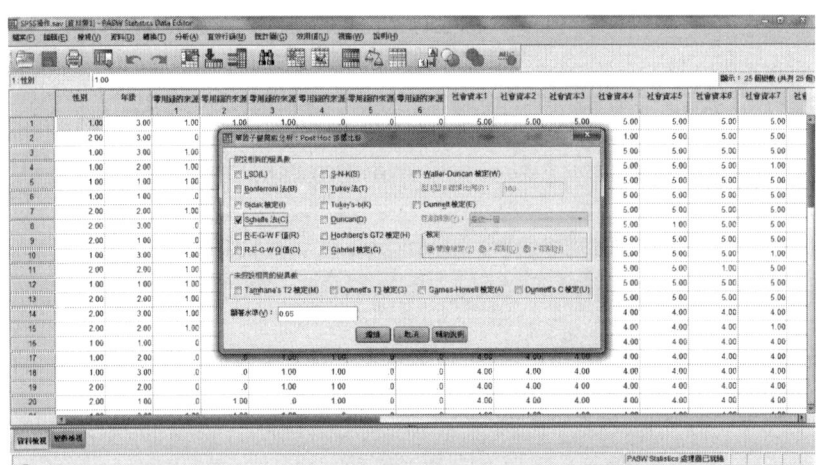

圖5-12　單因子變異數分析事後比較選取

變異數同質性檢定（**表5-24**）及統計輸出表（**表5-25**）。

4.當統計軟體幫我們輸出統計報表後，我們還必須將它的格式整理為研究與論文所要求的使用格式，並將無用之數據去除，保留所需且重要之數據，這樣才能符合研究與論文之要求（**表5-26**）。

第五章 雙變項之差異性分析與SPSS

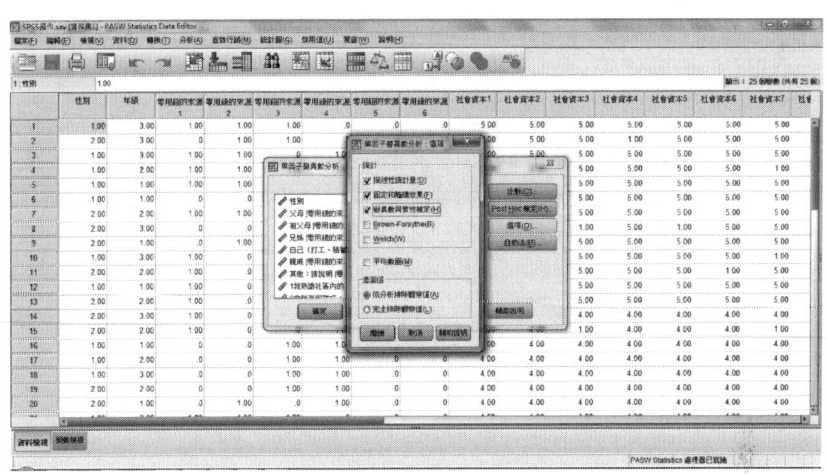

圖5-13　單因子變異數分析統計量選擇

表5-23　單因子變異數之描述性統計量
社會資本總分

	個數	平均數	標準差	標準誤	平均數的95%信賴區間		最小值	最大值	成分間變異數
					下界	上界			
一年級	9	59.4444	12.47108	4.15703	49.8583	69.0306	45.00	75.00	
二年級	9	62.1111	9.11653	3.03884	55.1035	69.1187	45.00	75.00	
三年級	12	64.1667	8.57940	2.47666	58.7156	69.6178	45.00	75.00	
總和	30	62.1333	9.88462	1.80468	58.4424	65.8243	45.00	75.00	
模式 固定效果			10.03471	1.83208	58.3742	65.8925			
模式 隨機效應				1.83208^a	54.2505^a	70.0161^a			-4.37889

表5-24　單因子變異數分析之變異數同質性檢定
社會資本總分

Levene統計量	分子自由度	分母自由度	顯著性
.820	2	27	.451

表5-25 單因子變異數分析之統計輸出表

社會資本總分

	平方和	自由度	平均平方和	F	顯著性
組間	114.689	2	57.344	.569	.572
組內	2718.778	27	100.695		
總和	2833.467	29			

表5-26 單因子變異數分析摘要表

社會資本總分

	平方和（SS）	自由度（df）	平均平方和（MS）	F	P	事後比較
組間	114.689	2	57.344	.569 n.s.	.572	
組內	2718.778	27	100.695			
總和	2833.467	29				

n.s. p >.05

5.最後，要針對我們所輸出的資料來作解釋與說明，否則，我們辛苦做出來的資料只是一堆無用的統計數據。

　　從上述統計資料可以得知，三個年級的平均數各為59.44、62.11、64.16，而變異數同質性檢定（Levene＝.820，p＝.451 > .05）未達顯著，表示三個年級的離散程度並無明顯差別；而整體檢定結果也發現，不同年級的學生對社會資本的累積並無不同（$F_{(2,27)}$＝.569，p＝.572 > .05），表示學生的社會資本不會因為年級之不同而有所差異；倘若有達顯著差異，則需看Scheffé事後比較，看看是哪幾組產生差異。

四、雙因子變異數分析在SPSS之運用

運用SPSS統計軟體來進行操作單因子變異數分析的過程如下：

1.使用SPSS軟體來操作雙因子變異數分析之操作步驟（圖5-14），

第五章　雙變項之差異性分析與SPSS

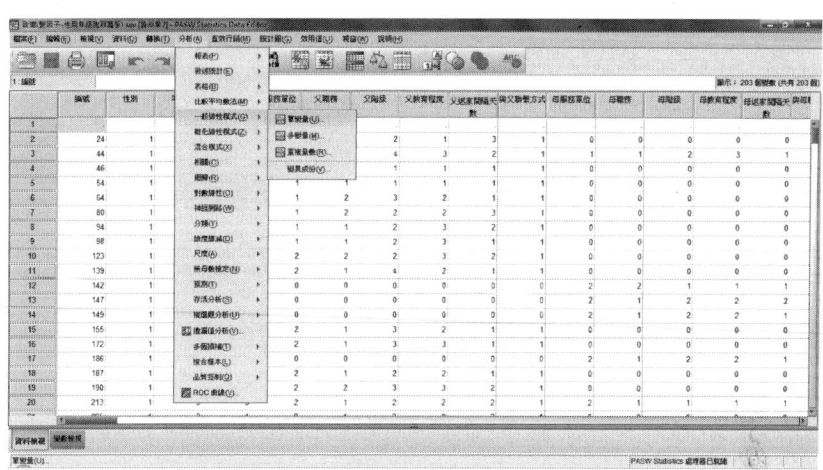

圖5-14　雙因子變異數分析SPSS操作視窗

　　首先點選「分析(A)」→接著點選「一般線性模式(G)」→最後選擇「單變量(U)」。

2. 進入雙因子變異數分析操作視窗後，選取欲操作雙因子變異數分析之變數，將此變數從左方欄位移至右方依變數(D)，茲以「寂寞感」變項為例，接著把欲進行變數移入下方固定因子欄（F），茲以性別與年級為例（**圖5-15**）。

3. 接著在Post Hoc檢定中，將具有三個水準的自變項移入Post Hoc檢定清單中，並勾選「Scheffé法」以進行事後比較（**圖5-16**），以及在選項欄位中選取所欲測量之統計量（**圖5-17**）；最後，當我們做完以上步驟，按下「確定」鍵，即可獲得受試者間效應項的檢定（**表5-27**）。

4. 當統計軟體幫我們輸出統計報表後，我們還必須將它的格式整理為研究與論文所要求的使用格式，並將無用之數據去除，保留所需且重要之數據，這樣才能符合研究與論文之要求（**表5-28**）。

5. 最後，要針對我們所輸出的資料來作解釋與說明，否則，我們辛苦做出來的資料只是一堆無用的統計數據。

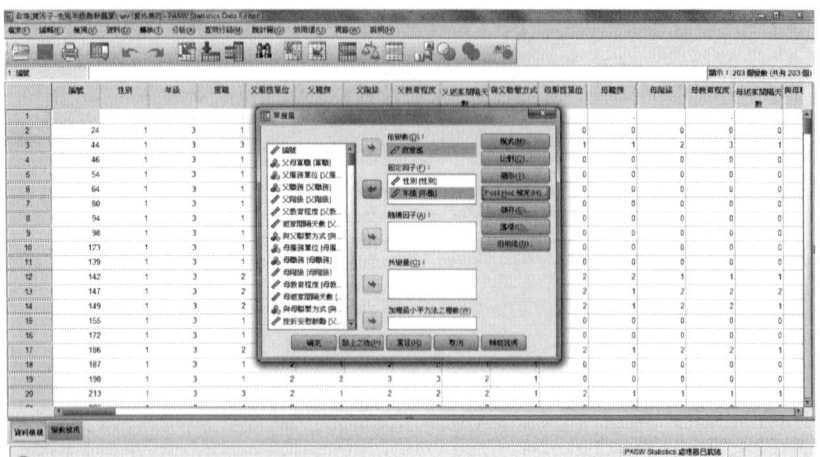

圖5-15　雙因子變異數分析依變項為寂寞感，自變項為性別與年紀

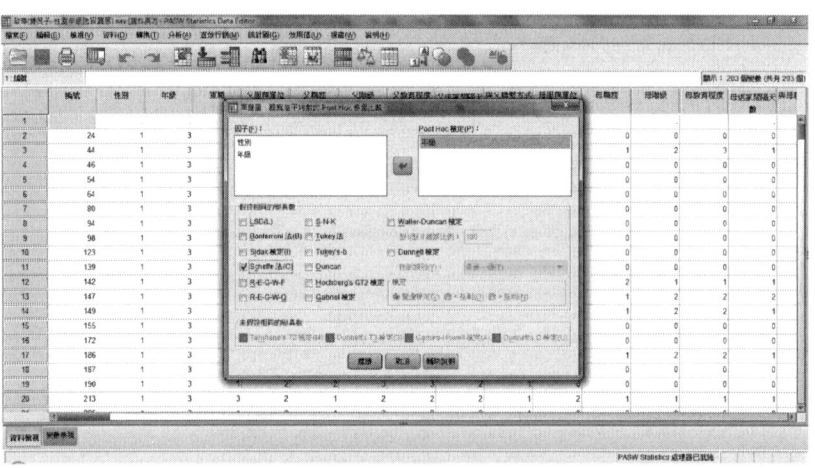

圖5-16　雙因子變異數分析主要效果之事後比較

6. 結果發現兩個因子都對依變項有達顯著水準會交互影響依變項，所以還必須就單純主要效果再進一步加以檢定。

7. 使用SPSS軟體來操作單純主要效果之操作步驟，首先點選「資料(D)」→接著點選「分割檔案(F)」→並點選「比較群組(C)」→將

第五章　雙變項之差異性分析與SPSS

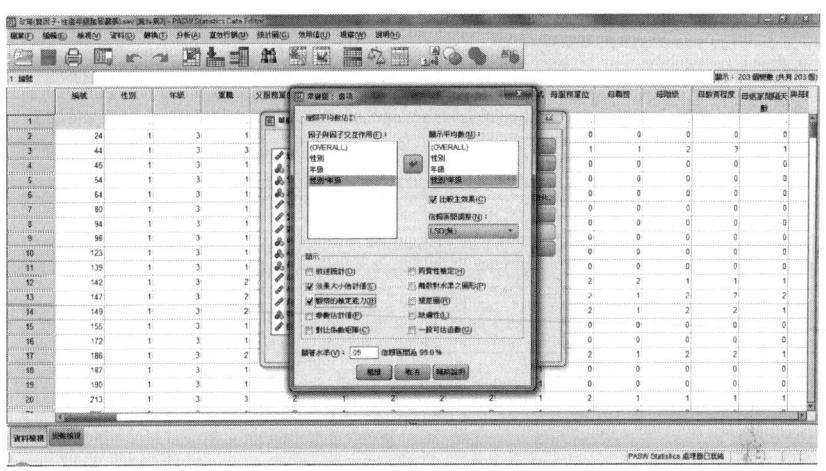

圖5-17　雙因子變異數分析統計量選取

表5-27　雙因子變異數分析之輸出表

依變數：寂寞感

來源	型 III 平方和	df	平均平方和	F	顯著性	淨相關 Eta平方	Noncent. 參數	觀察的檢定能力[b]
校正後的模式	107099.439[a]	5	21419.888	1521.301	.000	.960	7606.507	1.000
截距	1003191.577	1	1003191.577	71249.522	.000	.996	71249.522	1.000
性別	8942.667	1	8942.667	635.134	.000	.668	635.134	1.000
年級	90142.150	2	45071.075	3201.076	.000	.953	6402.152	1.000
性別*年級	1254.199	2	627.100	44.538	.000	.220	89.077	1.000
誤差	4449.273	316	14.080					
總數	1070587.000	322						
校正後的總數	111548.711	321						

a.R平方＝.960（調過後的R平方＝.959）
b.使用α＝.05計算

　　第一個因子（性別）放入→按下確定，便完成分割（圖5-18、圖5-19）。

8.分割完畢後，點選「分析(A)」→接著點選「比較平均數法(M)」→最後選擇「單因子變異數分析(O)」（圖5-20）。

表5-28　雙因子變異數分析摘要表

變異來源	SS	df	MS	F	P	事後比較
性別	8942.667	1	8942.667	635.134	.000	女生>男生
年級	90142.150	2	45071.075	3201.076	.000	三>一，三>二，二>一
性別*年級	1254.199	2	627.100	44.538	.000	
誤差	4449.273	316	14.080			
總數	1070587.000	322				

圖5-18　單純主要效果之SPSS視窗

9.進入單因子變異數分析操作視窗後，將寂寞感從左方欄位移至右方依變數清單(E)，接著把第二因子（年級）移入下方因子欄（F）（圖5-21）。

10.然後重複上述七、八、九步驟將第二因子分割做單純主要效果比較。

11.最後，當我們做完以上步驟，按下「確定」鍵，即可獲得年級單純主要效果ANOVA摘要表（表5-29）、性別單純主要效果ANOVA摘要表（表5-30）、多重比較（表5-31）及描述性統計量（表5-32）。

第五章　雙變項之差異性分析與SPSS

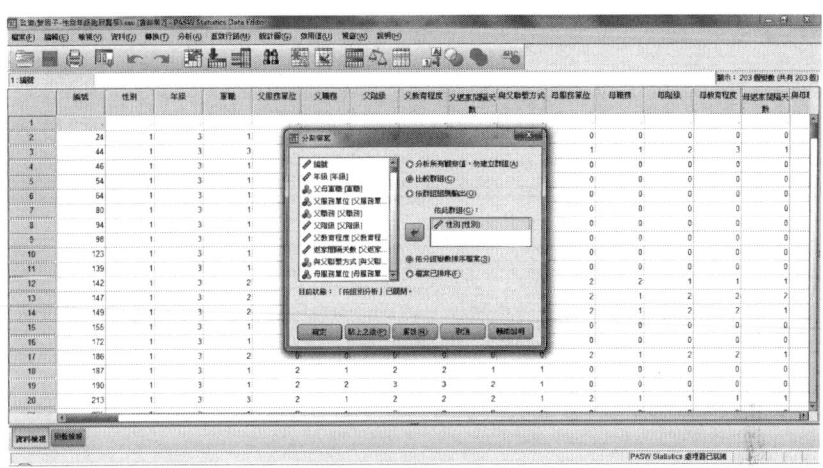

圖5-19　單純主要效果分割（以性別為選項）

圖5-20　單純主要效果檔案分割後之統計分析(一)

12.當統計軟體幫我們輸出統計報表後，我們還必須將它的格式整理為研究與論文所要求的使用格式，並將無用之數據去除，保留所需且重要之數據，這樣才能符合研究與論文之要求（**表**5-33、**表**5-34、**表**5-35）。

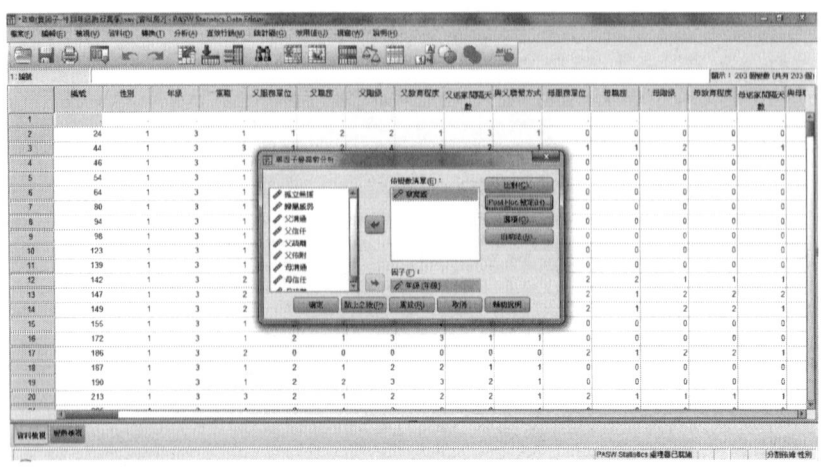

圖5-21 單純主要效果檔案分割後之統計分析(二)

表5-29 年級單純主要效果ANOVA摘要表

寂寞感

年級		平方和	自由度	平均平方和	F	顯著性
一年級	組間	9637.403	1	9637.403	488.199	.000
	組內	2704.482	137	19.741		
	總和	12341.885	138			
二年級	組間	2140.817	1	2140.817	256.019	.000
	組內	878.005	105	8.362		
	總合	3018.822	106			
三年級	組間	1001.215	1	1001.215	85.477	.000
	組內	866.785	74	11.713		
	總和	1868.000	75			

13.最後,要針對我們所輸出的資料來作解釋與說明,否則,我們辛苦做出來的資料只是一堆無用的統計數據。

由上述摘要表可以得知,「性別」$F_{(1, 316)}=635.134$,$p=.000 < .05$達顯著水準,「年級」$F_{(2, 316)}=3201.076$,$p=.000 < .05$達顯著水準,此獨立樣本雙因子變異數分析不論是兩個主要效果或是交互效果,均達顯著水

表5-30　性別單純主要效果ANOVA摘要表

寂寞感

性別		平方和	自由度	平均平方和	F	顯著性
女	組間	29499.511	2	14749.755	1630.220	.000
	組內	1067.630	118	9.048		
	總和	30567.140	120			
男	組間	69902.725	2	34951.363	2046.452	.000
	組內	3381.643	198	17.079		
	總合	73284.368	200			

表5-31　單純主要效果之多重比較

寂寞感
Scheffé法

性別	(I)年級	(J)年級	平均差異(I-J)	標準誤	顯著性	95%信賴區間	
						下界	上界
女	一年級	二年級	-19.57292*	.65843	.000	-21.2053	-17.9406
		三年級	-38.03736*	.68028	.000	-39.7239	-36.3508
	二年級	一年級	19.57292	.65843	.000	17.9406	21.2053
		三年級	-18.46444*	.77119	.000	-20.3763	-16.5525
	三年級	一年級	38.03736*	.68028	.000	36.3508	39.7239
		二年級	18.46444*	.77119	.000	16.5525	20.3763
男	一年級	二年級	-26.61451*	.66627	.000	-28.2578	-24.9712
		三年級	-47.37678*	.76130	.000	-49.2544	-45.4991
	二年級	一年級	26.61451*	.66627	.000	24.9712	28.2578
		三年級	-20.76227*	.76883	.000	-22.6585	-18.8660
	三年級	一年級	47.37678*	.76130	.000	45.4991	49.2544
		二年級	20.76227*	.76883	.000	18.8660	22.6585

準。顯示性別差異對寂寞感具有顯著差異，年級高低不同也對寂寞感具有顯著差異，更進一步發現，性別因子與年級因子會交互影響寂寞感。由於有交互作用存在，所以還必須就單純主要效果再進一步加以檢定。

　　由單純主要效果的變異數分析摘要表中，可以得知，無論是不同性別的學生在同年級的情況下，亦或不同年級在同性別的情況下，寂寞

表5-32　單純主要效果各變項之描述性統計量

性別		個數	平均數	標準差	標準誤	平均數的95%信賴區間		最小值	最大值
						下界	上界		
女	一年級	60	46.5833	3.40135	.43911	45.7047	47.4620	40.00	56.00
	二年級	32	66.1563	2.86367	.50623	65.1238	67.1887	61.00	70.00
	三年級	29	84.6207	2.16158	.40139	83.7985	85.4429	81.00	88.00
	總和	121	60.8760	15.96014	1.45092	58.0033	63.7488	40.00	88.00
男	一年級	79	29.7722	5.09134	.57282	28.6318	30.9126	22.00	57.00
	二年級	75	56.3867	2.90337	.33525	55.7187	57.0547	51.00	60.00
	三年級	47	77.1489	3.99988	.58344	75.9745	78.3233	71.00	87.00
	總和	201	50.7811	19.14215	1.35018	48.1187	53.4435	22.00	87.00

表5-33　單純主要效果的變異數分析摘要表

變異來源	SS	df	MS	F	P	Scheffé事後比較
A因子（性別）						
在b1（一年級）	9637.403	1	9637.403	488.199	.000	女生＞男生
在b2（二年級）	2140.817	1	2140.817	256.019	.000	女生＞男生
在b3（三年級）	1001.215	1	1001.215	85.477	.000	女生＞男生
B因子（年級）						
在a1（女生）	29499.511	2	14749.755	1630.220	.000	三＞二，三＞一，二＞一
在b2（男生）	69902.725	2	34951.363	2046.452	.000	三＞二，三＞一，二＞一
誤差	4449.273	316	14.080			

表5-34　AB摘要表各值之平均數

	一年級b1	二年級b2	三年級b3	
女　a1	46.6	66.2	84.6	65.8
男　a2	29.8	56.4	77.1	54.4
	38.2	61.3	80.9	60.1

感的變化情況都具有顯著差異。再者，從兩個因子之各值平均數的結果可以發現，從性別來檢視，女生的寂寞感（65.8）顯著高於男生的寂寞感（54.4）；從年級來檢視，三年級的寂寞感（80.9）顯著高於二年級

表5-35　Scheffé事後比較分析摘要表

寂寞感

性別	（I）年級	（J）年級	平均差異 (I−J)	標準誤	顯著性	95%信賴區間	
						下界	上界
女	一年級	二年級	-19.6*	.65843	.000	-21.2	-17.9
		三年級	-38.0*	.68028	.000	-39.7	-36.4
	二年級	一年級	19.6*	.65843	.000	17.9	21.2
		三年級	-18.5*	.77119	.000	-20.4	-16.6
	三年級	一年級	38.0*	.68028	.000	36.4	39.8
		二年級	18.5*	.77119	.000	16.6	20.4
男	一年級	二年級	-26.6*	.66627	.000	-28.3	-25.0
		三年級	-47.4*	.76130	.000	-49.3	-45.5
	二年級	一年級	26.6*	.66627	.000	25.0	28.3
		三年級	-20.8*	.76883	.000	-22.7	-18.9
	三年級	一年級	47.4*	.76130	.000	45.5	49.3
		二年級	20.8*	.76883	.000	18.9	22.7

（61.3）也顯著高於一年級（38.2），而二年級的寂寞感（61.3）顯著高於一年級的（38.2）。

　　Scheffé事後比較分析摘要表，是用年級的三個不同水準之分割，來分析性別對於寂寞感的影響，經過事後比較之兩兩比較後，可以看出三個年級在性別之差異上均達到顯著水準，無論是何種性別，三年級皆高於二年級也高於一年級，二年級亦高於一年級。由於性別的單純主要效果只有兩個水準，因此無需進行事後檢定，可以直接比較兩組樣本的平均數，亦即不管哪個年級女生的寂寞感都高於男生。

　　綜上所述，我們可以說「性別」及「年級」這兩個變項，無論是主要效果或是交互作用效果都會對「寂寞感」有所影響。

五、卡方檢定在SPSS之運用

運用SPSS統計軟體來進行操作卡方檢定獨立性檢定之過程如下：

1. 使用SPSS軟體來操作卡方檢定之操作步驟（**圖5-22**），首先點選「分析(A)」→接著點選「敘述統計(E)」→最後選擇「交叉表(C)」。
2. 進入交叉表視窗後，選取欲操作卡方檢定之變數，將此變數從左方欄位移至右方列(W)以及欄(C)，茲以「年級」和「志願服務參與」為例（**圖5-23**）。
3. 接著在統計量(S)中，勾選卡方分配以及所欲操作之統計量（**圖5-24**），接著再點選儲存格，一樣勾選所欲觀察之統計圖形（**圖5-25**）；最後，當我們做完以上步驟，按下「確定」鍵，即可獲得卡方檢定表（**表5-36**、**表5-37**）。
4. 最後，要針對我們所輸出的資料來作解釋與說明，否則，我們辛苦做出來的資料只是一堆無用的統計數據（**表5-38**）。

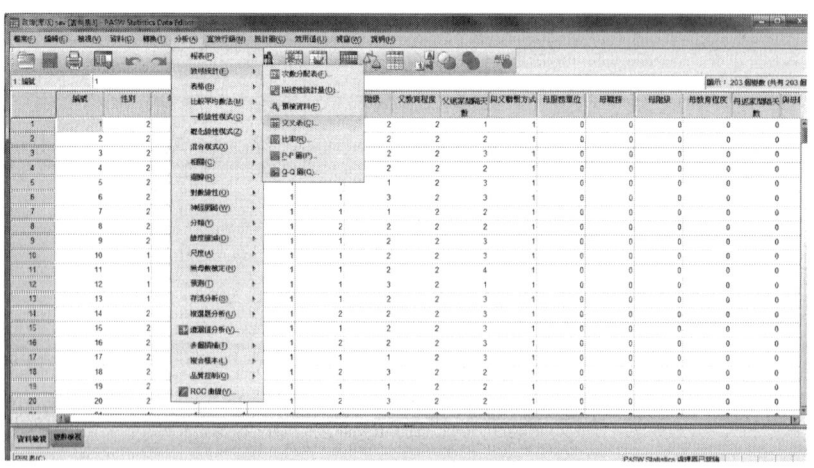

圖5-22　χ^2分析SPSS操作視窗

第五章 雙變項之差異性分析與SPSS

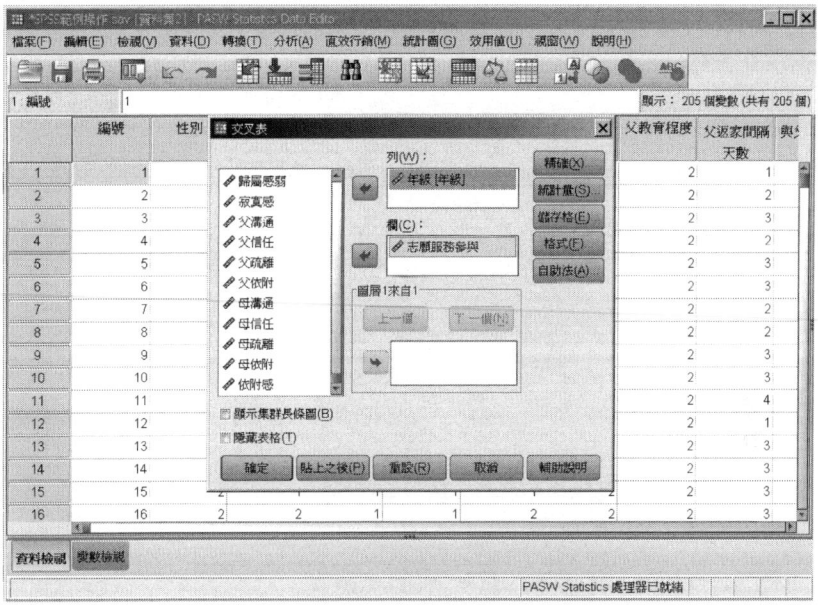

圖5-23 χ^2分析之變項選取（交叉表）

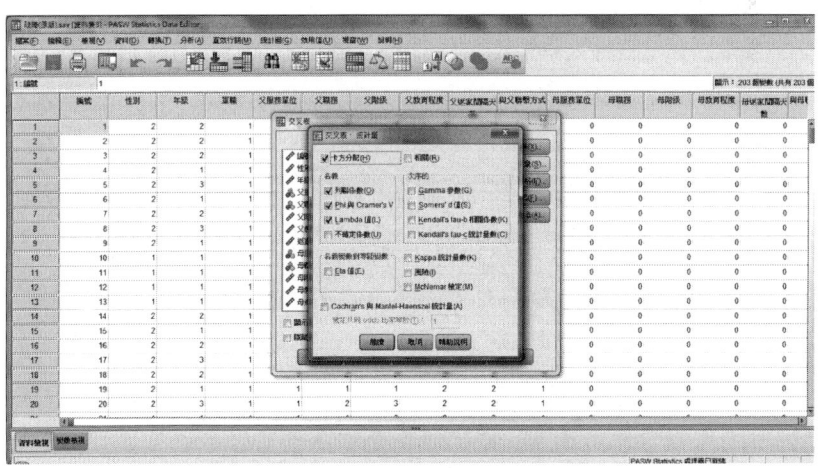

圖5-24 χ^2分析之統計量選取(一)

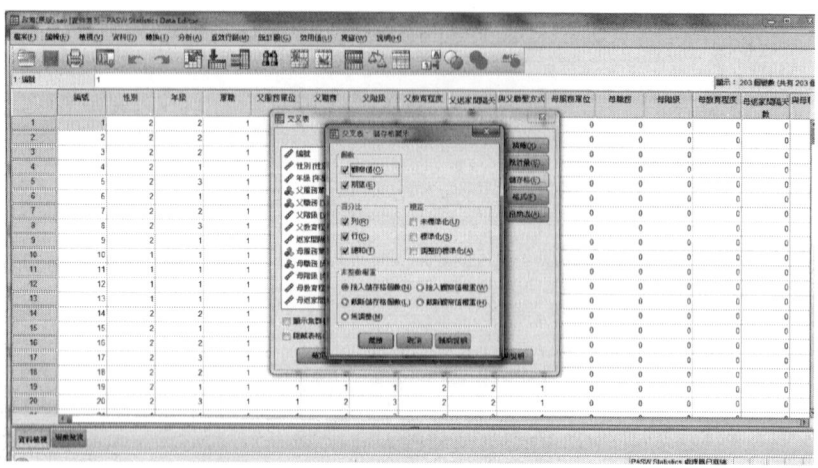

圖5-25　χ^2分析之統計量選取(二)

　　此範例為某研究者欲瞭解A高中內的學生，是否會因為年級之不同而影響其參與志願服務之行為，因此，他便以該校全體322位學生來進行調查，資料回收，經過χ^2分析後，得到了統計資料報表，而我們需整理出上述之列聯表。

　　從上述分析表中可以發現，有參與志願服務的學生共121位，占整體37.6%，而未參與志願服務的學生有201位，占整體62.4%，在一年級有43%有參與志願服務，57%沒有參與；二年級有近30%有參與，70%沒有參與；三年級有38.2%有參與，近61.8%沒有參與志願服務。未參與志願服務之學生人數多過參與志願服務之學生人數；且經過卡方檢定後，得到$\chi^2=4.545$（p＝.103＞.05），未達顯著水準；顯示該校學生並不因年級之差異而影響其參與志願服務之行為，反而可能是因為其他因素（如獎勵措施）影響參與志願服務之行為。在此分析中顯示，年級參與志願服務純粹是由機率所造成的，年級並不會影響志願服務的參與。

第五章 雙變項之差異性分析與SPSS

表5-36　年級*志願服務參與交叉表

			志願服務參與		總和
			有	無	
年級	一年級	個數	60	79	139
		期望個數	52.2	86.8	139.0
		在 年級之內的	43.2%	56.8%	100.0%
		在志願服務參與之內的	49.6%	39.3%	43.2%
		整體的%	18.6%	24.5%	43.2%
		殘差	7.8	-7.8	
		標準化殘差	1.1	-.8	
		調整後的殘差	1.8	-1.8	
	二年級	個數	32	75	107
		期望個數	40.2	66.8	107.0
		在 年級之內的	29.9%	70.1%	100.0%
		在志願服務參與之內的	26.4%	37.3%	33.2%
		整體的%	9.9%	23.3%	33.2%
		殘差	-8.2	8.2	
		標準化殘差	-1.3	1.0	
		調整後的殘差	-2.0	2.0	
	三年級	個數	29	47	76
		期望個數	28.6	47.4	76.0
		在 年級之內的	38.2%	61.8%	100.0%
		在志願服務參與之內的	24.0%	23.4%	23.6%
		整體的%	9.0%	14.6%	23.6%
		殘差	.4	-.4	
		標準化殘差	.1	-.1	
		調整後的殘差	.1	-.1	
總和		個數	121	201	322
		期望個數	121.0	201.0	322.0
		在 年級之內的	37.6%	62.4%	100.0%
		在志願服務參與之內的	100.0%	100.0%	100.0%
		整體的%	37.6%	62.4%	100.0%

表5-37　卡方檢定輸出表

	數值	自由度	漸近顯著性（雙尾）
Pearson卡方	4.545[a]	2	.103
概似比	4.602	2	.100
線性對線性的關聯	1.125	1	.289
McNemar-Bowker測試	.	.	[b]
有效觀察值的個數	322		

a.0格（.0%）的預期個數少於5。最小的預期個數為28.56。

b.只針對P×P表格計算，P必須大於1。

表5-38　年級與志願服務參與之列聯表

		志願服務參與		總和
		有	無	
年級	一年級	60 （43.2%）	79 （56.8%）	139 （100.0%）
	二年級	32 （29.9%）	75 （70.1%）	107 （100.0%）
	三年級	29 （38.2%）	47 （61.8%）	76 （100.0%）
總和		121 （37.6%）	201 （62.4%）	322 （100.0%）

$\chi^2 = 4.545$ n.s.

n.s. p > .05

CHAPTER 6

雙變項之相關性分析與SPSS

第一節　相關係數之特性與特色

第二節　迴歸分析

第三節　雙變項之其他相關與關聯

第四節　雙變項相關與迴歸在SPSS之運用

第五節　雙變項之關聯係數

上一章所討論的統計是檢定雙變數之差異情形,在這一章我們將討論兩變項之相關。所謂的相關,即為「兩變項之間共同變化的程度」,不同測量尺度的變項,會有不同的相關分析方法。而描述變項之間是否有關係存在,以及彼此之間的關係於何種程度的相關情形,即以相關係數表示之。簡而言之,藉由使用相關係數,得知變項間關係程度和方向。相關係數具有解釋兩變項之共變情形,也具有預測作用。

　　相關統計方法也有幾個假定,分述如下:

1. 常態化分配假設需成立。
2. 一個連續變項:一個連續分配。
3. 兩個連續變項:兩個連續分配+一個共變分配。
4. 共變可由散布圖(scattergram)(**圖6-1**)表示,散布圖內為每一位樣本在兩個變項上的成對觀察值(paired raw score),其散布情形顯示兩個連續變項之間的關聯性強度(degree of association)。
5. 共變情形由共變量(covariance)來度量,標準化的共變量稱為相關係數(correlation coefficient)。

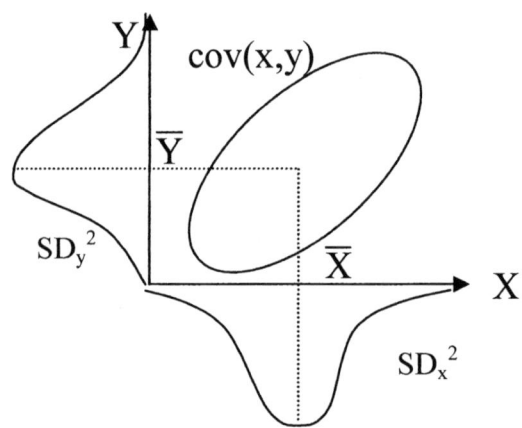

圖6-1　X、Y之共變散布圖

第一節　相關係數之特性與特色

一、相關係數之特性

雖然雙變數資料通常具有相關（correlation）及預測（prediction）之功能，這也是實徵量化研究之解釋與預測之目的。相關是表示兩個變項之間具有線性關係。相關係數（r）可表示兩變項之間的線性關係之強度與方向，其數值只具有相對之意義，且相關係數不受樣本大小及兩變項之原始分數之測量單位所影響。此外，相關之大小並不能代表兩變項之間具有因果關係。所以相關係數只能幫助研究者判斷雙變項之間是否具有相關，相關係數只能判斷其相關之強弱程度及正負方向。

綜合上述，相關係數可以歸納幾個特性如下：

1. 線性關係的假設需成立。
2. 相關係數可以表示線性關係的強度與方向（**表6-1**）。
   (1) 強度：由0至1表示。
   (2) 方向：由正負值表示。
3. 相關係數的判斷。
4. 相關係數為一標準化係數，不受樣本大小與兩個變項的原始分數的測量單位的影響。

表6-1　相關係數之強度與關聯程度

相關係數絕對值	變項關聯程度
1.00	完全相關
.70至.99	高度相關
.40至.69	中度相關
.10至.39	低度相關
.10以下	微弱或無相關

5.相關係數的平方稱為決定係數（coefficient of determination），代表兩個變項中，一個變項可被另一個變項解釋的比例。
6.相關係數並不代表因果關係。
7.相關大小不能以r值作判斷，其只有相對的意義。

二、相關係數之特色

1.適用雙變項之各種尺度，例如雙變項皆是連續變項用Pearson's r，如果兩變項皆是次序變項，則用Spearman's r。
2.相關係數介在-1至1之間。
3.可利用資料散布圖呈現兩變項共同變化之趨勢（圖6-2至圖6-6）。

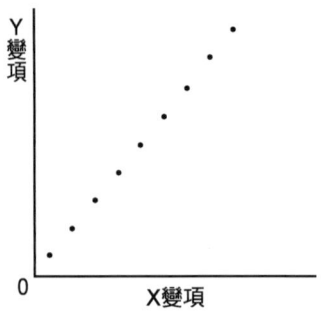

圖6-2　完全正相關（r＝1）

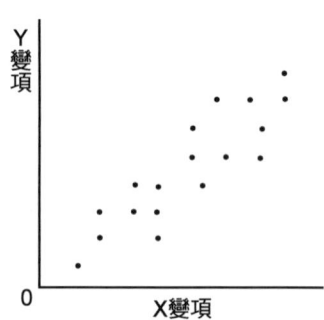

圖6-3　正相關（0＜r＜1）

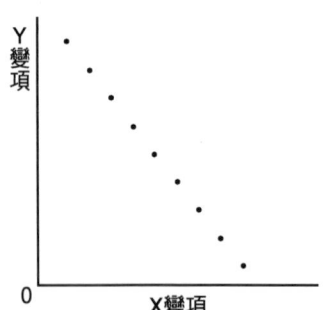

圖6-4　完全負相關（r=-1）

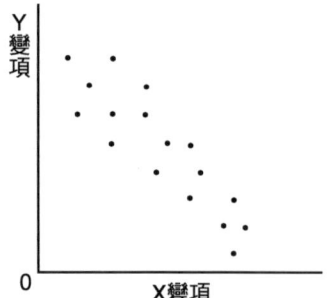

圖6-5　負相關（-1＜r＜0）

第六章 雙變項之相關性分析與SPSS

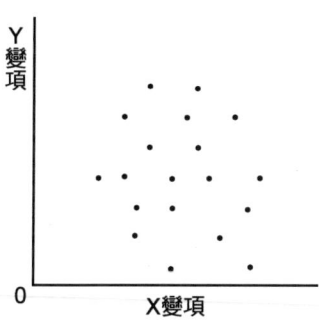

圖6-6 零相關(r=0)

三、相關係數的計算

$$\text{Variance} = \frac{\sum(X-\overline{X})^2}{N} = \frac{SS_X}{N}$$

$$\text{Variance} = \frac{\sum(X-\overline{X})^2}{N} = \frac{SS_X}{N}$$

$$\text{Covariance} = \frac{\sum(X-\overline{X})(Y-\overline{Y})}{N}$$

$$r = \frac{\text{cov}(x,y)}{S_x S_y} = \frac{\sum(X-\overline{X})(Y-\overline{Y})}{\sum(X-\overline{X})^2(Y-\overline{Y})^2} = \frac{SP_{xy}}{SS_x SS_y}$$

四、相關係數的解釋及性質

如果我們自母群體中抽取大小為N的樣本來計算相關係數r_{XY}，然後想要根據r_{XY}的大小來估計母群體的積差相關係數ρ_{XY}，則共變數c_{XY}的分母便不是除以N的，而是除以N-1。亦即：

$$C_{XY} = \frac{\sum xy}{N-1} = \frac{\sum(X-\overline{X})(Y-\overline{Y})}{N-1}$$

推論統計時的變異是：

$$S_X^2 = \frac{\sum x^2}{N-1} = \frac{\sum(X-\bar{X})(X-\bar{X})}{N-1} = \frac{\sum(X-\bar{X})^2}{N-1}$$

$$S_Y^2 = \frac{\sum y^2}{N-1} = \frac{\sum(Y-\bar{Y})(Y-\bar{Y})}{N-1} = \frac{\sum(Y-\bar{Y})^2}{N-1}$$

積差相關的公式是X與Y的共變數除以X的標準差及Y的標準差，則此時：

$$r_{XY} = \frac{C_{XY}}{S_X S_Y} = \frac{\sum xy}{(N-1)S_X S_Y} = \frac{1}{N-1} \cdot \frac{\sum xy}{S_X S_Y} = \frac{1}{N-1}\sum(\frac{X}{S_X})(\frac{Y}{S_Y}) = \frac{\sum Z_X Z_Y}{N-1}$$

或

$$r_{XY} = \frac{C_{XY}}{S_X S_Y} = \frac{\frac{\sum xy}{(N-1)S_X S_Y}}{\sqrt{\frac{\sum X^2}{(N-1)}}\sqrt{\frac{\sum Y^2}{(N-1)}}} = \frac{\sum xy}{\sqrt{\sum X^2}\sqrt{\sum Y^2}} = \frac{CP}{\sqrt{SS_X}\sqrt{SS_Y}}$$

(一)相關係數應多大才算可能不是零相關

如果我們找出21位學生，算出他們國語科與算術科成績相關為.433。

第六章 雙變項之相關性分析與SPSS

這.433是提供我們判斷r＝.45是否為機遇所造成時的臨界值。因我們所計算的.45大於查表這個.433，我們乃可以說「國語科與算術科之間有正相關存在，它們之間的相關並不是零相關」。

假使我們抽取19名學生，計算其體重與快跑成績之結果，得r＝-.63。是不是有.99的把握說體重與快跑成績之間有負相關存在呢？在這個例子裡，N＝19，因之df＝19－2＝17，查相關統計表：

由此可見，計算的r值之絕對值必須超過.575才能說不是零相關。因為計算的r＝-.63，其絕對值.63已大於查表的.575，所以我們可以說「體重與快跑成績之間有負相關存在」。

假定我們利用30名學生研究身高與學業的關係，結果r＝.34。我們能不能說身高與智力之間有正相關存在呢？查表得：

因為我們計算所得的r=.34,較查表所得的.361為小,我們並不能說身高與學業之間有正相關存在。我們應認為這二者之間的相關是零相關,而我們的研究之所以得到r=.34,只不過是碰巧得到的而已,正如同雀斑與智力本無相關存在,但碰運氣也可求得r=1.00一樣的道理。

相關顯著性由查表得知:

當α=.05和α=.01時,N的大小與r值的關係如下:

N	df=N-2	α=.05	α=.01
3	1	.997	.9999
5	3	.878	.959
10	8	.632	.765
20	18	.444	.561
30	28	.361	.463
52	50	.273	.354
102	100	.195	.254

(二)相關的大小不是與r值成正比例

相關係數本身並非一種比率變數,因此我們並不可以說r=.90是r=.45的兩倍。相關係數本身也不是一種等距變數,因此,我們並不能說相關係數自r=.30增加至r=.40等於相關係數自r=.70增加至r=.80。習慣上,相關係數只是表示關係密切與否的指標而已,我們不應把它視為等距變數或比率變數。

(三)有相關存在不一定有因果關係存在

據說英國有某個村落發現,每年每當鸛鳥飛到該村落的隻數越多時,該村落嬰兒的出生率就越大。這是正相關,但我們不能說鸛鳥飛來是嬰兒增加的因,而嬰兒增加是鸛鳥飛來的果。

第六章　雙變項之相關性分析與SPSS

(四)積差相關係數的界限

我們要來證明看為什麼理論上積差相關係數的數值會在＋1.00到－1.00之間。

1. 假定X變項與Y變項成「完全正相關」。此時，為什麼積差相關係數會是＋1.00呢？其原因可以證明如下：

$$r_{XY} = \frac{\sum Z_X Z_Y}{N}$$

如果X與Y變項呈完全正相關，X和Y變項各化為Z_X和Z_Y之後，Z_X和Z_Y會正好落在一條直線上面，如圖6-7所示那樣。此時，Z_X值會等於Z_Y值，亦即$Z_X = Z_Y$，而且$Z_X Z_Y = Z_X^2 = Z_Y^2$，所以：

$$\sum Z_X Z_Y = \sum Z_X^2 = \sum Z_Y^2$$

$$\because \sum Z_X^2 = \sum (\frac{X - \overline{X}}{S_X})^2 = \frac{\sum (X - \overline{X})^2}{S_X^2} = \frac{\sum (X - \overline{X})^2}{\frac{\sum (X - \overline{X})^2}{N}} = N$$

$$\therefore \sum Z_X Z_Y = N$$

$$r_{XY} = \frac{\sum Z_X Z_Y}{N} = \frac{N}{N} = 1.00$$

如果X變項與Y變項成為「完全負相關」時，為什麼積差相關會是-1.00呢？由圖6-7可以得知：完全負相關時，$\Sigma Z_X Z_Y$是負的，與完全正相關時相反。可見：

$$-\sum Z_X Z_Y = \sum Z_X^2 = \sum Z_Y^2$$

$$\because \sum Z_X^2 = N$$

$$\therefore -\sum Z_X Z_Y = N，或 \sum Z_X Z_Y = -N$$

$$r_{XY} = \frac{\sum Z_X Z_Y}{N} = \frac{-N}{N} = -1.00$$

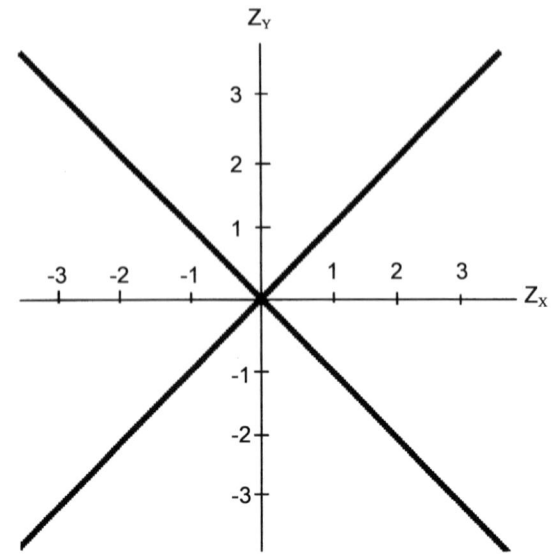

圖6-7　完全正相關時，$\Sigma Z_X Z_Y = \Sigma Z_X^2 = \Sigma Z_Y^2$
　　　　完全負相關時，$-\Sigma Z_X Z_Y = \Sigma Z_X^2 = \Sigma Z_Y^2$

完全負相關←$Z_X = -Z_Y$

（一正一負）←$Z_X Z_Y = \begin{cases} Z_X(-Z_X) = -Z_X^2 \\ (-Z_Y) Z_Y = -Z_Y^2 \end{cases}$

　　　　　　　　　　　　一個加一個負號（四則運算）

討論 $Z_X Z_Y$（相乘的）

$-Z_X Z_Y = Z_X^2 = \underline{Z_Y^2}$
　　　　　　　　　結論

2. 變異數的特點在同一變數本身「自乘」，共變數的特點在不同變數之間「交乘」。例如：

X的變異數之特點是X自乘，X和Y的共變數之特點是X與Y交乘：

$$S_X^2 = \frac{\sum(X-\bar{X})^2}{N} = \frac{\sum(X-\bar{X})(X-\bar{X})}{N} = \frac{\sum X^2 - \frac{(\sum X)^2}{N}}{N} = \frac{\sum X - \frac{\sum X \sum Y}{N}}{N}$$

$$C_{XY} = \frac{\sum(X-\overline{X})(Y-\overline{Y})}{N} = \frac{\sum XY - \frac{\sum X \sum Y}{N}}{N}$$

3. 變異數還沒除以N之前是「離均差平方和」SS，變異數開平方是標準差。共變數還沒除以N之前是「離均差交乘積和」CP，共變數除以第一個變數的標準差以及第二個變數的標準差就是積差相關係數：

$$SS_X = \sum(X-\overline{X})^2 = \sum X^2 - \frac{(\sum X)^2}{N}$$

$$S_X^{\,2} = \frac{\sum(X-\overline{X})^2}{N} = \frac{\sum X^2 - \frac{(\sum X)^2}{N}}{N}$$

$$S_X = \sqrt{\frac{\sum(X-\overline{X})^2}{N}} = \sqrt{\frac{\sum X^2 - \frac{(\sum X)^2}{N}}{N}}$$

$$CP = \sum(X-\overline{X})(Y-\overline{Y}) = \sum XY - \frac{\sum X \sum Y}{N}$$

$$C_{XY} = \frac{\sum(X-\overline{X})(Y-\overline{Y})}{N} = \frac{\sum XY - \frac{\sum X \sum Y}{N}}{N}$$

$$r = \frac{C_{XY}}{S_X S_Y} = \frac{CP}{\sqrt{SS_X}\sqrt{SS_Y}} = \frac{\sum(X-\overline{X})(Y-\overline{Y})}{\sqrt{\sum(X-\overline{X})^2}\sqrt{\sum(Y-\overline{Y})^2}}$$

$$= \frac{\sum XY - \frac{\sum X \sum Y}{N}}{\sqrt{\sum X^2 - \frac{(\sum X)^2}{N}}\sqrt{\sum Y^2 - \frac{(\sum Y)^2}{N}}}$$

4. 相關係數是X變數和Y變數各化為Z分數後的共變數；共變數是X變數和Y變數尚未標準分數化之前的相關係數。**表6-2**即是共變數等

表6-2 共變數等於0的例子

學生	X	Y	x	y	xy
A	6	2	2	-2	-4
B	4	5	0	1	0
C	7	3	3	-1	-3
D	5	6	1	2	2
E	2	2	-2	-2	4
F	1	4	-3	0	0
G	3	3	-1	-1	1
H	4	7	0	3	0
	32	32	0	0	0

$$\frac{\sum xy}{N} = \frac{0}{8} = 0$$

$$r = \frac{\frac{\sum xy}{N}}{S_X S_Y} = \frac{0}{S_X S_Y} = 0$$

於0的例子。

5.由公式中可以看出這一點:

$$r_{XY} = \frac{\sum Z_X Z_Y}{N}$$

$$C_{XY} = \frac{\sum (X - \bar{X})(Y - \bar{Y})}{N} = \frac{\sum xy}{N}$$

由公式可知,相關係數乘以X的標準差及Y的標準差可以得到共變數。因為$r_{XY} = C_{XY}/S_X S_Y$,移項便得到:$C_{XY} = r_{XY} S_X S_Y$。

$$C_{XY} = \frac{\sum xy}{N} = \frac{\sum (X - \bar{X})(Y - \bar{Y})}{N} = \frac{\sum XY - \frac{\sum X \sum Y}{N}}{N} = r_{XY} S_X S_Y$$

$$r_{XY} = \frac{C_{XY}}{S_X S_Y}$$

$$r_{XY} \times S_X S_Y = \frac{C_{XY}}{S_X S_Y} \times S_X S_Y$$

$$r_{XY} S_X S_Y = C_{XY}$$

第六章　雙變項之相關性分析與SPSS

(五)和的變異數以及差的變異數

我們剛說明 $\dfrac{\sum xy}{N}$ 等於 $r_{XY}S_XS_Y$，現在要利用例題6-1（**表6-3**）來說明。

◆ 和的變異數

【例題6-1】

某英文教師將學生的英文學科測驗成績與英文聽力測驗成績相加作為英文學期成績。10名學生該兩項測驗成績、變異數和相關係數如**表6-3**所示。請問：(1)學科測驗成績的變異數及(2)聽力測驗成績的變異數與學期成績的變異數之間有何關係存在？

在回答這個問題之前，我們必須先做一個公式證明：

表6-3　和的變異數

學生	X	Y	(X+Y)	(X+Y)²
A	11	12	23	529
B	10	9	19	361
C	6	9	15	225
D	5	7	12	144
E	3	5	8	64
F	7	5	12	144
G	3	6	9	81
H	8	6	14	196
I	9	10	19	361
J	2	3	5	25
S_X^2=8.84（變異數）			136	2130
S_Y^2=6.76（變異數）				
C_{XY}=6.22（共變數）				
r_{XY}=0.8046（相關係數）				

$$S_{(X+Y)}^2 = \dfrac{2130 - \dfrac{(136)^2}{10}}{10}$$

$$= 28.04$$

$$S_{(X+Y)}^2 = S_X^2 + S_Y^2 + 2r_{XY}S_XS_Y$$

$$= 8.84 + 6.76 + 2(.8046)\sqrt{8.84}\sqrt{6.76}$$

$$= 8.84 + 6.76 + 2(6.22)$$

$$= 28.04$$

和的變異數，等於第一個變異數加第二的變異數再加2倍的共變數

$$S_{(X+Y)}{}^2 = \frac{\sum[(X+Y)-(\bar{X}+\bar{Y})]^2}{N} = \frac{\sum[(X-\bar{X})+(Y-\bar{Y})]^2}{N} = \frac{\sum(x+y)^2}{N}$$

$$= \frac{\sum(x^2+2xy+y^2)}{N} = \frac{\sum x^2}{N} + \frac{2\sum xy}{N} + \frac{\sum y^2}{N} = S_X{}^2 + S_Y{}^2 + 2r_{XY}S_X S_Y$$

1. 意謂兩套分數相加之後，其所得的和之變異數為第一套分數之變異數加第二套分數之變異數，再加上2倍的共變數。

2. 第一個分測驗（subtest），用2代表第二個分測驗，而用（1＋2）代表總測驗，則下列公式可以改寫為：

$$S_{(1+2)}{}^2 = S_1{}^2 + S_2{}^2 + 2r_{12}S_1S_2$$

3. 意謂總測驗的變異數為測驗1的變異數加測驗2的變異數，再加2倍的共變數。

$$\begin{array}{c} & 1 & 2 \\ \text{分測驗 1} & \begin{bmatrix} S_1^2 & r_{12}S_1S_2 \\ r_{12}S_1S_2 & S_2^2 \end{bmatrix} \end{array}$$

$$S_{(1+2)}{}^2 = \begin{bmatrix} 1 & 1 \end{bmatrix} \begin{bmatrix} 8.84 & 6.22 \\ 6.22 & 6.76 \end{bmatrix} \begin{bmatrix} 1 \\ 1 \end{bmatrix}$$

$$= \begin{bmatrix} 15.06 & 12.98 \end{bmatrix} \begin{bmatrix} 1 \\ 1 \end{bmatrix}$$

$$= 28.04$$

$$\begin{array}{c} & 1 & 2 & 3 & 4 \\ \text{分 } 1 & \begin{bmatrix} S_1^2 & r_{12}S_1S_2 & r_{13}S_1S_3 & r_{14}S_1S_4 \\ r_{12}S_1S_2 & S_2^2 & r_{23}S_2S_3 & r_{24}S_2S_4 \\ r_{13}S_1S_3 & r_{23}S_2S_3 & S_3^2 & r_{34}S_3S_4 \\ r_{14}S_1S_4 & r_{24}S_2S_4 & r_{34}S_3S_4 & S_4^2 \end{bmatrix} \end{array}$$

$$
\begin{array}{c}
\boxed{1.2之間共變數} \quad \boxed{1.3共變數} \\
\begin{array}{cc}
 & \begin{matrix} 1 & \quad 2 & \quad 3 & \quad 4 \end{matrix} \\
\begin{matrix} 分 & 1 \\ \\ 測 & 2 \\ \\ & 3 \\ 驗 & 4 \end{matrix} &
\begin{bmatrix}
S_1^2 & r_{12}S_1S_2 & r_{13}S_1S_3 & r_{14}S_1S_4 \\
r_{12}S_1S_2 & S_2^2 & r_{23}S_2S_3 & r_{24}S_2S_4 \\
r_{13}S_1S_3 & r_{23}S_2S_3 & S_3^2 & r_{34}S_3S_4 \\
r_{14}S_1S_4 & r_{24}S_2S_4 & r_{34}S_3S_4 & S_4^2
\end{bmatrix}
\end{array}
\end{array}
$$

$\boxed{對角線都是各別變異數}$

$$
\begin{array}{cc}
 & \begin{matrix} 1 & \quad 2 & \quad 3 & \quad 4 \end{matrix} \\
\begin{matrix} 分 & 1 \\ \\ 測 & 2 \\ \\ & 3 \\ 驗 & 4 \end{matrix} &
\begin{bmatrix}
S_1^2 & r_{12}S_1S_2 & r_{13}S_1S_3 & r_{14}S_1S_4 \\
r_{12}S_1S_2 & S_2^2 & r_{23}S_2S_3 & r_{24}S_2S_4 \\
r_{13}S_1S_3 & r_{23}S_2S_3 & S_3^2 & r_{34}S_3S_4 \\
r_{14}S_1S_4 & r_{24}S_2S_4 & r_{34}S_3S_4 & S_4^2
\end{bmatrix}
\end{array}
$$

4.主對角線上各項為各測驗之變異數,而主對角線以外各項為各測驗之間的共變數。故:

$$S_{(1+2+3+4)}^2 = S_1^2 + S_2^2 + S_3^2 + S_4^2 + 2r_{12}S_1S_2 + 2r_{13}S_1S_3 + 2r_{14}S_1S_4 + 2r_{23}S_2S_3$$
$$+ 2r_{24}S_2S_4 + 2r_{34}S_3S_4$$

◆ **差的變異數**

1.其次,我們再想想兩套分數(例如前測成績和後測成績)(**表 6-4**)彼此相減,其差的變異數會變為怎樣?在未計算之前,我們先證明下列公式:

$$
\begin{aligned}
S_{(X-Y)}^2 &= \frac{\sum[(X-Y)-(\overline{X}-\overline{Y})]^2}{N} = \frac{\sum[(X-\overline{X})-(Y-\overline{Y})]^2}{N} \\
&= \frac{\sum(x-y)^2}{N} = \frac{\sum(x^2-2xy+y^2)}{N} = \frac{\sum x^2}{N} - \frac{2\sum xy}{N} + \frac{\sum y^2}{N} \\
&= S_X^2 + S_Y^2 - 2r_{XY}S_XS_Y
\end{aligned}
$$

表6-4　差的變異數

學生	X	Y	(X−Y)	(X−Y)²
A	11	12	-1	1
B	10	9	1	1
C	6	9	-3	9
D	5	7	-2	4
E	3	5	-2	4
F	7	5	2	4
G	3	6	-3	9
H	8	6	2	4
I	9	10	-1	1
J	2	3	-1	1
			-8	38

$$S_{(X-Y)}^2 = \frac{38 - \frac{(-8)^2}{10}}{10}$$

$$= 3.16$$

$$S_{(X-Y)}^2 = S_X^2 + S_Y^2 - 2r_{XY}S_X S_Y$$

$$= 8.84 + 6.76 - 2(.8046)\sqrt{8.84}\sqrt{6.76}$$

$$= 8.84 + 6.76 - 2(6.22)$$

$$= 3.16$$

2.可見，兩套分數相減之後，其所得的差之變異數為第一套分數之變異數加第二套分數之變異數，再減去2倍共變數。

當$r_{XY}=0$

$S_{(X-Y)}^2 = S_X^2 + S_Y^2$

換言之，當兩套分數彼此獨立、毫無關聯時，差的變異數等於第一套分數之變異數加第二套分數的變異數。

當$r_{xy}=0$

$S_{(X+Y)}^2 = S_X^2 + S_Y^2$

$S_{(X-Y)}^2 = S_X^2 + S_Y^2$

$\rightarrow S_{(X+Y)}^2 = S_{(X-Y)}^2$

第二節　迴歸分析

雙變項除了上一節所介紹的相關之外，還有預測之功能。當然，根據一變項完全正確預測另一變項是幾乎不可能存在，尤其在社會科學研究。預測之功能在統計上就是應用迴歸（regression）。

一、迴歸分析之特性

1. 相關分析的目的在描述線性關係的強度，迴歸分析目的在利用線性關係進行變項的預測。
2. 利用最小平方法（least square method），二連續變項的線性關係可以一最具代表性的直線（$Y=bX+a$，稱為迴歸方程式）來表示。透過此一方程式，代入特定的X值，可求得相對應的Y預測值。
3. 以單一自變項X去預測依變項Y的過程，稱為簡單迴歸（simple regression）。多個預測變項去預測Y，稱為多元迴歸（multiple regression）。

    Y（學業表現）$=bX$（智商）$+a$
    Y（學業表現）$=b_1X_1$（智商）$+b_2X_2$（閱讀）$+b_3X_3$（討論）$+a$

4. 係數b，稱為迴歸係數（regression coefficient），用以表現由特定變項X去預測另一變項Y的預測力之大小。
5. 將係數b標準化後得到標準化迴歸係數（β），具有與相關係數相似的性質，表示預測變項預測依變項的能力。

二、迴歸係數的計算

$$b_{y,x} = \frac{\text{cov}(x,y)}{S_x^2} = \frac{\sum(X_i-\overline{X})(Y_i-\overline{Y})}{\sum(X_i-\overline{X})^2/N} = \frac{SP_{xy}}{SS_x}$$

$$b_{x,y} = \frac{\text{cov}(x,y)}{S_y^2} = \frac{\sum(X_i-\overline{X})(Y_i-\overline{Y})}{\sum(Y_i-\overline{Y})^2/N} = \frac{SP_{xy}}{SS_y}$$

$$r^2\left[\frac{\text{cov}(x,y)}{S_x S_y}\right]^2 = \frac{\text{cov}(x,y)\text{cov}(x,y)}{S_x^2 S_y^2} = b_{y,x} \times b_{x,y}$$

$$\beta_{y,x} = b_{y,x}\frac{S_x}{S_y}$$

三、迴歸分析：最小平方法的運用

$$\sum(Y_i-\overline{Y})^2 = \sum(Y_i-\hat{Y}_i)^2 + \sum(\hat{Y}_i-\overline{Y})^2$$

Y變項的總變異量＝迴歸預測值的變異量＋誤差變異量

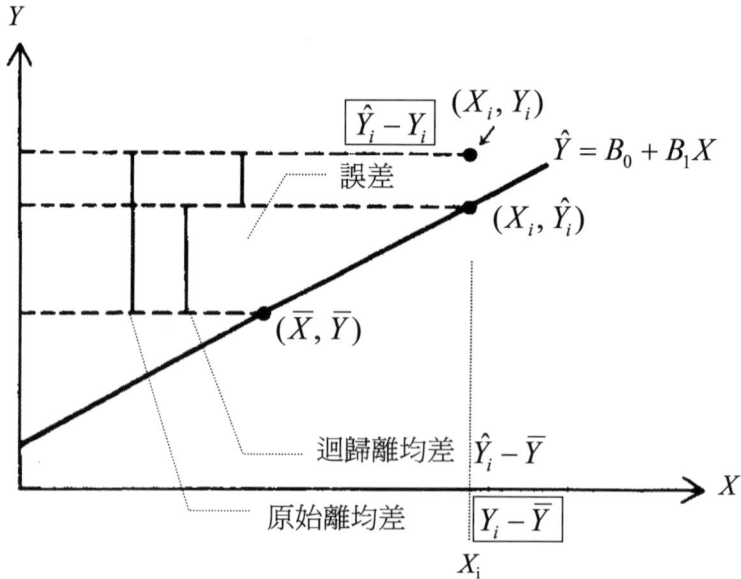

四、直線迴歸執行步驟

預測的問題與相關的問題互有關聯,當X變數與Y變數之間相關為0,就是說X是隨機發生,Y變數也是隨機的,相關愈大,表示愈可以從其中一個變數較正確的預測另外一個變數。

相關等於1.00或-1.00時,我們可以預測得完全正確,沒有誤差。r=1.00,或r=-1.00的事幾乎沒有。所以根據一變數完全正確預測另一變數,也就幾乎完全不可能。

(一)利用直線迴歸的預測步驟

進行迴歸分析時:

1. 可以直接用原始分數X_i和Y_i(**表6-5**)。
2. 離均差分數 $x = (X - \bar{X})$ 和 $y = (Y - \bar{Y})$
3. 用Z分數 $Z_X = (X - \bar{X})/S_X$ 和 $Z_Y = (Y - \bar{Y})/S_Y$
   　　　　　　　離均差　標準差

表6-5中,表示自變項為X_i,依變項為Y_i,X_i為預測變項,Y_i為效標變項,其意義如下:

1. 高中成績(X_i)用來預測的變項,稱為「預測變項」。
2. 聯考成績(Y_i)用來被預測的變項,稱為「效標變項」。
3. 只有一個預測變項的研究,稱為「簡單迴歸分析」。
4. X_i和Y_i之間的函數關係是一次方的,如果是二次方以上(**圖6-8**至**圖6-10**是驗證曲線關係)在統計上則要用**趨勢分析**(trend analysis)。
5. 畫出來的函數線(迴歸線),是直線。
6. 適合線(通過各點附近)集中左下角往右上角,亦即能代表各點。
7. 適合線,並不是用目測的方法調整(是要經過計算的)。

表6-5 根據高中成績（X）預測大學聯考成績（Y）的迴歸分析

學生	X	Y	X2	Y2	XY
A	11	12	121	144	132
B	10	9	100	81	90
C	6	9	36	81	54
D	5	7	25	49	35
E	3	5	9	25	15
F	7	5	49	25	35
G	3	6	9	36	18
H	8	6	64	36	48
I	9	10	81	100	90
J	2	3	4	9	6
	64	72	498	586	523

(1) $$r = \frac{523 - \frac{(64)(72)}{10}}{\sqrt{498 - \frac{(64)^2}{10}}\sqrt{586 - \frac{(72)^2}{10}}} = \frac{62.20}{\sqrt{88.40}\sqrt{67.60}} = .8046$$

(2) $$b_{y,x} = \frac{523 - \frac{(64)(72)}{10}}{498 - \frac{(64)^2}{10}} = \frac{62.2}{88.4} = .7036$$

$$a_{y,x} = 7.2 - (.7036)(6.4) = 2.6970$$

(3) $\hat{Y} = .7036 X_i + 2.6970$

$\hat{Z}_Y = .8046 Z_X$

(4) X＝4.0
Y＝(.7036)(4.0)+2.6970＝5.5114

(5) $$SS_{reg} = \frac{\left[523 - \frac{(64)(72)}{10}\right]^2}{498 - \frac{(64)^2}{10}} = 43.7652$$

$SS_{res} = 67.6 - 43.7652 = 23.8348$

(6) $r^2 = \frac{43.7652}{67.6} = .6474$ 或

$r^2 = (.8046)^2 = .6474$

(7) $S_{YX} = \sqrt{\frac{23.8348}{10-2}} = \sqrt{2.9794} = 1.7261$

(8) X＝4.0，Y＝5.5114，這位學生將有.9544 的機率，其聯考成績會落在5.5114±2（1.7261），亦即2.0592～.8.9636之間

8. 最好的方法，稱為最小平方法（找出一斜線，使各點至此線之平行於Y軸的距離的平方和變為最小）。

9. 根據X變數推測Y變數之最適合線（或稱迴歸線）。

10. 怎麼擺？（**圖6-11**）

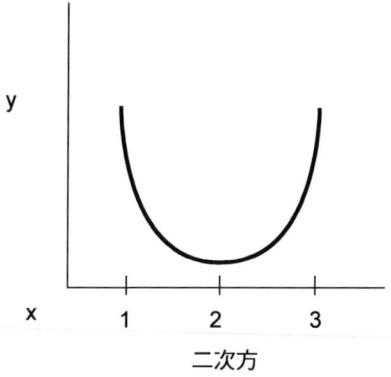

圖6-8　有三組（x）與y之關係

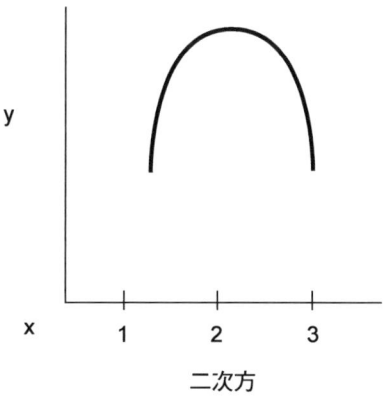

圖6-9　有三組（x）與y之關係

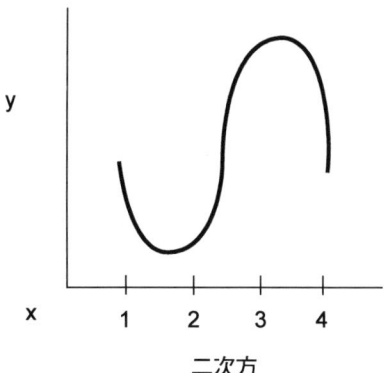

圖6-10　有四組（x）與y之關係

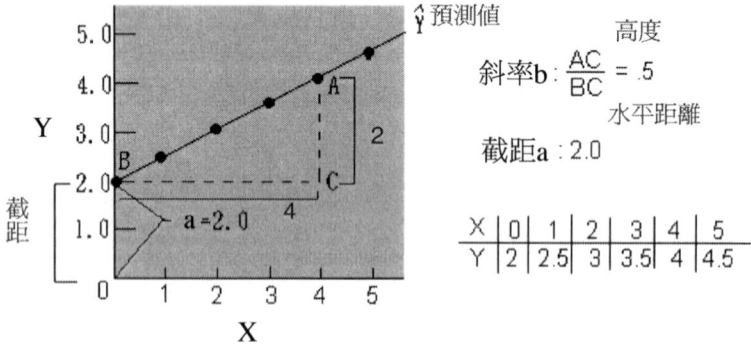

圖6-11 斜線Y的斜率（b）和截距（a）

$$\Sigma (Y-\hat{Y})^2 = 最小$$

距離
　　　　距離平方和要最小，誤差最小
就是差距平方
再總和

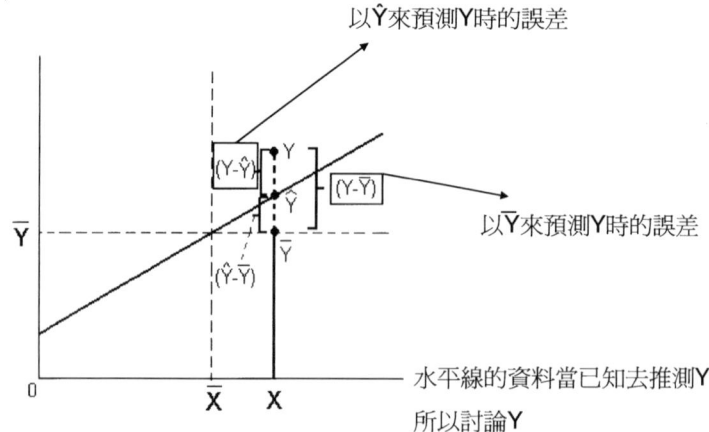

第六章　雙變項之相關性分析與SPSS

我們事實上是希望：

$\sum (Y - bX - a)^2 = 最小$

(1) $\sum (Y - \hat{Y})^2$
(2) $\hat{Y}$ 用 $bx + a$ 取代
(3) $Y - \hat{Y} = Y - (bx + a) = Y - bX - a$

斜率 (對象)(X預測Y)

$$b_{Y \cdot X} = \frac{\sum XY - \dfrac{\sum X \sum Y}{N}}{\sum X^2 - \dfrac{(\sum X)^2}{N}} = \frac{\sum xy}{\sum x^2} = \frac{CP}{SS_X}$$

交乘積和　交乘積和
離均差平方和　離均差平方和

$$= \frac{\dfrac{\sum xy}{N}}{\dfrac{\sum x^2}{N}} = \frac{C_{XY}}{S_X^2}$$

共變數
變異數

$a_{Y \cdot X} = \overline{Y} - b_{Y \cdot X} \overline{X}$
　　　　原始Y值平均　　原始X值平均

目的要瞭解　(1) $\dfrac{CP}{SS_X}$　(2) $\dfrac{C_{XY}}{S_X^2}$

相乘總和　　　$\sum X \sum Y$

$$b_{Y \cdot X} = \frac{\sum XY - \dfrac{\sum X \sum Y}{N}}{\sum X^2 - \dfrac{(\sum X)^2}{N}} = \frac{523 - \dfrac{(64)(72)}{10}}{498 - \dfrac{(64)^2}{10}}$$

平方再總和　　　總和再平方

$$= \frac{62.2}{88.4} = .7036 \text{ (b)}$$

$a_{Y \cdot X} = \overline{Y} - b\overline{X} = 7.2 - (.7036)(6.4) = 2.6970 \text{ (a)}$
　　　　　　　$72/10 = \overline{Y}$ (b)　　$64/10 = \overline{X}$

求直線 $\hat{Y} = .7036X_i + 2.6970$
　　　　　　　(b)　　　　(a)

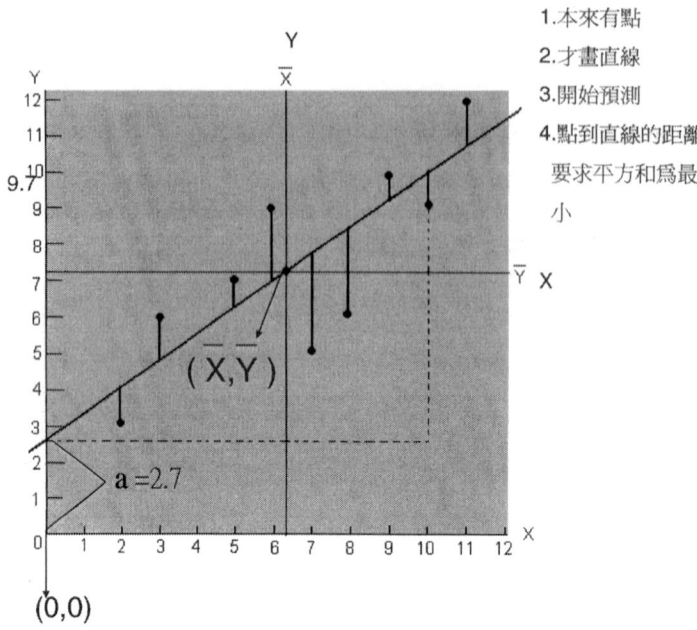

1. 本來有點
2. 才畫直線
3. 開始預測
4. 點到直線的距離要求平方和為最小

找其他應屆畢業生的高中成績為X=4.0，代入預測公式得：

$\hat{Y} = .7036 X_i + 2.6970$

  $= .7036 (4.0) + 2.6970$

  $= 5.5114$

(1) $\hat{Y} = bX + a$

(5) $= bX + (\bar{Y} - b\bar{X})$

(7) $\hat{Y} = \bar{Y} + b(X - \bar{X}) = \bar{Y} + bx$

(9) $(\hat{Y} - \bar{Y}) = bx$

$\hat{Y}$離均差 (10) $\hat{y} = bx$

等於它

(2) 因為$(\bar{X}, \bar{Y})$在直線$\hat{Y}$上

(3) 所以$\bar{Y} = b\bar{X} + a$ (截距)

(4) → $a = \bar{Y} - b\bar{X}$

(6) $bX + (\bar{Y} - b\bar{X})$

提出 $= b(X - \bar{X})$

(8) $\hat{Y} = \bar{Y} + X$

(11) $\hat{y} = (\hat{Y} - \bar{Y})$

第六章 雙變項之相關性分析與SPSS

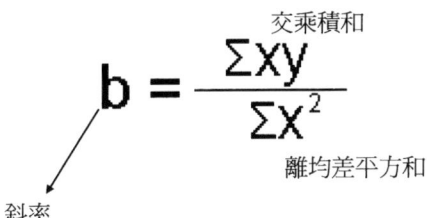

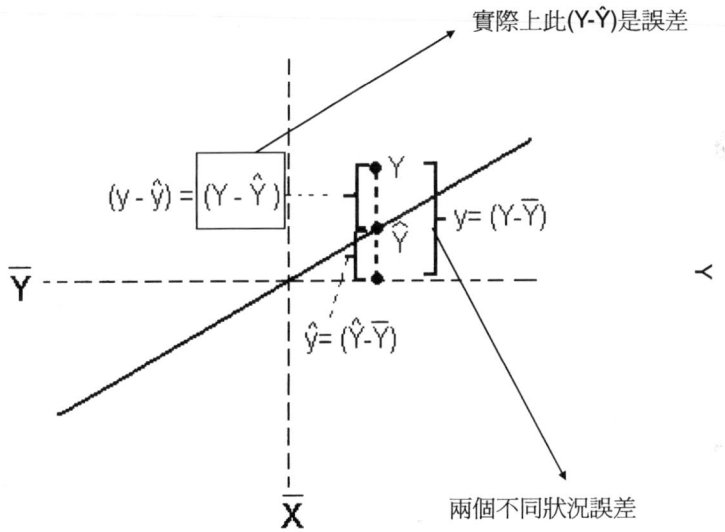

圖6-12 移軸到平均數（$\bar{X}$，$\bar{Y}$）時，截距a變為0，但斜率b則保持不變

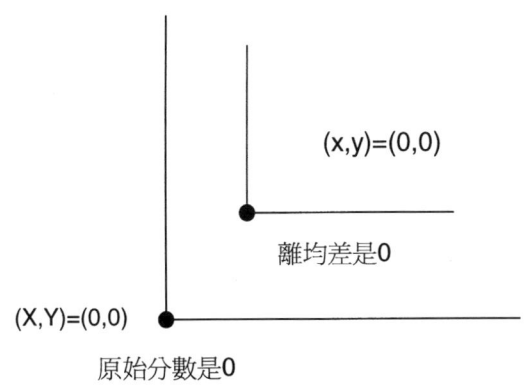

【例題6-2】

利用12名學生得知其身高為x，體重為y，求其身高預測體重，並運用離均差分數之方法（**表6-6**）。

表6-6　利用離均差分數作簡單迴歸分析

X-X̄=x 離均差

學生	x	y	x^2	y^2	xy
A	4.6	4.8	21.16	23.04	22.08
B	3.6	1.8	12.19	3.24	6.48
C	0.4	1.8	0.16	3.24	-0.72
D	-1.4	-0.2	1.96	0.04	0.28
E	-3.4	-2.2	11.56	4.84	7.48
F	0.6	-2.2	0.36	4.84	-1.32
G	-3.4	-1.2	11.56	1.44	4.08
H	1.6	-1.2	2.56	1.44	-1.92
I	2.6	2.8	6.76	7.84	7.28
J	-4.4	4.2	19.36	17.64	18.48
	0	0	88.40	67.60	62.20

11-6.4=
10-6.4=
6-6.4=
5-6.4=

12-7.2=
9-7.2=

Σx=0
Σy=0

$$r = \frac{\Sigma xy \text{ 交乘積和}}{SS_x\sqrt{\Sigma x^2} \; \sqrt{\Sigma y^2} \, SS_y}$$

$$= \frac{62.20}{\sqrt{88.40}\sqrt{67.60}} = .8046$$

$$b = \frac{\Sigma xy \text{ 交乘積和}}{\Sigma x^2 \text{ 離均差平方和}} = \frac{62.20}{88.40} = .7036$$

4.6*4.8+3.6*1.8……

$4.6^2 + 3.6^2 + (-0.4)^2$

$\boxed{a} = \bar{y} - b\bar{x}$
　　=0-(.7036)(0)=0

截距

為何用小寫算?前面153.155都大寫
大寫原始資料 小寫是離均差

第六章 雙變項之相關性分析與SPSS

標準分數化迴歸公式

$$\hat{y} = bx$$

Y的離均差預測值 ← $\dfrac{\hat{y}}{S_Y} = b\dfrac{x}{S_Y}$ ← X的離均差

Y的標準差 — 為了得Zx

Y的標準化分數的預測值 ← $\hat{z}_Y = b\dfrac{x}{S_Y}\dfrac{S_X}{S_X} = 1$

交換

$$\hat{z}_Y = b\left(\dfrac{x}{S_X}\right)\dfrac{S_X}{S_Y}$$

離均差/標準差 = Zx

$$\hat{z}_Y = \left(b\dfrac{S_X}{S_Y}\right)z_X$$

最主要是找 z_Y 和 z_X 的關係

$$\hat{z}_Y = \boxed{\beta}\, z_X$$

和 $\hat{Y}=bX$ (的形態很像,稱直線)

$$\beta = b\dfrac{S_X}{S_Y}$$

離均差平方和/ N 開根號 ↑

$S_X = \sqrt{\dfrac{88.4}{10}} = 2.9732$ 標準差

$S_Y = \sqrt{\dfrac{67.6}{10}} = 2.6000$

$$\beta = (.7036)\,\dfrac{\overset{S_x}{2.9732}}{\underset{S_y}{2.6000}} = .8046 \quad = \beta = r$$

(b 標於 .7036 之上)

因為：$b = \dfrac{C_{XY}}{S_X^2} = \dfrac{\frac{\Sigma xy}{N}}{\frac{\Sigma x^2}{N}} = \dfrac{r_{XY} S_X S_Y}{S_X^2}$ ← $\dfrac{r_{xy} S_x S_y}{S_x S_y}$

（共變數／變異數；共變數）

亦即：$b = r_{XY} \dfrac{S_Y}{S_X}$

$\dfrac{S_X}{S_Y}$ ＜ $b = r_{xy}$

移項：$r_{XY} = b \dfrac{S_Y}{S_X}$

所以：$r_{XY} = \beta$

$$SS_t = \Sigma y^2 = \Sigma(Y - \bar{Y})^2 = \Sigma Y^2 - \dfrac{(\Sigma Y)^2}{N} \quad （圖6\text{-}13）$$

（大Y的離均差平方和；Y的資料；總離均差平方和）

$SS_{residual}$ （圖6-14）＝$SS_t - SS_{reg}$ （圖6-15）

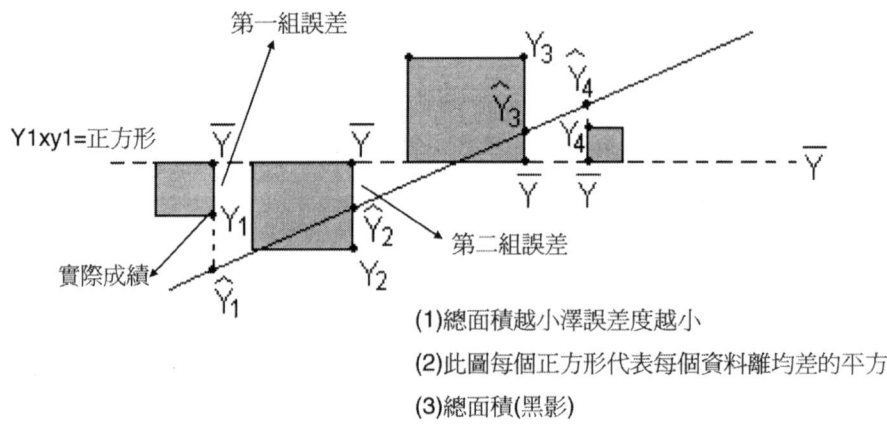

(1) 總面積越小澤誤差度越小
(2) 此圖每個正方形代表每個資料離均差的平方
(3) 總面積(黑影)

圖6-13　總離均差平方和 $SS_t = \Sigma(Y - \bar{Y})^2$

第六章 雙變項之相關性分析與SPSS

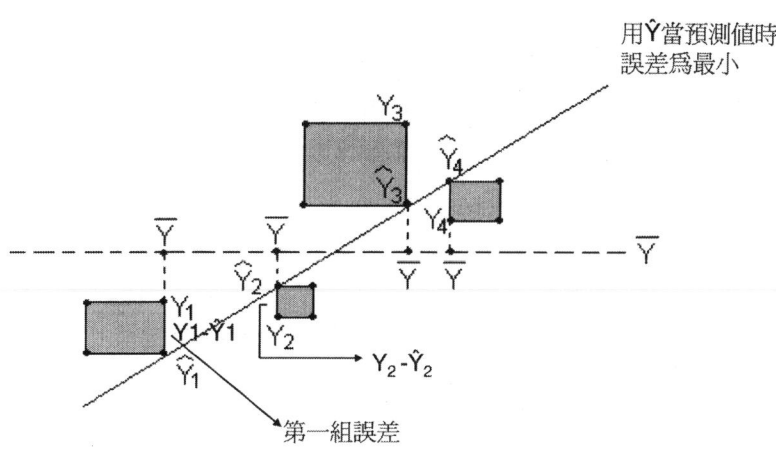

圖6-14 殘差平方和$SS_{res}=\sum(Y-\hat{Y})^2$的圖

$$SS_{reg}=\sum \hat{y}^2 = \sum(\hat{Y}-\bar{Y})^2 \qquad \hat{Y}=bx+a \text{ (直線公式)}$$

$$=\sum[(bX+a)-\bar{Y}]^2 \qquad \bar{Y}=b\bar{X}+a, a=\bar{Y}-b\bar{X} \text{ (移項)}$$

$$=\sum[bX+(\bar{Y}-b\bar{X})-\bar{Y}]^2$$

$$=\sum(bX-b\bar{X})^2 \qquad b\text{是常數，可提出來}$$

$$=b^2\sum(X-\bar{X})^2$$

$$=\left[\frac{\sum(X-\bar{X})(Y-\bar{Y})}{\sum(X-\bar{X})^2}\right]^2 \sum(X-\bar{X})^2$$

$$=\frac{[\sum(X-\bar{X})(Y-\bar{Y})]^2}{\sum(X-\bar{X})^2} \qquad \frac{[\sum(X-\bar{X})(Y-\bar{Y})]^2}{\sum(X-\bar{X})^2 \, \cancel{\sum(X-\bar{X})^2}}\cancel{\sum(X-\bar{X})^2}$$

小x=大X-$\bar{X}$
小y=大Y-$\bar{Y}$ $\rightarrow =\frac{(\sum xy)^2}{\sum x^2}$ (或 $=b\sum xy$) $\qquad \frac{\sum xy}{\sum x^2}=b$

★結論 $SS_{reg}=\dfrac{[\sum XY-\dfrac{\sum X \sum Y}{N}]^2}{\sum X^2 - \dfrac{(\sum X)^2}{N}} \qquad$ 相乘總和 $-\dfrac{總和相乘}{N}$ 平方的總和 $-\dfrac{總和的平方}{N}$

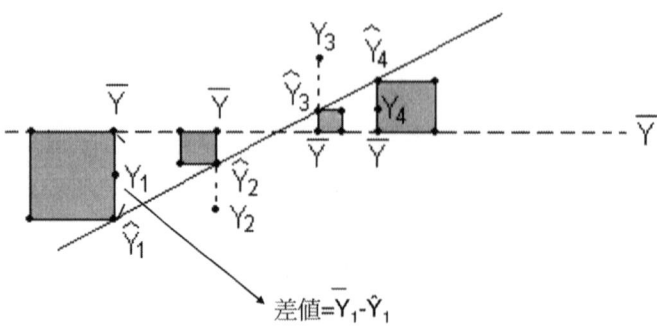

圖6-15　迴歸離均差平方和$SS_{reg}=\sum(\hat{Y}-\overline{Y})^2$的圖示

【例題6-3】

有12位學生其創意分數x與成就表現y之分數如**表6-7**，請利用迴歸方法求SS_t、SS_{reg}及SS_{res}。

表6-7　SS_t，SS_{reg}，SS_{res} 的計算

學生	X	Y	$\hat{Y}$	$(Y-\overline{Y})$	$(\hat{Y}-\overline{Y})$	$(Y-\hat{Y})$
A	11	12	10.4366	4.8	3.2366	1.5634
B	10	9	9.7330	1.8	2.5330	-0.7330
C	6	9	6.9186	1.8	-0.2814	2.0814
D	5	7	6.2150	-0.2	-0.9850	0.7850
E	3	5	4.8078	-2.2	-2.3922	0.1922
F	7	5	7.6222	-2.2	0.4222	-2.6222
G	3	6	4.8078	-1.2	-2.3922	1.1922
H	8	6	8.3258	-1.2	1.1258	-2.3258
I	9	10	9.0294	2.8	1.8294	0.9706
J	2	3	4.1042	-4.2	-3.0958	-1.1042
和	64	72	72.0004	0	.0004	-.0004
平方和	498	586	562.1684	67.6 =	43.7627 +	23.8348

72/10=7.2 算$\overline{Y}$　　　　　加起來 等於 67.6($Y-\overline{Y}$)

第六章　雙變項之相關性分析與SPSS

總離均差平方和
$$SS_t = \Sigma Y^2 - \frac{(\Sigma Y)^2}{N} = 586 - \frac{(72)^2}{10} = 67.6$$

相乘總和
$$SS_{reg} = \frac{[\Sigma XY - \frac{\Sigma X \Sigma Y}{N}]^2}{\Sigma X^2 - \frac{(\Sigma X)^2}{N}} = \frac{[523 - \frac{(64)(72)}{10}]^2}{498 - \frac{(64)^2}{10}} = 43.7652$$

實際算用此公式

$$SS_{res} = SS_t - SS_{reg}$$
$$= 67.6 - 43.7652 = 23.8348$$

第三節　雙變項之其他相關與關聯

　　在上節裡我們所討論的Pearson's相關，是一種積差相關，其適用的尺度為連續變項，然雙變項之性質並不是皆屬於連續變項，本節將討論如果變項的統計尺度不是連續變項（例如等距或比率性質）的相關方法，這些相關係數之適用性與屬性請參考**表6-7**。

一、Ø相關

(一)基本概念

　　屬類別相關，在X與Y為間斷變項時適用，且兩個變數都是二分名義變數的情境，例如：性別分為男、女，婚姻狀態分為已婚、未婚。在SPSS之操作可從χ^2分析得到Ø相關係數。

(二)計算

$$\emptyset = \frac{P_{XY} - P_X P_Y}{\sqrt{p_X q_X}\sqrt{p_Y q_Y}}$$

二、點二系列相關

(一)基本概念

適用於X為連續變項，而Y為間斷變項，或X為間斷變項，Y為連續變項時，且一變項是為二分變項時，便可使用此統計分法，例如：X為成績，Y為性別。在SPSS操作，首先要將類別變項作虛擬變項（dummy variable）處理，如將性別先轉換為1及0，再作Pearson相關，求取相關係數。

(二)計算

$$r_{pb} = \frac{\overline{X}_p - \overline{X}_q}{S_t} = \sqrt{pq}$$

三、四分相關

(一)基本觀念

適用於兩變項為常態分配的連續變數，且為人為二分變項時使用。可用於計算項目之間的相關。

(二)計算

$$r_{tet} = \cos(\frac{180°}{1 - \sqrt{\frac{BC}{AD}}})$$

第六章　雙變項之相關性分析與SPSS

169

四、二系列相關

(一)基本概念

適用於X為連續變項，而Y為間斷變項，或X為間斷變項，Y為連續變項時，且一變項是人為二分變項時，便可使用此統計分法。其在SPSS之運用，如果是二系列相關。

(二)計算

$$r_{bi} = \frac{\overline{X}_p \overline{X}_i}{S_t} \cdot \frac{p}{y}$$

五、多系列相關

(一)基本概念

適用於一個連續變項，而另一變項被分為三個、四個、五個，或更多類別的常態名義變數之間的直線相關。例如教學方法的成績是常態分配時，只評優、中、劣三種，所求得的相關便是三系列相關（在統計之運用，可運用趨向分析，再求取其$est\omega^2$）。

(二)計算

$$r_{ser} = \frac{\sum [(y_l - y_h)X]^-}{S_t \sum \left[\frac{(y_1 - y_h)}{p}\right]^2}$$

y_l表每一類下限常態分配曲線高度
y_h表每一類上限常態分配曲線高度
P表每類人數在全體受試者人數中所占的百分比

S_t表連續變數的標準差

六、列聯相關

(一)基本概念

是ø相關的延伸，適用於兩個變項的分類超過兩個或更多以上的類別時，可計算出其關聯情形。其在SPSS之運用，如ø相關，可從χ^2（或列聯表分析）得到C係數。

(二)計算

$$C = \sqrt{\frac{X^2}{N + X^2}}$$

七、斯皮爾曼等級相關

(一)基本概念

欲求取兩個變項均為次序變項的資料時，所適用的一種相關量數。在SPSS之運用，如同Pearson積差相關。

(二)計算

1.將所有個案按照在自變項的分數高低排列出等級順序。
2.再將所有個案按照在依變項的分數高低排列出等級順序。
3.計算每一個案在兩個變項上的等級之差異。
4.即可求出r_s。

第六章　雙變項之相關性分析與SPSS

$$r_s = 1 - \frac{6\sum d^2}{N(N^2-1)}$$

Σd^2表等級差距的平方和

八、肯德爾等級相關

(一)基本概念

適用於兩個變項均為次序變項時，或受試者人數較少的情況，即可使用其相關量數。

(二)計算

$$t = \frac{S}{\frac{1}{2}N(N-1)}$$

九、肯德爾和諧係數

(一)基本概念

適用於分析多位評分者的評分一致性，意即K個評分者評N個人或N個作品時，此K個評分者之間的相關情形。肯德爾和諧係數可運用SPSS之相關分析求取此相關係數。

(二)計算

$$W = \frac{S}{\frac{1}{12}k^2(N^3-N)}$$

十、Kappa一致性係數

(一)基本概念

適用於評量類別變數之評分者間的一致性,意即評分者評定的對象並不能排出次序,只能把它歸到某一個類別時,即可使用此統計方法。此方法更也是在SPSS的相關分析。

(二)計算

$$K = \frac{P(A) - P(E)}{1 - P(E)}$$

$$P(A) = \left[\frac{1}{Nk(k-1)}\sum\sum n^2\right] - \frac{1}{k-1}$$

$$P(E) = \sum_{i-1}^{m} P_j^2$$

$$P_j = C_j/Nk$$

$$C_j = \sum_{i-1}^{N} n_{ij}$$

十一、曲線相關(相關比)

基本概念

適用於兩個變項皆為連續變項時,用以分析非直線相關,此種相關的特性是在開始時,X變項增加或減少,Y變項也增加或減少,但到了某種程度之後,兩者增加或減少的方向正好相反。曲線相關可從ANOVA分析中的將$SS_{between}$除以SS_{total}即可得知,但真正的關聯係數是estω^2。如果只有兩組的直線相關η^2就等於γ^2(決斷係數)。

表6-8　相關係數的適用性與變項類別屬性

		X		
		名義變項	等級變項	等距或比率變項
Y	名義變項	• 列聯相關 • Ø相關 • 四分相關	將X視為名義變項，求列聯相關	• 點二系列相關 • 二系列相關
	等級變項	將Y視為名義變項，求列聯相關	• Spearman等級相關 • 肯德爾等級相關 • 肯德爾和諧係數	將X化約成等級變項，求等級相關
	等距或比率變項	• 點二系列相關 • 二系列相關 • 將Y視為名義變項，求列聯相關	將Y化約成等級變項，求等級相關	• Pearson積差相關 • 相關比

 **第四節　雙變項相關與迴歸在SPSS之運用**

一、Pearson積差相關分析在SPSS之運用

運用SPSS軟體來進行操作相關分析的過程如下：

1. 使用SPSS軟體來操作相關分析之操作步驟（**圖6-16**），首先點選「分析(A)」→接著點選「相關(C)」→最後選擇「雙變數(B)」。
2. 進入相關分析操作視窗後，選取欲操作相關分析之變數，將此變數從左方欄位移至右方變數清單(V)），茲以「父親溝通方式」與「對父親信任感」變項為例，並在下方勾選「相關係數(N)」、「Kendall's tau_b相關係數(K)、Spearman相關係數(S)」（**圖6-17**）。
3. 接著在選項中勾選所欲測量之統計量（**圖6-18**）；最後，當我們做完以上步驟，按下「確定」鍵，即可獲得描述性統計量（**表**

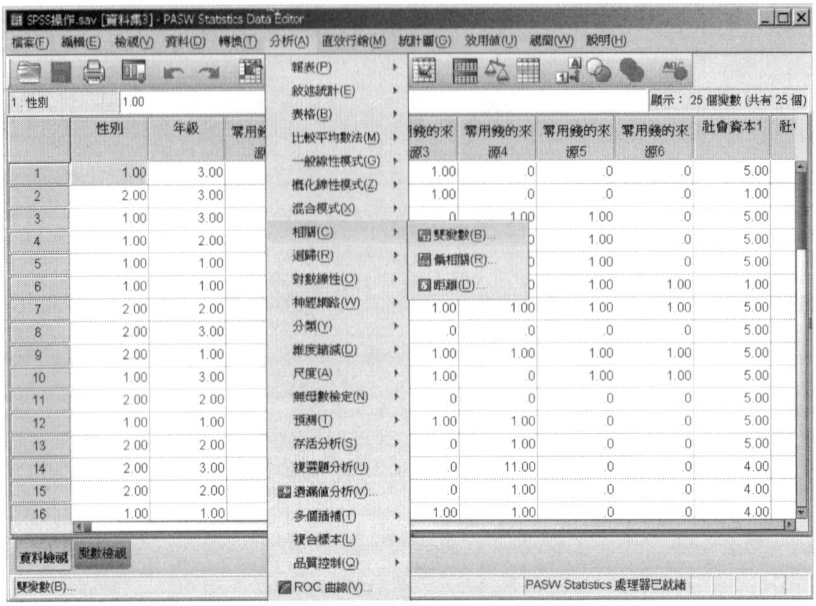

圖6-16　雙變項相關分析SPSS操作視窗（Pearson r）

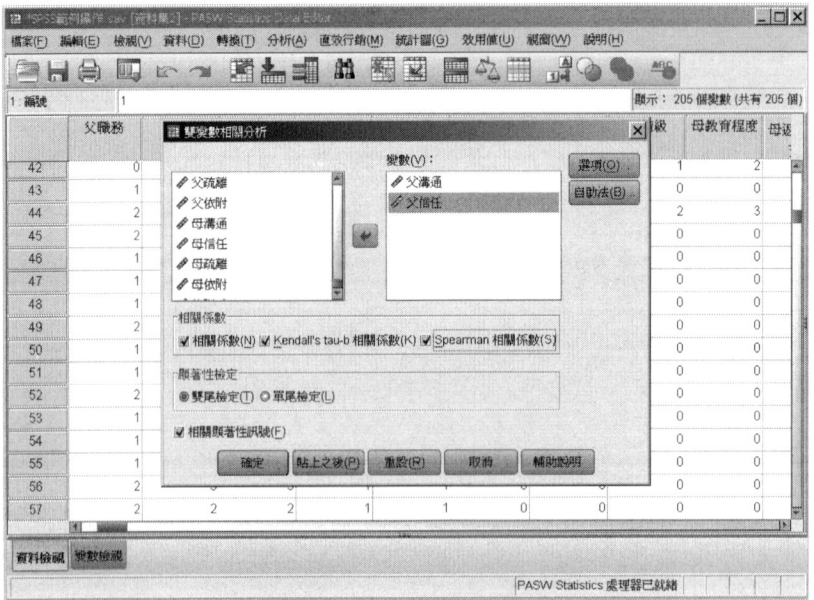

圖6-17　雙變數相關分析之變數選擇（Pearson r）

第六章 雙變項之相關性分析與SPSS

圖6-18 雙變數相關分析統計量選取（Pearson r）

6-9）、Pearson相關表（表6-10）及其他相關係數分析表（表6-11）。

4.當統計軟體幫我們輸出統計報表後，我們還要針對我們所輸出的資料來作解釋與說明，否則，我們辛苦做出來的資料只是一堆無用的統計數據。

從上述報表可以看到以下幾種相關係數，分別為Pearson相關、Kendall's tau_b相關、Spearman相關。從Pearson相關來看兩變項相關程度為.772（p＝.000＜.05）達顯著水準；接著看到Kendall's tau_b係數等

表6-9 雙變數相關分析描述性統計量描述性統計量

	平均數	標準差	個數
父溝通	26.4317	6.55126	322
父信任	13.8975	3.11144	322

表6-10 雙變項相關分析之相關矩陣（Pearson相關）

		父溝通	父信任
父溝通	Pearson相關	1	.722**
	顯著性（雙尾）		.000
	叉積平方和	13776.997	5052.245
	共變異數	42.919	15.739
	個數	322	322
父信任	Pearson相關	.722**	1
	顯著性（雙尾）	.000	
	叉積平方和	5052.245	3107.618
	共變異數	15.739	9.681
	個數	322	322

**在顯著水準為0.01時（雙尾），相關顯著。

表6-11 雙變項相關分析之其他相關係

			父溝通	父信任
Kendall's tau_b 統計量數	父溝通	相關係數	1.000	.631**
		顯著性（雙尾）		.000
		個數	322	322
	父信任	相關係數	.631**	1.000
		顯著性（雙尾）	.000	
		個數	322	322
Spearman's rho係數	父溝通	相關係數	1.000	.764**
		顯著性（雙尾）		.000
		個數	322	322
	父信任	相關係數	.764**	1.000
		顯著性（雙尾）	.000	
		個數	322	322

**相關的顯著水準為0.01（雙尾）。

於.631（p＝.000＜.05）達顯著水準；再從Spearman's rho 係數來看，其值為.764（p＝.000＜.05）亦達顯著水準，綜觀上述各種「父親溝通

第六章 雙變項之相關性分析與SPSS

方式」與「對父親信任感」之相關係數,皆達顯著水準,表示受試者之「父親溝通方式」與「對父親信任感」兩者間並有顯著相關。因為兩變項之尺度皆為連續變項,故我們要選擇Pearson r為正確的相關係數解釋。

二、淨相關分析在SPSS之運用

運用SPSS統計軟體來進行操作淨相關分析的過程如下:

1. 使用SPSS軟體來操作淨相關分析之操作步驟(圖6-19),首先點選「分析(A)」→接著點選「相關(C)」→最後選擇「偏相關(R)」。
2. 進入相關分析操作視窗後,選取欲操作相關分析之變數,將此變數從左方欄位移至右方變數清單(V),茲以「父親管教程度」為控制變數(C),「父親溝通方式」與「對父親信任感」為變數(V)(圖6-20)。

圖6-19 雙變項相關分析SPSS操作視窗(淨相關)

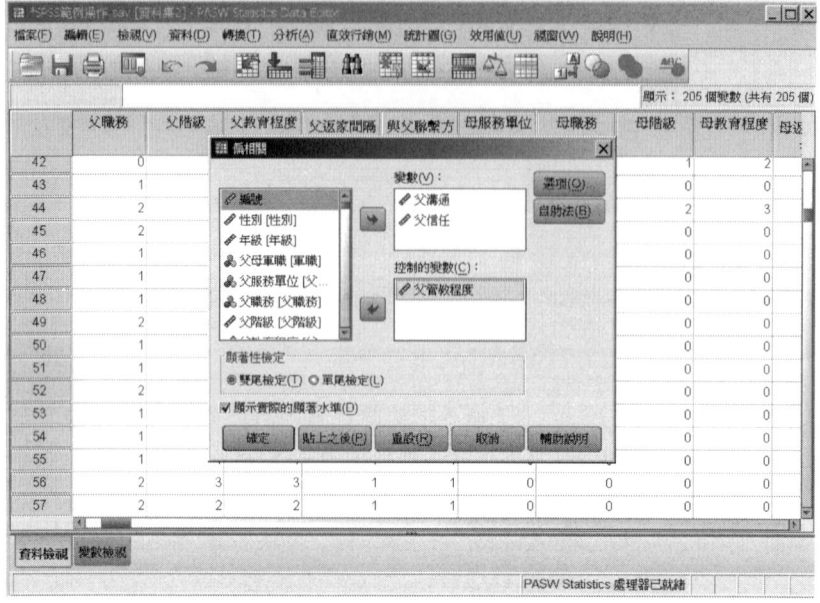

圖6-20　雙變項相關分析之變數選擇（淨相關）

3. 接著在選項中勾選所欲測量之統計量（**圖6-21**）；最後，當我們做完以上步驟，按下「確定」鍵，即可獲得相關係數分析表（**表6-12**）。

4. 當統計軟體幫我們輸出次數分配表後，我們還要針對我們所輸出的資料來作解釋與說明，否則，我們辛苦做出來的資料只是一堆無用的統計數據。

　　從上述的報表可以得知，「父親溝通方式」和「對父親信任感」的淨相關為.738（p＝.000＜.05）達顯著水準並呈現高度相關，但已較零階Pearson相關.772稍降一些，顯示「父親管教程度」對「父親溝通方式」和「對父親信任感」是有影響的，其中「父親管教程度」對「父親溝通方式」之零階Pearson相關為.384（p＝.000＜.05）達顯著水準顯示有相關，而「父親管教程度」對「對父親信任感」之零階Pearson相關為.344（p

第六章　雙變項之相關性分析與SPSS

圖6-21　雙變項相關分析統計量選取（淨相關）

表6-12　父溝通與父信任之淨相關（控制父管教程度）

控制變數			父溝通	父信任	父管教程度
無[a]	父溝通	相關	1.000	.772	.384
		顯著性（雙尾）		.000	.000
		Df	0	320	320
	父信任	相關	.772	1.000	.344
		顯著性（雙尾）	.000		.000
		df	320	0	320
	父管教程度	相關	.384	.344	1.000
		顯著性（雙尾）	.000	.000	
		df	320	320	0
父管教程度	父溝通	相關	1.000	.738	
		顯著性（雙尾）		.000	
		df	0	319	
	父信任	相關	.738	1.000	
		顯著性（雙尾）	.000		
		df	319	0	

a細格含有零階（Pearson相關係數）相關。

＝.000＜.05）亦達顯著水準顯示是有相關的。

三、簡單直線迴歸分析在SPSS之運用

運用SPSS統計軟體來進行操作簡單直線迴歸分析的過程如下：

1. 使用SPSS軟體來操作簡單直線迴歸分析之操作步驟（圖6-22），首先點選「分析(A)」→接著點選「迴歸(R)」→最後選擇「線性(L)」。
2. 進入簡單直線迴歸分析操作視窗後，選取欲操作簡單直線回歸分析之變數，將此變數從左方欄位移至右方變數清單，茲以「父親管教程度」為自變數（I），「對父親信任感」為依變數(D)（圖6-23）。

圖6-22　直線迴歸分析SPSS操作視窗

第六章　雙變項之相關性分析與SPSS

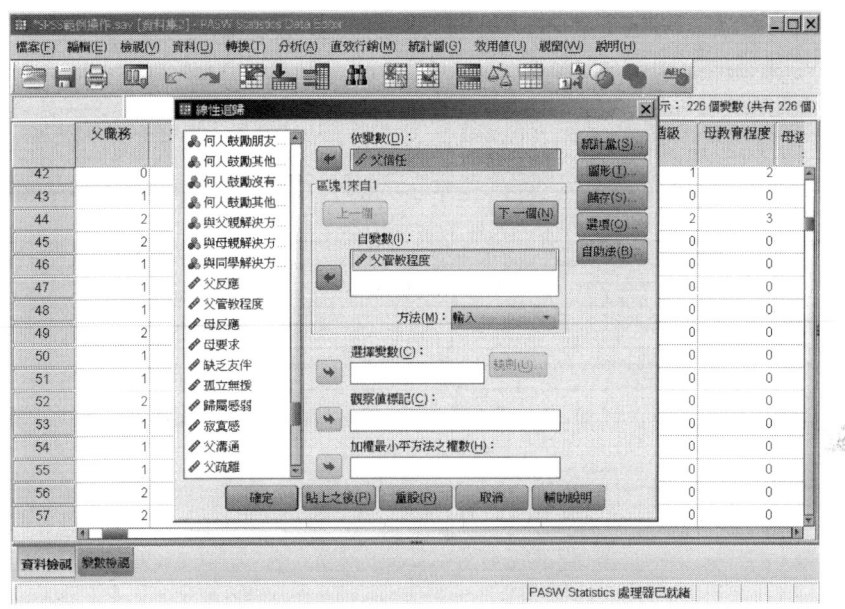

圖6-23　直線迴歸分析之變數選取

3. 接著在統計量(S)中勾選所欲測量之統計量（**圖6-24**）；最後，當我們做完以上步驟，按下「確定」鍵，即可獲得統計摘要表（**表6-13、表6-14**）。

4. 當統計軟體幫我們輸出次數分配表後，我們還必須將它的格式整理為研究與論文所要求的使用格式，並將無用之數據去除，保留所需且重要之數據，這樣才能符合研究與論文之要求（**表6-15**）。

5. 最後，還要針對我們所輸出的資料來作解釋與說明，否則，辛苦做出來的資料只是一堆無用的統計數據。

從上述統計資料可以瞭解，以父親管教程度預測對父親信任感作簡單迴歸，其Pearson相關係數、Multiple R與Beta皆為.344，這幾個係數檢定值均相同，達顯著水準；R平方表示父親管教程度（自變項）可以解釋對父親信任感（依變項）11.8%的變異，而調整後的R平方數值為11.6%，

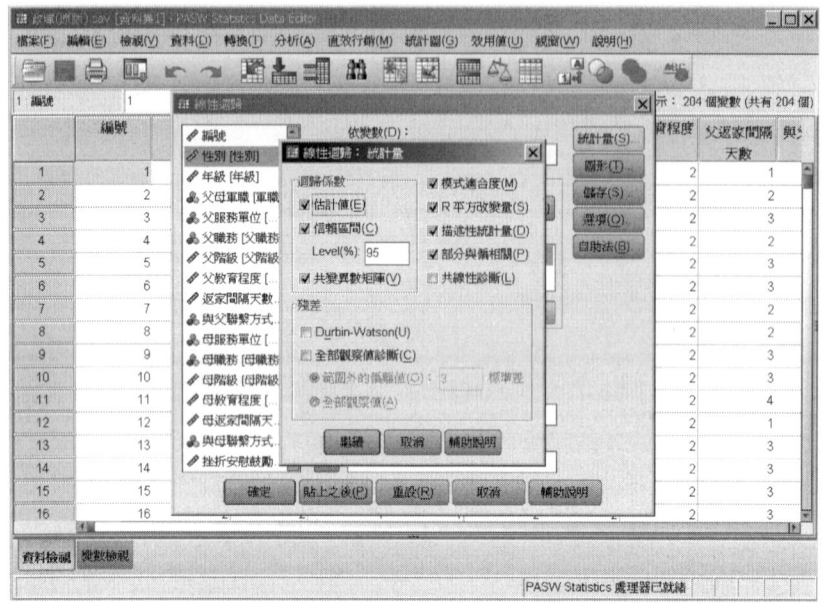

圖6-24　直線迴歸分析之統計量選取

表6-13　直線迴歸分析之輸出表（相關係數）

模式	R	R平方	調過後的R平方	估計的標準誤	變更統計量				
					R平方改變量	F改變	df1	df2	顯著性F改變
1	.344[a]	.118	.116	2.92623	.118	42.919	1	320	.000

a 預測變數：（常數），父管教程度。

表6-14　直線迴歸分析之輸出表（F檢定）

模式		平方和	df	平均平方和	F	顯著性
1	迴歸	367.508	1	367.508	42.919	.000[a]
	殘差	2740.110	320	8.563		
	總數	3107.618	321			

a 預測變數：（常數），父管教程度。
b 依變數：父信任。

表6-15 簡單直線迴歸分析摘要表

模式		未標準化係數		標準化係數	t	顯著性	B的95%信賴區間		相關		
		B之估計值	標準誤差	Beta分配			下界	上界	零階	偏	部分
1	常數	8.239	.879		9.374	.000	6.510	9.968			
	父管教程度	.096	.015	.344	6.551	.000	.067	.125	.344	.344	.344

a依變數：父信任。

　　表示以父親管教程度預測父信任有11.6%的解釋力，F（1，320）＝42.919（p＝.000＜.05），達顯著水準，表示該解釋力具有直線迴歸之顯著性。

第五節　雙變項之關聯係數

　　關聯係數表示雙個變項之間真正的預測關係，表示這兩個變項的真正關聯程度。在科學的量化研究，尤其是實驗設計，研究者太關心自變項之間（尤其是實驗組與控制組）之間的統計差異，以驗證假設，但是研究最重要的旨趣是判斷自變項與依變項的真正關係（關聯程度）。何謂關聯程度（the degree of association）意指依變項之變異量可以被自變項真正解釋（預測）之程度（the variance of dependent variable can be accounted for by the independent variable）。換言之，一個不確定的依變項（y）可以被已確定的自變項解釋的比例，以公式表示即為$\sigma_y^2 - \sigma_{y/x}^2$，所以其關聯性的公式應為$\frac{\sigma_y^2 - \sigma_{y/x}^2}{\sigma_y^2}$。然在不同的尺度的測量變項有其不同的關聯係數（**表6-16**）。

表6-16 雙變項之關聯係數

列聯係數	1.適用於兩個變項均為類別變數。 2.兩個變項不一定要有某種次序，也不一定要有連續性。 3.檢定列聯相關係數是否顯著不同於0，可看X值是否顯著。如果X值顯著，則C值也達到顯著水準。 4.使用於k*r各種形式的列聯表。
Phi係數（Ø相關）	1.適用於兩個變數都是二分名義變數的情況。 2.也就是X變數的分配和Y變數的分配都是點分配的時候。 3.適用於2*2的 χ^2 統計法。因此 χ^2 有差異，則Ø相關也有差異。 4.也就是說自變項跟依變項均為類別資料，而且各一個時候，就可以使用 χ^2 檢定，或Ø相關和費雪爾正確概率檢定（Fisher's exact probability test）。
Lambda（λ）值	1.適用於對稱形式與非對稱形式的兩個變項。 2.當兩個變數間有關聯存在的時候，就可以知道樣本在某一變項訊息，因此有助於預測樣本在另一變項的訊息。 3. λ 值可以說明，一個變項可以有效預測另一個變項的比率，其值介於0-1間，當 λ 值愈高，代表某一變項去解釋另一個變項時，有效預測的正確比例高（也就是說有效消除誤的比例愈高）。 4. λ 值為0，表示自變項在預測依變項時並沒有幫助。λ 值為1，表示自變項能完全解釋依變項，但須注意的是，兩變數互為獨立（沒有相關），λ 值必為0。但是當 λ 值等於0時，並不表示兩變數互為獨立，有可能只是兩個變數之間沒有特殊形態的關聯。
不確定係數〔又稱組間係數（1－r^2），適用於兩個連續變項之關聯〕	1.把相關係數加以平方，則稱為確定係數（coefficient of determination）。確定係數的意思，是指一個變項的變化有百分之多少可以由另一個變項來解釋。其餘的百分之多少不能由這個變項來解釋，這就是不確定係數。 2.例如：學生高考成績的分數與學生每天學習多少小時這兩個變項的相關係數是0.7。則確定係數為0.7^2，等於0.49。也就是說，高考成績的高低變化，有49%是由每天學習時間來解釋。那個另外的51%不能解釋，則稱為不確定係數。
estω^2	1. $est\omega^2 = \dfrac{t^2-1}{t^2+N_1+N_2-1}$（適合於t test） 2. $est\omega^2 = \dfrac{\sigma_y^2 - \sigma_{y/x}^2}{\sigma_y^2}$ 3.適合於自變項為類別變項，依變項為連續變項之檢定。

第六章 雙變項之相關性分析與SPSS

（續）表6-16　雙變項之關聯係數

Gamma係數	1.適用於兩個變項皆是次序變項。 2.利用列聯表，再求出Gamma係數。
Tau係數	適用兩個順序變項之關聯，有Tau b、Tau c，而Tau-y適用於兩個類別變項之關聯。

註解：
- 對稱形式的變項，指變項X與Y兩個變項是對稱的，無法區別何者為依變項。
- 非對稱形式的變項，指X與Y兩個變項可以區分何種為自變項，何種為依變項。
- 其餘的關聯係數可參考統計書。

一、各項關聯係數在SPSS之運用

運用SPSS統計軟體來進行操作各項關聯係數之分析的過程如下：

1. 使用SPSS軟體來操作關聯係數之操作步驟（**圖6-25**），首先點選「分析(A)」→接著點選「敘述統計(E)」→最後選擇「交叉表(C)」。
2. 關聯係數可以分為類別（名義）變項、次序（順序）變項、名義對等距（連續）變項三類，操作步驟如下。
3. 首先，先操作類別（名義）變項之關聯係數，進入操作視窗後，選取欲分析關聯係數之變數，將此變數從左方欄位移至右方欄位，茲以「年級」與「參與志願服務」變項為例（**圖6-26**）。並在統計量中勾選所欲測量之關聯係數（**圖6-27**）；最後，當我們做完以上步驟，按下「確定」鍵，即可獲得統計資料報表（**表6-17、表6-18、表6-19**），並將統計報表彙整分析（**表6-20、表6-21**）。
4. 接著，重複第一步驟操作次序（順序）變項之關聯係數，進入操作視窗後，選取欲分析關聯係數之變數，將此變數從左方欄位移至右方欄位，茲以「父親職務」與「父親教育程度」變項為例（**圖6-28**）。並在統計量中勾選所欲測量之關聯係數（**圖6-29**）；最

後，當我們做完以上步驟，按下「確定」鍵，即可獲得統計資料報表（**表6-22**、**表6-23**），並將統計報表彙整分析（**表6-24**）。

5. 最後，重複第一步驟操作名義對等距（連續）變項之關聯係數，進入操作視窗後，選取欲分析關聯係數之變數，將此變數從左方欄位移至右方欄位，茲以「參與志願服務」與「寂寞感」變項為例（**圖6-30**）。並在統計量中勾選所欲測量之關聯係數（**圖6-31**）；最後，當我們做完以上步驟，按下「確定」鍵，即可獲得統計資料報表（**表6-25**、**表6-26**、**表6-27**），並將統計報表彙整分析（**表6-28**、**表6-29**）。

6. 當統計軟體幫我們輸出統計報表後，我們還要針對我們所輸出的資料來作解釋與說明，否則，我們辛苦做出來的資料只是一堆無用的統計數據。

圖6-25　關聯係數SPSS操作視窗

第六章 雙變項之相關性分析與SPSS

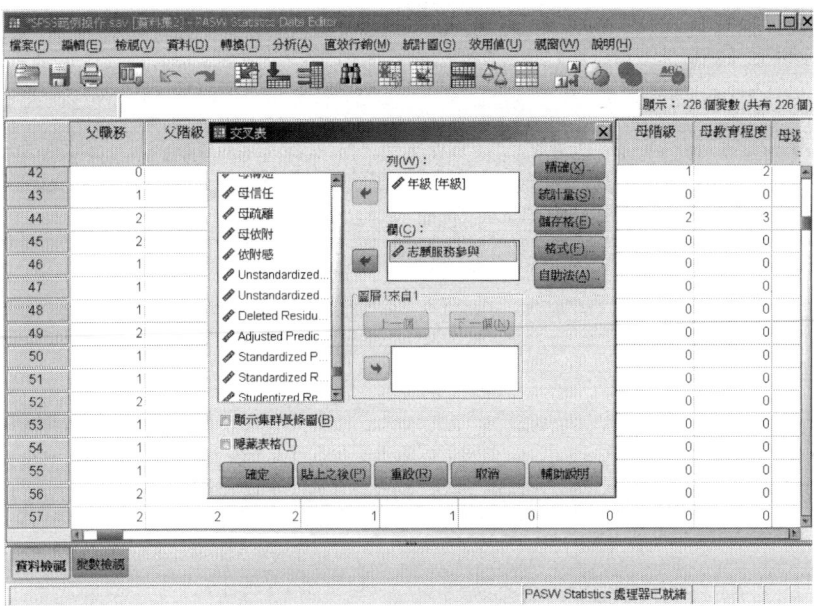

圖6-26 關聯係數分析之變數選擇（名義變項）

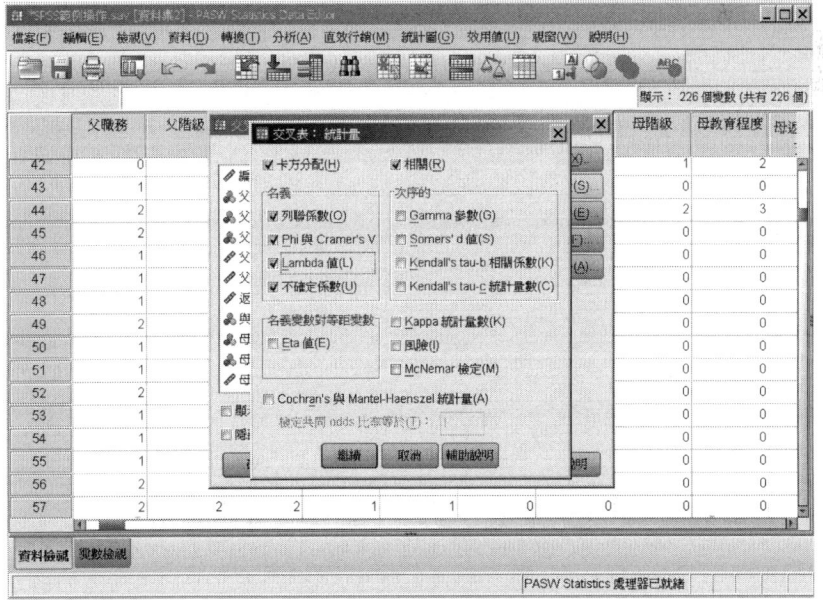

圖6-27 關聯係數分析統計量選取（名義變項）

圖6-28　關聯係數分析之變數選取（次序變項）

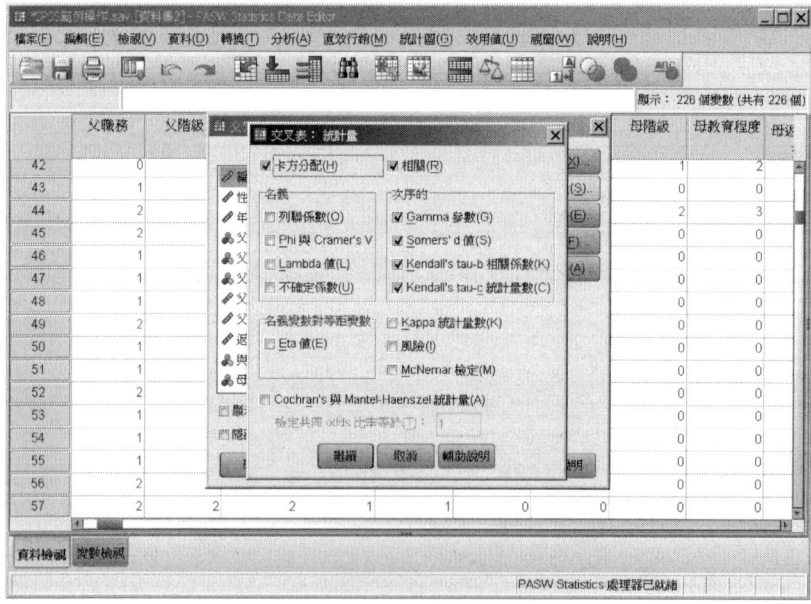

圖6-29　關聯係數分析統計量選取（次序變項）

第六章 雙變項之相關性分析與SPSS

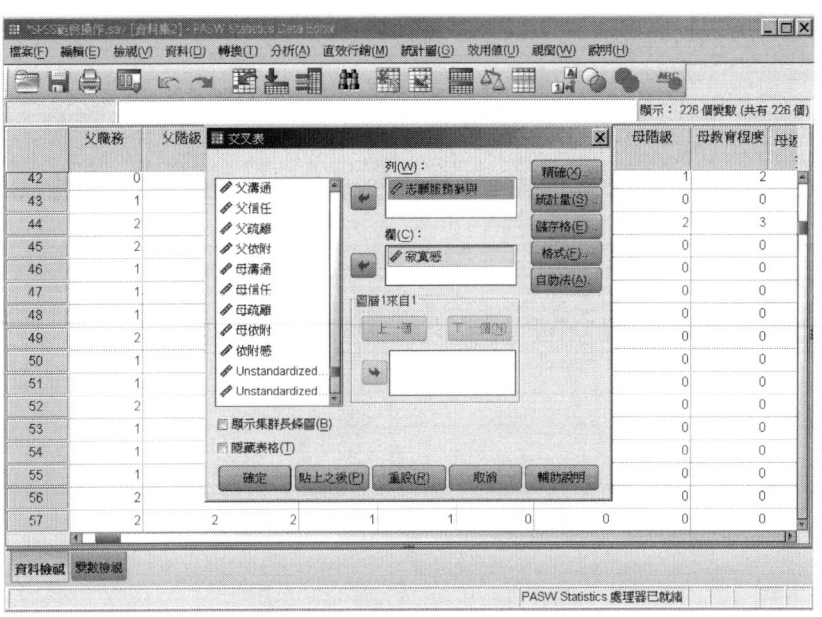

圖6-30　關聯係數分析之變數選取（名義對等距）

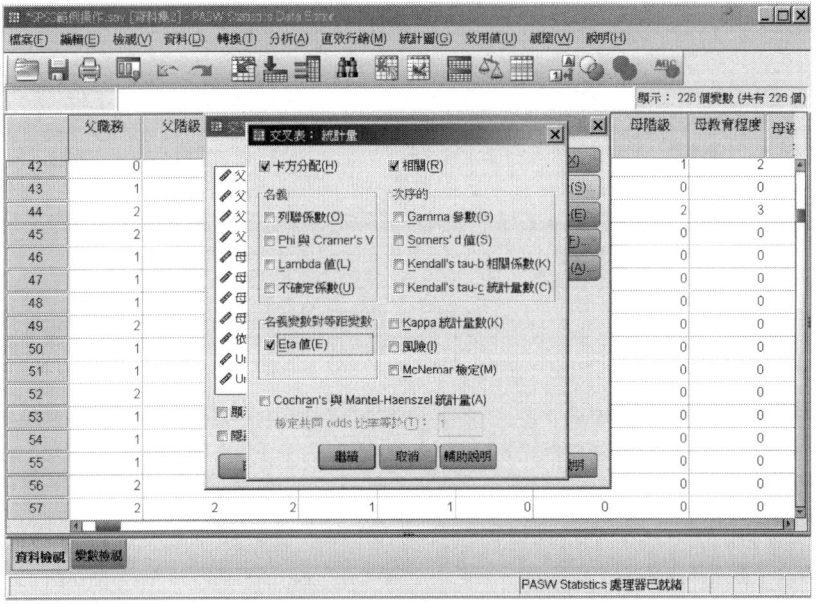

圖6-31　關聯係數分析統計量選取（各義對等距）

表6-17 卡方檢定統計輸出表（名義變項）

	數值	自由度	漸近顯著性（雙尾）
Pearson卡方	4.545[a]	2	.103
概似比	4.602	2	.100
線性對線性的關聯	1.125	1	.289
有效觀察值的個數	322		

a.0格（.0%）的預期個數少於5。最小的預期個數為28.56。

表6-18 方向性量數統計輸出表（名義變項）

			數值	漸近標準誤[a]	近似T分配[b]	顯著性近似值
以名義量數為主	Lambda值	對稱性量數	.000	.000	.[c]	.[c]
		年級依變數	.000	.000	.[c]	.[c]
		參與志願服務依變數	.000	.000	.[c]	.[c]
	Goodman與 Kruskal Tau 測量	年級依變數	.008	.008		.074[d]
		參與志願服務依變數	.014	.013		.104[d]
	不確定係數	對稱性量數	.008	.008	1.083	.100[e]
		年級依變數	.007	.006	1.083	.100[e]
		參與志願服務依變數	.011	.010	1.083	.100[e]

a.未假定虛無假設為真。
b.使用假定虛無假設為真時之漸近標準誤。
c.由於漸近標準誤等於0，因此無法計算。
d.以卡方近似法為準。
e.概似比卡方機率。

表6-19 對稱性量數統計輸出表（名義變項）

		數值	漸近標準誤[a]	近似T分配[b]	顯著性近似值
以名義量數為主	Phi值	.119			.103
	Cramer's V值	.119			.103
	列聯係數	.118			.103
以間隔為主	Pearson R相關	.059	.056	1.061	.289[c]
以次序量數為主	Spearman相關	.068	.057	1.214	.226[c]
有效觀察值的個數		322			

a.未假定虛無假設為真。
b.使用假定虛無假設為真時之漸近標準誤。
c.以一般近似值為準。

表6-20　名義關聯係數交叉表（年級與參與志願服務有無）

類別	關聯係數		數值	漸近標準誤	近似T分配	顯著性近似值
方向性量數	Lambda值	對稱性量數	.000	.000	.	.
		年級依變數	.000	.000	.	.
		參與志願服務依變數	.000	.000	.	.
	Goodman與Kruskal Tau測量	年級依變數	.008	.008		.074
		參與志願服務依變數	.014	.013		.104
	不確定係數	對稱性量數	.008	.008	1.083	.100
		年級依變數	.007	.006	1.083	.100
		參與志願服務依變數	.011	.010	1.083	.100
對稱性量數	Phi值		.119			.103
	Cramer's V值		.119			.103
	列聯係數		.118			.103
	Pearson R相關		.059	.056	1.061	.289
	Spearman相關		.068	.057	1.214	.226
有效觀察個數			322			
$\chi^2 = 4.545$ n.s.						

n.s. p＞.05

　　從上述關聯表可以得知，列聯係數（C）＝.118（p＝.103＞0.5），此外，從卡方檢定亦可發現$\chi^2 = $＝4.545（p＝.103＞.05）亦未達顯著。表示年級與參與志願服務之間並無顯著關聯（**表6-20**）。

表6-21　年級與參與志願服務之交叉表

		年級			總和
		一年級	二年級	三年級	
參與志願服務	有	60	32	29	
	無	79	75	47	121
	總和	139	107	76	201
$\chi^2 = 4.545$ n.s.					
C＝.118 n.s.					

表6-22 卡方檢定統計輸出表（次序變續）

	數值	自由度	漸近顯著性（雙尾）
Pearson卡方	340.208[a]	6	.000
概似比	275.653	6	.000
線性對線性的關聯	155.877	1	.000
有效觀察值的個數	322		

a.1格（8.3%）的預期個數少於5。最小的預期個數為4.05。

表6-23 對稱性量數統計輸出表（次序變項）

		數值	漸近標準誤[a]	近似T分配[b]	顯著性近似值
以次序量數為主	Kendall's tau-b統計量數	.571	.044	10.067	.000
	Kendall's tau-c統計量數	.461	.046	10.067	.000
	Gamma統計量	.832	.042	10.067	.000
有效觀察值的個數		322			

a.未假定虛無假設為真。
b.使用假定虛無假設為真時之漸近表準誤。

表6-24 父親教育程度與職務之關聯交叉表

		父親教育程度			總和
		高中職	大專或大學	研究所（含）以上	
父親職務	幕僚	26	156	22	204
	主官	3	49	21	73
總和		29	205	43	277
$\chi^2 = 340.208^{***}$					
Gamma = .832***					

*p＜.05 **p＜.01 ***p＜.001

　　從上述交叉表中可以得知，$\chi^2 = 340.208$（p＝.000＜.05）達顯著差異，且Gamma＝.832（p＝.000＜.05），顯示父親之教育程度與職務會有關聯，其中，教育程度越高者，擔任主官之比例也越高。

第六章 雙變項之相關性分析與SPSS

表6-25 卡方檢定統計輸出表（名義對等距）

	數值	自由度	漸近顯著性（雙尾）
Pearson卡方	33.540[a]	44	.874
概似比	42.780	44	.524
線性對線性的關聯	.107	1	.743
有效觀察值的個數	322		

a.67格（74.4%）的預期個數少於5。最小的預期個數為.38。

表6-26 方向性量數統計輸出表（名義對等距）

			數值
以名義量數和間隔為主	Eta值	參與志願服務依變數	.323
		寂寞感依變數	.018

表6-27 對稱性量數統計輸出表（名義對等距）

		數值	漸近標準誤[a]	近似T分配[b]	顯著性近似值
以間隔為主	Pearson R相關	.018	.051	.327	.744[c]
以次序量數為主	Spearman相關	.012	.054	.212	.832[c]
有效觀察值的個數		322			

a.未假定虛無假設為真。
b.使用假定虛無假設為真時之漸近標準誤。
c.以一般近似值為準。

表6-28 名義等距關聯係數交叉表（寂寞感與參與志願服務）

	類別	關聯係數		數值	漸近標準誤	近似T分配	顯著性近似值
方向性量數	以名義量數和間隔為主	Eta值	參與志願服務依變數	.323			
			寂寞感依變數	.018			
對稱性量數	以間隔為主	Pearson R相關		.018	.051	.327	.744
	以次序量數為主	Spearman相關		.012	.054	.212	.832
有效觀察個數				322			
$\chi^2=33.54$n.s.							

n.s. p＞.05

從上述關聯表可以得知,Eta值＝.018(p＞.05),顯示參與志願服務與寂寞感之關聯係數為1.8%,關聯性很弱,但在ANOVA分析中,Eta值並不是正確的不偏估計值,應該用estω^2值來代替,$\hat{\omega}^2 = \dfrac{SS_b - (k-1)MS_w}{SS_{tt}SS_w}$。

表6-29 寂寞感與參與志願服務之ANOVA摘要表

	平方和	自由度	平均平方和	F	顯著性
組間	7.636	1	7.636	.107	.744
組內	22793.622	320	71.230		
總和	22801.258	321			

從上述ANOVA摘要表中,可以得參與志願服務與寂寞感之差異性檢定F＝.107(p＝.744＜.05),未達顯著差異,在關聯性的分析要用估計ω平方($\hat{\omega}^2 = \dfrac{SS_b - (k-1)MS_w}{SS_t + MS_w}$),我們用上表計算,估計$\omega$平方＝7.636－1×7.636／22801.258＋7.636＝0,顯示參與志願服務與寂寞感之關聯性等於0。

CHAPTER 7

無母數分析與SPSS

第一節　無母數統計檢定
第二節　無母數統計檢定在SPSS之運用

　　無母數統計檢定（non-parametric statistical test）是一種無須指出樣本所來自母群體母（參）數之條件的統計檢定，或者樣本來自母群體已違反母數檢定的假定（如變異同質性、常態分布、統計尺度屬於較低程度的類別尺度等）。所以無母數統計檢定也不必太關心樣本在母群體之分配型態。無母數統計檢定有四個主要特定：

1. 諸如Z檢定、t檢定、F檢定樣本條件必須合乎母群體的基本假定，否則統計檢定的結果可能導致不少錯誤。但無母數統計檢定，其假定較母數統計檢定時的基本假定為少，較不嚴格，而且容易符合要求。因為大部分無母數統計檢定方法都使用正確機率（exact probability），所以不管樣本所來自母群體分配的型態為何。它是一種不受母群體分配所限制的（distribution free）統計方法。
2. 適用於名義和次序變數資料的統計，原始資料有時只被化為正號或負號。有時只被排列為大小等第。
3. 研究者可以有較多時間和注意力用在研究問題的設計方面和資料的蒐集。
4. 無母數統計檢定特別適用於小樣本。例如：在正式實驗之前所進行的初步研究（pilot study），所用的受試者人數較少。或者在有些情形下，我們研究問題發生的事例本來就不多，樣本本來就很小時。

　　無母數統計檢定實具有方便及實用之價值，尤其對特定樣本（尤其不能隨機化抽樣時）的描述及檢定其差異，然而，其也有侷限之處。最常見受批判是它常被指稱浪費資料（因為將等距或比率尺度之資料，只用於類別尺度，如類別或次序尺度，其浪費的程度以「檢定力效率」（power efficiency）來代表。此外，現有的無母數統計檢定尚無法處理因子間之交互作用。有關母數與無母數之統計檢定比較請參閱**表7-1**。

表7-1　有母數與無母數統計方法之比較

方法 比較	有母數統計	無母數統計
適用對象	常態母群體	非常態或未知母群體
推論對象	母群體參數	1.母群體參數 2.非母群體參數（適合性、獨立性、一致性之檢定）
適用尺度	等距、比率	名目、順序、等距或比率
優點	1.在等距或比率尺度時，其準確度較高。 2.母群體已知時，效率較高。 3.小樣本下，準確度較高。	1.無需假設母群體為常態，因此應用較為廣泛。 2.各種尺度皆為適用。 3.計算簡單且快速。 4.在小樣本時特別適用於非常態母群體。
缺點	1.需假設母群體為常態，因此應用較有限。 2.無法適用於名目與順序尺度。	1.在等距或比率尺度時，其準確度較低。 2.因樣本較小，檢定誤差相對較高。 3.母群體已知時，效率相對較低。

表7-2及表7-3列出有關下列無母數統計檢定之適用條件以及準用母數檢定的統計選擇。

表7-2　無母數統計檢定之適用尺度一覽表

樣本	資料	無母數	母數
單一樣本	次序變數	柯一史單一樣本檢定 （K-S one sample test）	x^2統計法 （Chi-Square test）
二個獨立樣本	名義、次序	費雪爾正確概率檢定 （Fisher exact probability test）	x^2統計法
二個獨立樣本	次序	柯一史二樣本檢定 （K-S two sample test）	x^2統計法
二個獨立樣本	次序	中數檢定 （Median test）	二個獨立樣本平均數之差異檢定
二個獨立樣本	次序	魏可遜二獨立樣本檢定 （Wilcoxon two-sample test） 曼一惠特尼U檢定 （Mann-Whitney U test）	二個獨立樣本平均數之差異檢定

（續）表7-2　無母數統計檢定之適用尺度一覽表

樣本	資料	無母數	母數
二個相依樣本（重複法、配對法）	次序	符號檢定（正負號）（Sign test）	二個相依樣本平均數之差異檢定（t相依樣本）
二個相依樣本	次序	魏可遜配對組帶符號等級檢定（魏氏檢定）（Wilcoxon matched-pairs signed-ranks test）	二個相依樣本平均數之差異檢定
K個關聯樣本	類別變數二分的次序	寇克蘭Q檢定（Cochran Q test）	達顯著須做事後比較
K個獨立樣本	次序	克—瓦二氏單因子等級變異數分析（H檢定）（Kruskal-Wallis one-way analysis of variance by ranks）	F檢定
重複樣本	次序	弗里曼二因子等級變異數分析（Friedman two-way analysis of variance by ranks）	重複量數單因子變異異數分析
K個重複實驗處理條件	次序	相依樣本的直線趨向檢定	重複量數單因子趨向分析

表7-3　無母數統計檢定之檢定準則

統計考量	條件	統計方法	適用尺度
Chi-Square	是否符合母群體分配	x^2值	數值類別變數
Binomial	是否符合二項分配	Z appro值	二分變數
Runs	是否符合隨機分配	Z值	二分變數
1-Sample K-S	是否符合某特定的分配	K-S Z值	計量變數
2 Independeut Samples（類似t test）	兩組樣本所來自的母群體是否具有相同的中位數	Mann-Whitney U Kolmo-Smirnov Z	二組類別變數對順序變數
K Independent Samples（類似One-Way ANOVA）	K組樣本所來自的母群體是否具有相同的中位數	Kruskal-Wallis H檢定 中位數檢定	K組類別變數對順序變數
2 Related Samples（類似Paired t test）	兩個有關樣本所來自母群體的中位數是否顯著差異	符號檢定 Wilcoxon符號等級檢定 McNemar檢定	連續變數 連續變數 二分變數
K Related Samples（類似One-Way ANOVA）	K組有關樣本所來自母體的中位數是否有顯著差異	Friedman檢定 Kendall's W檢定 Cochran's Q檢定	連續變數 連續變數 連續變數

第七章　無母數分析與SPSS

第一節　無母數統計檢定

一、柯一史單一樣本檢定

(一)適用資料

只有一個樣本、資料具有次序變數性質、相似適合度檢定的 χ^2 統計法、樣本數較小。

(二)計算方法

先計算出理論次數分配的累積次數分配，同時計算實際觀察次數的累積次數分配，求二者相差最大的一點，決定此差異是否純由機遇所造成。

$$D = 最大 | F_O(X) - S_N(X) |$$

(三)統計假設

檢定樣本資料是否來自某一特定的機率分配，也就是要檢定由樣本所得到的觀察次數分配與理論次數分配之間是否有顯著性差異存在。亦可用來檢定兩組獨立樣本所來自的母群體中位數是否相等，其統計假設為：

虛無假設H_0：樣本資料來自某一特定的機率分配。
對例假設H_1：樣本資料並非來自某一特定的機率分配。

【例題7-1】

有14位學生來評定其喜歡男女同桌上課之程度，從1至7等級勾選，評定結果如**表7-4**。

表7-4　14名學生評定反應知柯－史單－樣本檢定（男女同桌上課）

	評定等級						
	1	2	3	4	5	6	7
觀察次數（f）	0	1	0	5	4	3	1
累積理論次數$F_O(X)$	$\frac{2}{14}$	$\frac{4}{14}$	$\frac{6}{14}$	$\frac{8}{14}$	$\frac{10}{14}$	$\frac{12}{14}$	$\frac{14}{14}$
累積觀察次數$S_{14}(X)$	$\frac{0}{14}$	$\frac{1}{14}$	$\frac{1}{14}$	$\frac{6}{14}$	$\frac{10}{14}$	$\frac{13}{14}$	$\frac{14}{14}$
$\|F_O(X)-S_{14}(X)\|$	$\frac{2}{14}$	$\frac{3}{14}$	$\frac{5}{14}$	$\frac{2}{14}$	$\frac{0}{14}$	$\frac{1}{14}$	$\frac{0}{14}$

最大

$D=最大\,|F_O(X)-S_N(X)|$

$D=\frac{5}{14}=|\frac{6}{14}-\frac{1}{14}|=.357$

(四)顯著性檢定

　　這一最大差異值是否達顯著水準，須查閱柯－史單－檢定D臨界值才能知道。由查表得知，N＝14，α＝.05時，D的臨界值為.349。

　　由於計算的D＝.357，（D＝.357＞.349）大於此一臨界值，故H_0應予拒絕。

　　從**表7-4**的次數分配看來，本調查的受試者傾向於不喜歡男女同桌。

　　如果樣本人數在35以上時，則D＝的臨界值和查表最底下一橫列表示。例如，N＝50，α＝.05時，＝.192。

　　D的臨界值為$\frac{1.36}{\sqrt{50}}$

二、費雪爾正確概率檢定

(一)適用資料

　　當df＝1時，理論次數小於5〔須進行耶茲氏校正（Yates' Correction），但仍不安全〕，如果樣本人數很小，且2×2列聯表為間斷變數（名義變數或次序變數）資料所構成。

(二)計算方法

把所得到的2×2列聯表所列之次數的概率，正確地計算出來。

```
| 7 | 2 |  9         A    B    (A+B)
| 0 | 3 |  3
  7   5   12         C    D    (C+D)

                   (A+C) (B+D)   N
```

$$P = \frac{(A+B)!(C+D)!(A+C)!(B+D)!}{N!\,A!\,B!\,C!\,D!}$$

$$P = \frac{9!\,3!\,7!\,5!}{12!\,7!\,2!\,0!\,3!} = .045$$

當2×2列聯數字變得較大時，可以利用「數的階乘及對數表」來幫助計算。

$$\log P = \log(\frac{9!\,3!\,7!\,5!}{12!\,7!\,2!\,0!\,3!})$$

$= (\log 9!+\log 3!+\log 7!+\log 5!) - (\log 12!+\log 7!+\log 2!+\log 0!+\log 3!)$

$= 5355976 + 0.77815 + 3.70243 + 2.07918$

$= -1.34243 = .65757 - 2$（-2表示要將4.546的小數點往左邊一兩位）

∴p＝.04546

利用「四位對數表」，查得.65757的逆對數為4.546。

2×2列聯表裡面有0的細格出現，所以正確概率之計算較簡單。

沒有任何細格有0出現,則計算較不簡單。還須把更極端的情形之概率也計算在內。

【例題7-2】

訪問6名男生和7名女生喜歡跳傘運動與否,結果如下所示,問男生是否較女生喜好跳傘運動?

	男	女	
喜歡	4	1	5
不喜歡	2	6	8
	6	7	13

$(P_1 - P_2) = (.67 - .14) = .53$

$P = \dfrac{5!\,8!\,6!\,7!}{13!\,4!\,1!\,2!\,6!} = .0816$

(三)顯著性檢定

在費雪正確概率檢定法中,所算出來的P便是正確概率。如果我們訂 $\alpha = .05$,計算結果顯示H_0須予接受,因為P = .0863,大於$\alpha = .05$。男女的跳傘差異只是機遇造成,並不能證實男生比女生喜好跳傘。

(四)雙尾檢定時

如果例題7-2的問題是「男女喜歡跳傘的百分比是否有差異」?雙尾檢定($H_0:P_1 = P_2$,$H_1:P_1 \neq P_2$)時,須把另外一端的極端情形出現的概率也加在一起。

費雪正確概率檢定時,如果有「x!」鍵的小計算器,則計算相當方便;也可利用直接查表的方式來進行。

因為2×2之細格終沒有一欄次數等於0,所以計算概率時,必須將極端值之概率加以考量。其極端情形為:

	男	女	
喜歡	5	0	5
不喜歡	1	7	8
	6	7	13

$(P_1 - P_2) = (.83 - .00) = .83$

$$P = \frac{5!\,8!\,6!\,7!}{13!\,5!\,0!\,1!\,7!} = .0047$$

$P = .0816 + 0.0047 = .0863$

此時虛無及對立假設為$H_0：P_1 = P_2$

$H_1：P_1 \neq P_2$

而計算結果$P = .0863$(大於$\alpha = .05$),所以此時應接受H_0。

三、柯—史二樣本檢定

(一)適用資料

累積觀察次數分配與累積理論次數分配是否一致(K-S單一樣本);兩個累積觀察次數的分配是否一致(K-S二樣本)。

這兩個累積觀察次數的分配彼此接近,則可能係來自同一母群。

任何一點顯示兩個分配相差太大,則兩樣本可能來自不同母群。

兩樣本獨立;資料須為次序變數資料。

(二)計算方法和顯著性檢定

須先辨明是單尾檢定或雙尾檢定。

D＝最大[$S_{n1}(X) - S_{n2}(X)$]（單尾檢定）

D＝最大|$S_{n1}(X) - S_{n2}(X)$|（雙尾檢定）

單尾檢定須注意方向；雙尾檢定不用考慮方向性取絕對值。

【例題7-3】

某研究者認為女生的手指靈巧度比男生為好，他以同齡男女各10名作靈巧度測驗，依變項為用夾子夾小釘子插入小孔之釘子數，如**表7-5**所示，試問此結果可否支持研究者之宣稱。

H_0：女生≦男生

H_1：女生＞男生

表7-5　男女生手指靈巧測驗成績累積觀察次數

插釘數	30～34	35～39	40～44	45～49	50～54	55～59	60～64
男$S_{n1}(X)$	$\frac{0}{10}$	$\frac{2}{10}$	$\frac{3}{10}$	$\frac{7}{10}$	$\frac{8}{10}$	$\frac{10}{10}$	$\frac{10}{10}$
女$S_{n2}(X)$	$\frac{1}{10}$	$\frac{2}{10}$	$\frac{2}{10}$	$\frac{3}{10}$	$\frac{5}{10}$	$\frac{9}{10}$	$\frac{10}{10}$
$S_{n1}(X)-S_{n2}(X)$差異值	$-\frac{1}{10}$	0	$\frac{1}{10}$	$\frac{4}{10}$ (最大)	$\frac{3}{10}$	$\frac{1}{10}$	0

◆小樣本

表7-5實際觀察資料，插釘數被分為組距相同七個區組，以男生言，一分鐘插釘數在30～34者為0個人；一分鐘插釘數在35～39者為2個人，累積觀察次數為2；一分鐘插釘數在40～44者為1個人，故累積觀察次數為3。研究者認為女生比男生手指較為靈巧，預測在手指靈巧度測驗方面，男生得低分的人數較女生為多。此為單尾問題，用公式來求最大差異值D。

$\frac{4}{10}$ 合乎公式最大差異條件，故 $D = \frac{4}{10}$。D值的分子是4，以 K_D 來代表它。$N = 10$，$K_D = 4$。

顯著性檢定：

假使 $\alpha = .05$，則可利用「柯一史二樣本之 K_D 臨界值表」來查出**表7-5**的結果是否達到顯著水準。

從「柯一史二樣本之 K_D 臨界值表」查得，當 $N = 10$，$\alpha = .05$ 時的臨界 K_D 值為6。計算求得 $K_D = 4$，小於臨界值，故女生的手指靈巧度比男生為好的說法，無法得到由實際觀察所得之證據的支持。

◆ **大樣本雙尾檢定**

樣本人數在40以上時（當 $N \leq 40$ 時，「柯一史二樣本之 K_D 臨界值表」還可以使用），想要進行雙尾檢定，則可利用同法求出兩個樣本（人數不一定要相同）的累積觀察次數，以下列公式求出最大差異值D（取絕對值計算D值）。

表7-6　50名男生和60名女生手指靈巧測驗的結果

插釘數	30～34	35～39	40～44	45～49	50～54	55～59	60～64
男$S_{n1}(X)$	$\frac{5}{50}$	$\frac{12}{50}$	$\frac{21}{50}$	$\frac{31}{50}$	$\frac{40}{50}$	$\frac{45}{50}$	$\frac{50}{50}$
女$S_{n2}(X)$	$\frac{5}{60}$	$\frac{9}{60}$	$\frac{15}{60}$	$\frac{20}{60}$	$\frac{33}{60}$	$\frac{42}{60}$	$\frac{60}{60}$
男$S_{n1}(X)$	.100	.240	.420	.620	.800	.900	1.000
女$S_{n2}(X)$	.083	.150	.250	.333	.550	.700	1.000
$|S_{n1}(X) - S_{n2}(X)|$差異值	.017	.090	.170	**.287**（最大）	.250	.200	.000

$$D = \left| \frac{31}{50} - \frac{20}{60} \right| = |.620 - .333| = .287$$

H_0：男生＝女生

H_1：男生≠女生

顯著性檢定：

在大樣本和雙尾檢定的情形之下，要檢定所計算的D值是否達顯著性水準，必須以**表7-7**所列的數值為臨界D值。若計算所得D值大於表中有關的臨界D值，便算達到顯著水準。

表7-6的例子，$\alpha=.05$時的臨界D值：

$$1.36\sqrt{\frac{n1+n2}{n1n2}} = 1.36\sqrt{\frac{50+60}{(50)(60)}} = .260$$

計算的D＝.287大於此臨界D值，故男女之間的手指靈巧度有顯著差異存在（接受H_1）。

表7-7 大樣本雙尾檢定時的臨界D值

P＝.05	P＝.01	P＝.001
$1.36\sqrt{\dfrac{n1+n2}{n1n2}}$	$1.63\sqrt{\dfrac{n1+n2}{n1n2}}$	$1.95\sqrt{\dfrac{n1+n2}{n1n2}}$

◆ **大樣本單尾檢定**

最大差異值之決定須用公式D＝最大$[S_{n1}(X)-S_{n2}(X)]$，須注意方向性，不取絕對值。假如實際觀察得到下列結果，則：

$$D = \left[\frac{31}{50} - \frac{20}{60}\right] = .620 - .333 = .287$$

顯著性檢定：

在大樣本和單尾檢定情況下，要檢定所得D值是否達到水準，可先將D值代入下列公式求χ^2值，然後檢定此項χ^2值是否達到顯著水準。如果χ^2值達顯著水準，則D值也算達到顯著水準。

$$\chi^2 = 4D^2 \frac{n1n2}{n1+n2}$$

第七章　無母數分析與SPSS

其自由度為df＝2。將n1＝50，n2＝60和D＝.287代入公式中，可得：

$$\chi^2 = 4(.287)^2 \frac{(50)(60)}{50+60} = 8.986$$

查χ^2分配表，得$\chi^2_{(98)(2)}$＝7.824，所以χ^2＝8.986在虛無假設下發生的機率還小於$\frac{1}{2}(.02) = .01$（χ^2分配表適用於雙尾檢定）。因為.01遠小於α＝.05，所以虛無假設應予拒絕。女生比男生手指較為靈巧的說法可以得到實際觀察的支持。

四、中數檢定

(一)適用資料

兩個獨立樣本；次序變數資料。

檢定兩個獨立樣本是否來自中數相等的母群，即檢定兩者的集中趨勢是否相同。

虛無假設：兩群體的中數相等

對立假設：兩個母群的中數不相等（雙尾檢定）；或一個母群的中數大於另一個母群的中數（單尾檢定）

相當於兩個樣本平均數之差異的t檢定在母數統計方法的地位。

(二)計算方法

1. 先將兩組成績依大小排序，求出全體受試者的中數。
2. 以全體受試者的Md為基準，分為「中數以下」和「中數以上」兩組表是在2×2列聯表內，並以χ^2統計法或費雪爾正確概率檢定法，求列聯表之次數分配的機率。

【例題7-4】

某心理學家認為患口吃的幼兒語言發展比正常幼兒所認識的語彙少。他利用語彙測驗測13名患口吃、15名正常幼兒,所得語彙結果如**表7-8**。

表7-8 兩組幼兒每人所認識的語彙總數

正常幼兒	54	36	45	31	41	29	37	66	48	47	51	32	49	52	35
口吃幼兒	21	40	33	12	25	28	41	27	30	53	20	19	24		

	中數以下	中數以上	
正常幼兒	4	11	15
口吃幼兒	10	3	13
	14	14	28

N＝28
Md＝35.5

$$\chi^2 = \frac{28(|4\times 3 - 11\times 10| - \frac{28}{2})^2}{15\times 13\times 14\times 14} = 5.17$$

H_0：正常幼兒≤口吃幼兒
H：正常幼兒>口吃幼兒

(三)顯著性檢定

利用χ^2的分配表查得,$\chi^2_{.95(1)}=3.841$,$\chi^2_{.98(1)}=5.412$

雙尾檢定,H_0,得$\chi^2=5.17$的機率將在.05和.02之間,即p >.02。

本例為單尾檢定,所以得$\chi^2=5.17$的機率大於$\frac{1}{2}$(.02),亦即p >.01。

由於犯型一誤差的機率大於研究者所定的α＝.01,故應接受虛無假設。該心理學家所說「口吃幼兒較一般語言發展正常兒童語彙為少的說法」不能獲得支持。

五、魏可遜二獨立樣本檢定——曼—惠特尼U檢定

用來比較兩組獨立樣本所來自的母群體分配是否相同，也可以比較兩組獨立樣本的母群體平均數或中位數是否相等。其基本假設為兩母群體為連續分配且形狀相同，只有集中趨勢的位置不同。

虛無假設有三種：

1. 兩組獨立樣本所來自的母群體分配相同。
2. 兩組獨立樣本所來自的母群體平均數相等。
3. 兩組獨立樣本所來自的母群體中位數相等。

(一)適用資料

1. 有兩個獨立樣本，且樣本資料屬於次序變數時。
2. 相當於檢定兩個獨立樣本平均數之差異的t檢定。
3. 當資料不屬於等距變數和比率變數時，或資料不能符合檢定的基本假定時，U檢定可替代t檢定兩個母群體的差異。

(二)公式

◆ 當各組人數小於8時

$$U = n_1 n_2 + \frac{n_1(n_1+1)}{2} - T_1$$
$$U = n_1 n_2 + \frac{n_2(n_2+1)}{2} - T_2$$

取兩者較小值

◆ 當兩組人數均大於8時

$$U = n_1 n_2 + \frac{n_1(n_1+1)}{2} - T_1$$

$$Z = \frac{U - \frac{n_1 n_2}{2}}{\sqrt{\frac{n_1 n_2(n_1+n_2+1)}{12}}}$$

【例題7-5】

某研究者想知道慣用右手的兒童和慣用左手的兒童在寫字速度方面有否差異存在。他利用6名右利及5名左利的兒童進行觀察,其每分鐘平均寫字數如**表7-9**。

表7-9　觀察資料之U檢定

(1)原始資料

右利(R)	34	25	42	39	23	46
左利(L)	28	31	21	36	38	

(2)全體排成等級

等級	1	2	3	4	5	6	7	8	9	10	11
字數	21	23	25	28	31	34	36	38	39	42	46
組別	L	R	R	L	L	R	L	L	R	R	R

(3)各組每人所占等級

右利(R)	6	3	10	9	2	11	$41 = T_2$
左利(L)	4	5	1	7	8		$25 = T_1$

$$U = n_1 n_2 + \frac{n_1(n_1+1)}{2} - T_1 = (5)(6) + \frac{5(5+1)}{2} - 25 = 20$$

$$\text{或} U = n_1 n_2 + \frac{n_2(n_2+1)}{2} - T_2 = (5)(6) + \frac{6(6+1)}{2} - 41 = 10$$

表7-9中,右利兒童6名,左利兒童5名。故$n_1 = 5$,$n_2 = 6$。

將原始分數依大小次序排成等級(成績最低者為1,最高者評為11),註明R/L利。

R勝L,U=1+1+3+5+5+5=20

$$U = n_1 n_2 + \frac{n_1(n_1+1)}{2} - T_1 = (5)(6) + \frac{5(5+1)}{2} - 25 = 20$$

L勝R,U=0+2+2+3+3=10

$$U = n_1 n_2 + \frac{n_2(n_2+1)}{2} - T_2 = (5)(6) + \frac{6(6+1)}{2} - 41 = 10$$

較小的U值便是我們要的U值。

(三)顯著性檢定

1. 當n_1和n_2小於8時,如果要檢定所求的U值是否達到水準,則須查閱「曼—惠特尼U檢定之μ觀察表」。該表共有六個小表,適用於不同的n_1和n_2。

2. **表7-9**中,$n_1=5$,$n_2=6$,得$U=10$。如要檢定顯著性,須先查看$n_2=6$的小表,然後找$n_1=5$和$U\leq10$的交叉處,便可查得$p=.214$。

   這是說,在$n_2=6$,$n_1=5$的情形下,得$U=10$或小於10的機率為.214。因為「曼—惠特尼U檢定之觀察表」所列的機率是適於單尾檢定情形,所以如果是單尾檢定的問題,我們便說由於$p=.214$大於$\alpha=.05$,故接受H_0。

3. 因為例題7-5是雙尾檢定的問題,所以還須把查「曼—惠特尼U檢定之觀察表」的$p=.214$乘以2,然後說,由於$2(.214)=.418$大於$\alpha=.05$,故U未達顯著水準,我們應該接受虛無假設,並說右利兒童和左利兒童的寫字速度並無顯著差異。

六、符號檢定

比較兩個母群體的分配是否相同,或單一母群體的中位數是否符合母群體一特定數值的統計方法。

適用資料

1. 使用正負號來作為資料的統計方法。
2. 檢定兩個相依樣本(包括重複法或配對法)的差異時,便可以將每

一對分數之差異用正負號表示出來,並計算這些符號的分配是否純由機率所造成的。

3.相似於母數統計法中檢定兩個相依樣本平均數差異顯著性的t檢定。

【例題7-6】

某心理學家利用12對智商相同的兒童進行迷津學習。表7-10是此12對的學習錯誤分數之中數,試問此兩種不同練習是否對兒童在迷津學習的錯誤分數有差異存在?

H_0:集中練習=分散練習(在迷津學習之錯誤分數)

H_1:集中練習≠分散練習(在迷津學習之錯誤分數)

表7-10　12對兒童迷津學習的錯誤分數

配對組	1	2	3	4	5	6	7	8	9	10	11	12
集中練習(A)	8	12	9	6	7	10	5	8	3	15	20	5
分數練習(B)	5	3	11	4	9	4	5	6	8	12	9	2
符號	+	+	−	+	−	+	0	+	−	+	+	+

◆$N \leq 25$時

虛無假設應為:

$$P(X_A > X_B) = P(X_A < X_B) = \frac{1}{2}$$

如果正負號出現的次數與這情形相去太遠,則H_0便須加以拒絕。

表7-10中,

以x代表正號與負號之中符號較少的符號數,x=3

以N代表正號與負號的符號總數,N=11

顯著性檢定:

如果H_0正確,則N=11時,得x的期望值應為5.5。實際得到x=3

檢定是否純為機率所造成,查閱「費雪爾正確概率檢定小於x之概率表」的N＝11和x≤3相交處,可查得p＝.113。

表示在N＝11時,得x等於或小於3的概率為.113。

換言之,在$(p+q)^N=(\frac{1}{2}+\frac{1}{2})^{11}$的情形下：

$$P=\frac{c_3^1+c_2^1+c_1^1+c_0^1}{2^1}=\frac{165+5+1+1}{2048}=.113$$

「費雪爾正確概率檢定小於x之概率表」適用於單尾檢定的情形,所以在雙尾檢定時應把查得的p值乘以2。

此例是雙尾檢定的問題,故在N＝11時,得x≤3的機率為2(.113)＝.226。

此一機率遠大於α＝.05,所以我們應接受虛無假設。換言之,採用集中練習法和分散練習法學習迷津所得的學習效果並無顯著差異。

◆N>25時

當樣本人數大於25時,二項分配便漸漸接近平均數μ_x和標準差σ_x的常態分配。

$$\mu_x=Np=\frac{1}{2}N$$

$$\sigma_x=\sqrt{Npq}=\frac{1}{2}N$$

$$Z=\frac{x-\mu_x}{s_x}=\frac{x-\frac{1}{2}N}{\frac{1}{2}\sqrt{N}}$$

$$Z=\frac{(x\pm.5)-\frac{1}{2}N}{\frac{1}{2}N}$$

當$x>\frac{1}{2}N$時,括弧中要使用$x-.5$；當$x<\frac{1}{2}N$時,括弧中要使用$x+.5$。

【例題7-7】

某心理學家利用26名受試者進行無意義國字「魡」的古典制約實驗。每當受試者看到「魡」時,受試者將受到電擊,看到別的字時,就不會受到電擊。**表7-11**是26名受試者在實驗前後的七點評定表之反應(1表示不愉快,7表示愉快)。試問實驗前後,受試者是否傾向對「魡」字評為不愉快?

表7-11　26名受試者對「魡」字的評定反應

受試者	A	B	C	D	E	F	G	H	I	J	K	L	M	N	O	P	Q	R	S	T	U	V	W	X	Y	Z
實驗前	6	7	4	5	2	3	3	7	2	3	3	2	4	6	6	4	3	2	6	2	7	2	3	6	5	3
實驗後	3	2	5	1	3	2	1	3	3	1	3	1	5	2	3	1	5	1	4	3	3	1	1	4	3	5
符號	+	+	–	+	–	+	+	+	–	+	0	+	–	+	+	+	–	+	+	–	+	+	+	+	+	–

得+號者18名,得–號者有7名,故x＝7。將x＝7和N＝25帶入

$$Z = \frac{(7+.5) - \frac{1}{2}(25)}{\frac{1}{2}\sqrt{25}} = -2.00$$

因為 $x = 7 < \frac{1}{2}(25)$,故括弧中使用 $x + .5$

顯著性檢定:

例題7-7是單尾檢定的問題,如採用 $\alpha = .05$,則可查z表而得 $z_{.05} = -1.645$。

我們算出 $z = -2.00$,落入拒絕區,故虛無假設應予拒絕。在經過古典學習之後,受試者對「魡」字的評定反應較實驗前傾向於評為不愉快。

如果直接查表,也可以查得:在N＝25,和x＝7時,p＝.22(單尾檢定),仍然小於 $\alpha = .05$,故也一樣拒絕虛無假設。

七、魏可遜配對組帶符號等級檢定（魏氏檢定）

適用資料

是一種顧及差的方向而且顧及差的相對大小之無母數統計法。

有兩套相依樣本資料時，要知道每對分數之中哪一個分數較大，還要把每對之差的絕對值依大小分數排列。

此方法具有較大的統計檢定力，在行為科學中常為研究者所樂用。

【例題7-8】

某心理學家利用10對同卵雙生子進行爬梯訓練。每對之中一個嬰兒參加實驗組，由成人協助訓練爬梯。另外一個嬰兒參加控制組，任意遊戲，成人只在旁觀察、保護。**表7-12**是實驗兩個月之後，每對嬰兒爬完同一階梯的秒數，試問控制組與實驗組爬梯之速度是否有顯著差異存在？

H_0：$\overline{X}_{實驗組} = \overline{X}_{控制組}$

H_1：$\overline{X}_{實驗組} \neq \overline{X}_{控制組}$

表7-12　10對嬰兒爬梯訓練的成績

配對	控制組	實驗組	d	d的等級	較小數符號所占之等級
A	58	34	24	6	
B	67	32	35	9	
C	41	45	-4	-1	1
D	85	46	39	10	
E	52	38	14	5	
F	39	30	9	3	
G	55	67	-12	-4	4
H	69	43	26	7	
I	33	39	-6	-2	2
J	70	41	29	8	T=7

(1)將每對分數之差（d）算出，例如A為58-34＝24。

(2)先不管正負號，將各組d值依大小次序排列。

(3)恢復原來的正負號。

(4)求較少數之符號所占的等級和（T）。這10等級中，帶正號者有7個，帶負號者有3個，故負號占較少數。又T是指帶正號的等級和帶負號的等級和之中占較少數者，故T是-1，-4，-2，這三者所代表的等級之和，亦即，T＝1+4+2＝7。

顯著性檢定

查「魏可遜符號等級檢定t臨界值表」的T，來檢定所得的T之顯著性。當$N＝10$，$α＝.05$（雙尾檢定）時，$T＝8$是為臨界值。如果所求得的T等於或小於8時，便須拒絕虛無假設。我們所求得的$T＝7$，小於8，故例題7-8的虛無假設須予以拒絕。經訓練之後，實驗組的嬰兒與控制組的嬰兒之爬梯速度有顯著的差異存在。

八、寇克蘭Q檢定

(一)適用資料

麥內瑪檢定（McNemar test）適用於兩個關聯樣本的資料。將它擴大使用，便是Cochran Q test。

適用於k個關聯樣本資料，包括同一群N個受試者重複在k個不同條件下接受觀察，或N個配對組，每配對組K個人個在其中一個條件下接受觀察。

特別適用於類別變項或二分的次序變項資料。

例如，可利用N個受試者，每人重複接受K個測試項目，每個測試項目均以通過（1）和不通過（0）來計分。此時便可利用寇克蘭Q檢定來分析這K個測驗項目之難度是否相同。

【例題7-9】

某研究者訪視20名受試者，以觀察他們在接受智力測驗前後四個階段的緊張與（1）否（0）之情形。**表7-13**是「測驗前」、「測驗中」、「測驗後」、「公布IQ前」等四個階段之反應情形？試問測驗的不同階段受試者之緊張情形是否不同？哪幾個階段較為緊張？

$H_0 : \mu_{x_1} = \mu_{x_2} = \mu_{x_3} = \mu_{x_4}$

$H_1 : \mu_{x_1} \neq \mu_{x_2} \neq \mu_{x_3} \neq \mu_{x_4}$

表7-13 寇克蘭Q 檢定的計算方法

N=20	k=4			$T_{i.}$	$T_{i.}^2$
	測驗前	測驗中	測驗後	公布前	
A	1	1	0	1	3	9
B	1	1	0	0	2	4
C	0	1	0	1	2	4
D	1	0	0	0	1	1
E	1	1	0	1	3	9
F	1	1	0	1	3	9
G	0	0	0	0	0	0
H	0	0	1	1	2	4
I	1	0	0	0	1	1
J	1	1	0	1	3	9
K	1	0	0	1	2	4
L	1	1	1	1	4	16
M	1	1	0	0	2	4
N	1	1	0	1	3	3
O	1	1	1	1	4	16
P	0	0	1	1	2	4
Q	1	0	0	1	2	4
R	1	1	0	1	3	9
S	1	0	0	1	2	4
T	1	0	1	0	2	4
T_j	16	11	5	14	46	124

$T_{.1}=16$ $T_{.2}=11$ $T_{.3}=5$ $T_{.4}=14$ $T_{..}=46$ $\bar{T}_{..}=\dfrac{46}{4}=11.5$

$$Q = \dfrac{4(4-1)\left[(16-11.5)^2 + (11-11.5)^2 + (5-11.5)^2 + (14-11.5)^2\right]}{4(46)-124}$$

$=13.8*$

或

$$Q = \dfrac{(4-1)\left[4(16^2 + 11^2 + 5^2 + 14^2) - 46^2\right]}{4(46)-124}$$

$=13.8*$

$\chi^2_{.95(4-1)} = 7.815$

$$Q = \dfrac{k(k-1)\sum_{j=1}^{k}(T_j - \bar{T}_{..})^2}{k\sum_{i=1}^{N}T_{i.} - \sum_{i}^{N}T_{i.}^2}$$

$$Q = \dfrac{(k-1)\left[k\sum_{j=1}^{N}T_{j}^2 - (\sum_{j=1}^{N}T_j)^2\right]}{k\sum_{i=1}^{N}T_{i.} - \sum_{i=1}^{N}T_{i.}^2}$$

$T_{i.}$代表第i橫列「緊張」的總數。

T_j代表第j縱列「緊張」的總數。

$\bar{T}_{..}$代表$T_{i.}$的平均數。

上述之計算結果，均得到Q＝13.8。

(二)計算方法

表7-13中，受試者「緊張」時記「1」，「不緊張」則記「0」。如果是連續尺度則可用one-way重複量數F檢定。

20名受試者（N＝20），在四種條件下（k＝4）下被觀察，故構成20×4的表格，如此便可算出各階段裡反應會「緊張」的總人數。

(三)顯著性檢定

公式所求得的Q值成df＝k-1的χ^2分配，如果所求得Q＞$\chi^2_{1-\alpha, (k-1)}$，便要拒絕虛無假設（k個階段裡，受試者回答「緊張」的機率相同）。

表7-13顯示：因為Q＝13.8大於查表的$\chi^2_{.95(3)}$＝7.815，所以Q值達到顯著水準，我們可以說四個階段中受試者反應「緊張」的機率並不相同。

(四)事後比較

Q值達到顯著水準後，可進行事後比較，以找出那些平均數之間有達顯著差異存在：

$$\hat{\psi} = \sum_{j=1}^{k} c_j \bar{T}_{\cdot j}$$

$$\sigma_{\hat{\psi}}^2 = \frac{k\sum_{i=1}^{N} Ti. - \sum_{j=1}^{k} T^2}{Nk(k-1)} \left[\frac{\sum_{j=1}^{k} c_j^2}{N} \right]$$

式中$c_{\cdot j}$也是比較係數，如果下列信賴區間未含0在內，便達顯著。

$$\psi = \hat{\psi} \pm \sqrt{x^2_{1-\alpha, (k-1)}} \cdot \sigma_{\hat{\psi}}$$

例如，比較「測驗前」與「測驗中」的差異時，比數係數是1，-1，0，0。

第七章　無母數分析與SPSS

$$\hat{\psi} = (1)\frac{16}{20} + (-1)\frac{11}{20} + (0)\frac{5}{20} + (0)\frac{14}{20} = .800 - .550 = .250$$

$$\sigma_{\hat{\psi}}^2 = \frac{4(46)-124}{20(4)(3)}\left[\frac{(1)^2+(-1)^2+(0)^2+(0)^2}{20}\right] = .025$$

$$\sigma_{\hat{\psi}} = \sqrt{.025} = .158 \qquad \sqrt{x^2_{1-\alpha,(k-1)}} = \sqrt{7.815} = 2.796$$

代入得：

$$\hat{\psi}_1 \pm \sqrt{x^2_{1-\alpha,(k-1)}} \cdot \sigma_{\hat{\psi}} = .250 \pm 2.796(.158) = .250 \pm .442$$
$$-.192 < \psi_1 < .692$$

因這一信賴區間包括有0在內，所以「測驗前」與「測驗中」受試者反應「緊張」的情形並無差異存在。如此，我們可以算出其他可能的比較如下：

$$\hat{\psi}_2 = \frac{16}{20} - \frac{5}{20} = .80 - .25 = .55 * \text{（測驗前－測驗後）}$$

$$\hat{\psi}_3 = \frac{16}{20} - \frac{14}{20} = .80 - .70 = .10 \text{（測驗前－公布前）}$$

$$\hat{\psi}_4 = \frac{11}{20} - \frac{5}{20} = .55 - .25 = .30 \text{（測驗中－測驗後）}$$

$$\hat{\psi}_5 = \frac{11}{20} - \frac{14}{20} = .55 - .70 = -.15 \text{（測驗中－公布前）}$$

$$\hat{\psi}_6 = \frac{5}{20} - \frac{14}{20} = .25 - .70 = -.45 * \text{（測驗後－公布前）}$$

由上可知，$C_n^m = \dfrac{m!}{n!(m-n)} = \dfrac{(1\times 2\times 3\times 4)}{(1\times 2)(4-2)} = 6$（m個東西取n個，有幾種排法）

在 $C_2^4 = 6$ 個比較之中，只有 $\hat{\psi}_2$（測驗前與測驗後）和 $\hat{\psi}_6$（測驗後與公布IQ前）兩個比較達到顯著水準。因為.55±.442以及−.45±.442這兩個比較的信賴區間並未包含0在內。總之，例題7-9的結果顯示：測驗前、測驗中和公布IQ前受試者認為較緊張，只有測驗後較不緊張；測驗後與測驗前及公布IQ前有顯著差異存在。

表7-13裡的k＝4，也可假定是四個可以評「答對」(1)或「答錯」(0)的測驗項目，那麼每個受試者的$T_{i.}$（例如A生的$T_{i.}=3$）便是他在這個測驗上的總分。如此，我們也可以利用寇克蘭Q檢定來檢定這四個項目之難度（通過率）是否相同。

九、克—瓦二氏單因子等級變異數分析（H檢定）

(一)適用資料

單因子變異數分析F檢定法來檢定k個獨立樣本是否來自同一個母群或來自平均數相等的k個母群——母數統計法。

克—瓦二氏單因子等級變異數分析亦可以檢定k個獨立樣本是否來自同一個母群體或平均數相等的k個母群。與F檢定法不同處為不須有F統計法的基本假設，它處理的資料須是次序變數資料。

它是利用等級來進行變異數分析的一種無母數統計法。

(二)計算方法

將k個樣本的所有N個人的分數依大小次序排成等級（1＝最小；N＝最大），如果虛無假設是正確，亦即，k個樣本都來自同一母群，則在各組人數相等時，各組所得的等級總和，理論上應相等，否則虛無假設應被拒絕。

【例題7-10】

某研究者想探討「知道學習結果」與否對學習成績的影響。他請受試者戴著眼罩，畫20公分的直線。每當第一組受試者畫完直線之後，實驗者便告訴受試者誤差的正確長度（例如「還短3公分」、「長了兩公分半」等）。每當第二組受試者畫完直線之後，實驗者只告訴受試者「太

長」、「太短」或「正好」，而不告訴他們誤差的長度。至於第三組受試者則在畫完每一直線之後均得不到實驗者的回饋。**表7-14**是三組共11名受試者的平均錯誤長度。問不同的三組受試者在畫線學習方面有無顯著差異？

◆小樣本N≤5時

先將**表7-14**的原始資料化為等級。方法為：

先不分組，將**表7-14**(1)的原始分數依大小次序排列，並化為如**表7-14**(2)所示的等級分數。例如，第一組的0.9化為等級1，第一組的1.2化為等級2，第二組的1.7化為等級3，如此類推。

其次，將各組所得的等級相加，求出各組的等級總數（R_j）。$R_1=13$，$R_2=24$，$R_3=29$，最後，將這些R值代入下列公式求出H：

$$H = \frac{12}{N(N+1)} \sum_{j=1}^{k} \frac{R_j^2}{n_j} - 3(N+1)$$

表7-14　11名受試者畫線實驗的成績及H檢定

(1)原始分數			(2)等級分數		
第一組	第二組	第三組	第一組	第二組	第三組
1.2	3.6	4.5	2	9	11
0.9	3.2	3.9	1	7	10
2.3	1.7	3.5	4	3	8
2.9	2.7		6	5	
			$R_1=13$	$R_2=24$	$R_3=29$

$$H = \frac{12}{11(11+1)} \left[\frac{13^2}{4} + \frac{24^2}{4} + \frac{29^2}{4} \right] - 3(11+1) = 6.42$$

顯著性檢定：

當k＝3，且每組人數小於5時，可以直接查閱「克─瓦二氏等級變異數分析之H值表」，以決定H是否達到顯著水準。

查「克一瓦二氏等級變異數分析之H值表」得出,當各組人數(n_j)為4,4,3時,得H＝5.5985的機率為.049,得H＝7.1364的機率為.011。求得H＝6.42的機率,要小於.049。由於它還小於α＝.05,所以我們應該拒絕虛無假設。換言之,知道學習結果的情形不同。畫線學習的效果有顯著的差異存在。

十、弗里曼二因子等級變異數分析

(一)適用資料

適用於重複樣本次序變數資料的無母數統計法。

同一群受試者重複接受k個實驗條件(重複量數),或k個在某些特質方面相配對的人各接受其中一種實驗條件(配對法)時,所得資料化成等級分數後,便可用此方法來進行變異數分析。

類似於重複量數單因子變異數分析(母數統計法)。

(二)計算方法

以每一配對為單位,根據原始分數之大小,將原始分數化為等級分數。等級排定後,將實驗條件所得等級分數加總,得到各實驗條件的總和(R_j)。

如虛無假設正確,這k個樣本係來自同一母群,則理論上各實驗條件所得的等級總和應大約相同,否則,虛無假設可能會被拒絕。

【例題7-11】

某學習心理學家想要研究「固定比例增強法」(FR)、「固定時間增強法」(FI)、「不定比例增強法」(VR)以及「不定時間增強法」(VI)等四種方法對學習快慢的影響。為怕智力變項會影響實驗結果,

第七章 無母數分析與SPSS

乃利用三組智力相等的配對組,每組四名兒童,來進行實驗。**表7-15**是實驗結果三個配對組在上述四種增強法之下,學習達到100%正確度時,所費的學習時間(分鐘數)。在四種增強法之下,兒童學習的速度是否有顯著差異?

表7-15　資料及等級變異數分析

配對	(1)原始分數				配對	(2)等級分數			
	固定比例	固定時間	不定比例	不定時間		固定比例	固定時間	不定比例	不定時間
A	63	112	45	75	A	2	4	1	3
B	34	96	76	65	B	1	4	3	2
C	87	72	50	123	C	3	2	1	4
						6	10	5	9

◆小樣本

當k=3而N≤9,或k=4而N≤4時。

首先將**表7-15**各配對組內四個原始分數化為等級分數。例如,配對組A的四個原始分數為63,112,45和75。化為等級分數之後,成為2,4,1和3,依序代表「固定比例法」、「固定時間法」、「不定比例法」和「不定時間法」所得到的等級。

其次,各實驗處理的三個等級相加,求得該實驗處理的等級總數(R_j)。結果得$R_1=6$,$R_2=10$,$R_3=5$,$R_4=9$。

最後將各R值、N的數目和k的數目代入公式求x_r^2

$$x_r^2 = \frac{12}{Nk(k+1)} \sum_{j=1}^{k}(R_j)^2 - 3N(k+1)$$

$$x_r^2 = \frac{12}{(3)(4)(4+1)}\left[(6)^2+(10)^2+(5)^2+(9)^2\right] - 3(3)(4+1) = 3.4$$

顯著性檢定:

「弗里曼二因子等級變異數分析之X_r觀察值表」裡,列有k=3而

224

N≤9，或k＝4而N≤4，得各種x_r^2值的機率。查表得k＝4而N≤3時，得x_r^2≥3.4的機率為.446，因為.446遠大於α＝.05，所以虛無假設應加以接受。換言之，兒童在不同的四種增強法之下，學習速度並無顯著差異。

【例題7-12】

某研究者想知道語句的內容對皮膚電流反應（GSR）的影響。他以20名大學生為受試者進行此項實驗。每一位受試者均呈現下列三個句子：「A.我這一學期不太用功」、「B.不用功讀書考試會不及格」和「C.考試不及格多丟臉呀」。**表7-16**是實驗結果，每位受試者看到A、B、C三個句子時，GSR振幅改變量的等級。不同語句所引起的GSR變化量是否有顯著差異存在？

◆大樣本

當N與k的數目大於「弗里曼二因子等級變異數分析之X_r觀察值表」所列最大的N和最大的k時，x_r^2的分配便漸漸接近於df＝k-1時的x^2分配。所以，當查表不夠用時，尤其N數較大時，便可利用x^2查表來檢定x_r^2的顯著性。

表7-16　20名受試者看ABC三個句子時GSR振幅改變等級（皮膚電流反應）

受試者	A	B	C	D	E	F	G	H	I	J	K	L	M	N	O	P	Q	R	S	T	R_j
A句	2	1	2	1	2	1	1	2	1	1	1	2	2	3	1	1.5	1	3	1		30.5
B句	1	2	3	2	1	2	3	1	2.5	3	2	1	1	2	2	1.5	3	1	2		39.0
C句	3	3	1	3	3	3	2	2	3	2.5	2	3	3	1	3	2	2	3			50.5

表7-16只列出每個受試者看到A、B、C三個語句時之GSR振幅改變量的等級，沒列出原始分數。表中可看出受試者J在看到B語句和C語句時，GSR振幅改變量相同；受試者Q在看到A語句和B語句時，GSR振幅改變量相同。將求得的R_1＝30.5，R_2＝39.0，R_3＝50.5，及N＝20，k＝3代

第七章　無母數分析與SPSS

入例公式求x_r^2

$$x_r^2 = \frac{12}{Nk(k+1)} \sum_{j=1}^{k}(R_j)^2 - 3N(k+1)$$

$$x_r^2 = \frac{12}{(20)(3)(3+1)}\left[(30.5)^2 + (39.0)^2 + (50.5)^2\right] - 3(20)(3+1) = 10.08$$

顯著性檢定：

利用x^2分配表來檢定$x_r^2 = 10.08$是否達到顯著水準。由x^2表查得：當$\alpha = .01$，和df＝3-1＝2時，x^2臨界值為9.210。由於$x_r^2 = 10.08$，較臨界值x^2值大，故虛無假設應予以拒絕。A、B、C三個語句所引起的GSR振幅變化量有顯著的差異存在。

第二節　無母數統計檢定在SPSS之運用

一、K-S單一樣本檢定

K-S單一樣本檢定在SPSS操作運用之過程步驟如下：

1. 使用SPSS軟體之操作步驟，首先點選「分析」→接著點選「無母數檢定」→再點選「歷史對話紀錄」→最後選擇「單一樣本K-S檢定」（圖7-1）。
2. 進入K-S單一樣本檢定操作視窗後，將欲操作之變數移至右方欄位（圖7-2）。
3. 最後，當我們做完以上步驟，按下「確定」鍵，即可獲得統計檢定表（表7-17），並且針對我們所輸出的資料來作解釋與說明。

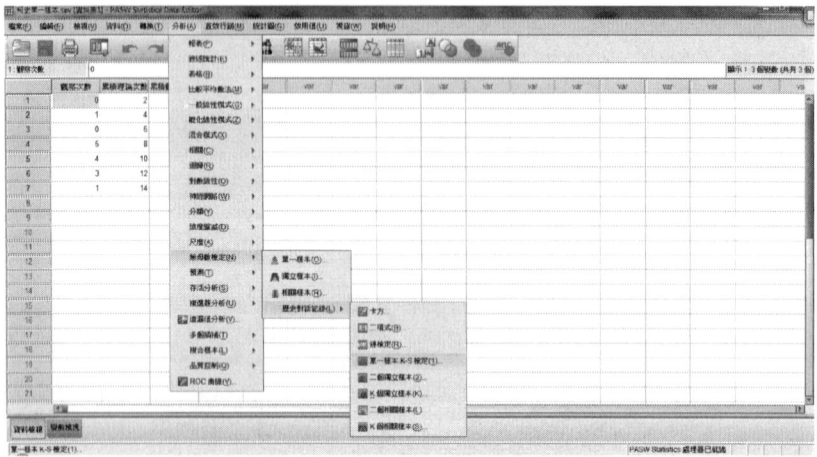

圖7-1　K-S單一樣本檢定操作視窗

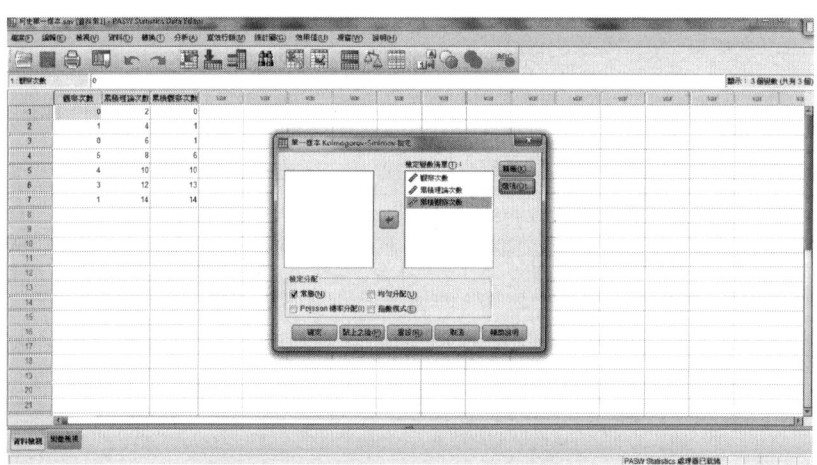

圖7-2　K-S單一樣本變數選取

　　本操作實例以例題7-1為範本，從上述柯―史單一樣本檢定分析表中可以看到，例題7-1的D值為.357，當N＝14，α＝.05時之D的臨界值為.349，而本研究之D值達臨界值，因此，拒絕虛無假設H_0，表示本調查的受試者傾向不喜歡男女同桌上課。

第七章 無母數分析與SPSS

表7-17 單一樣本Kolmogorov-Smirnov檢定

		觀察次數	累積理論次數	累積觀察次數
個數		7	7	7
均勻分配參數[a][b]	最小值	0	2	0
	最大值	5	14	14
最大差異	絕對	.371	.143	.357
	正的	.371	.143	.357
	負的	-.143	-.143	-.214
Kolmogorov-Smirnov Z檢定		.983	.378	.945
漸近顯著性（雙尾）		.289	.999	.334

a. 檢定分配為均勻分配。
b. 根據資料計算。

二、費雪兒檢定

費雪兒檢定在SPSS操作運用之過程步驟如下：

1. 使用SPSS軟體之操作步驟，首先點選「分析」→接著點選「敘述統計」→最後點選「交叉表」（圖7-3）。

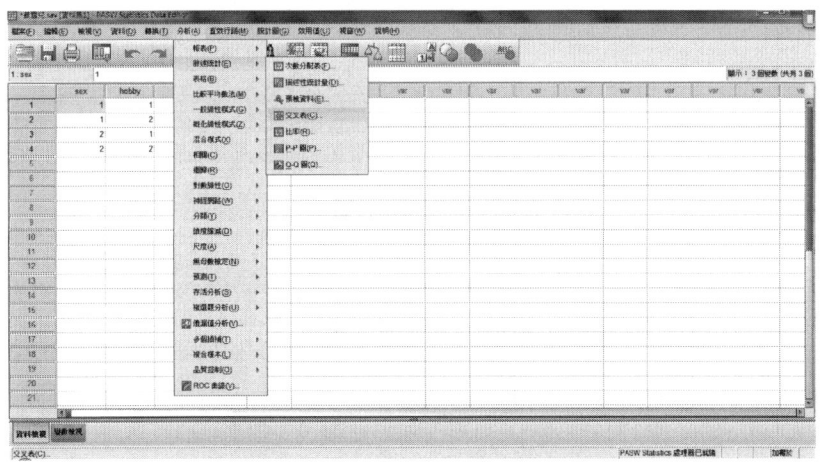

圖7-3 費雪兒檢定操作視窗

2. 進入費雪兒檢定操作視窗後,將欲操作之變數移至右方欄位(圖7-4),接著將所欲點選統計之統計量(圖7-5)。
3. 最後,當我們做完以上步驟,按下「確定」鍵,即可獲得統計檢定表(**表7-18**、**表7-19**、**表7-20**),並且針對我們所輸出的資料來作解釋與說明。

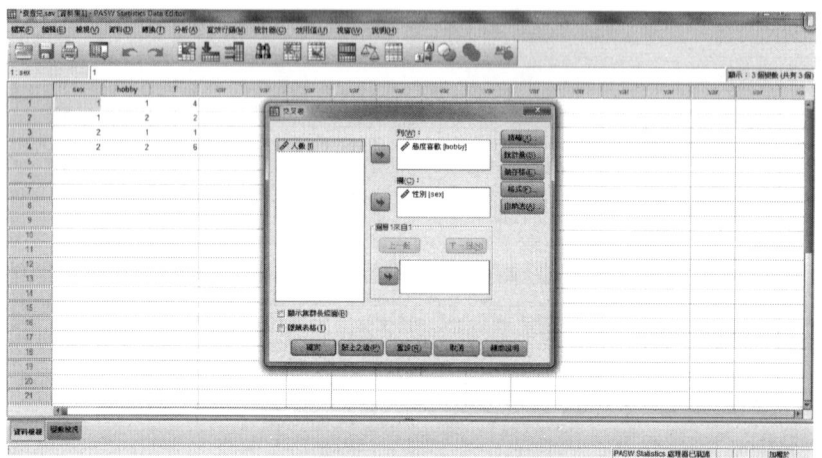

圖7-4　費雪兒檢定選取變數視窗

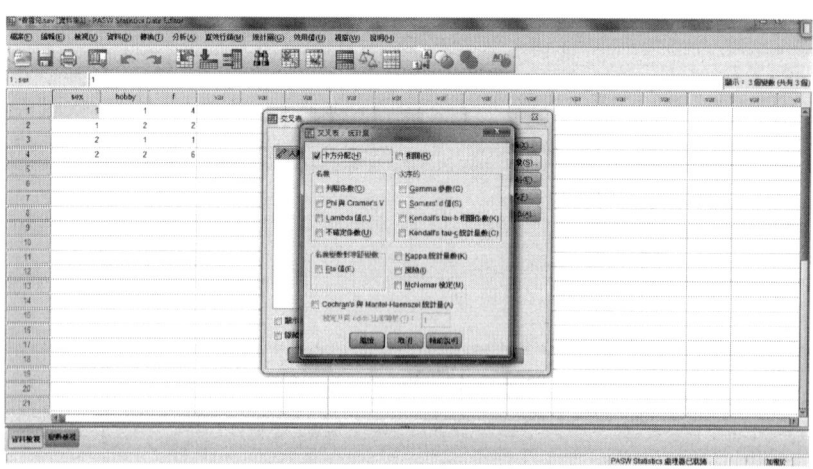

圖7-5　費雪兒檢定選取統計量操作視窗

表7-18　觀察值處理摘要

	觀察值					
	有效的		遺漏值		總和	
	個數	百分比	個數	百分比	個數	百分比
態度喜歡*性別	13	100.0%	0	.0%	13	100.0%

表7-19　態度喜歡*性別 交叉表

個數

		性別		總和
		男性	女性	
態度喜歡	喜歡	4	1	5
	不喜歡	2	6	8
總和		6	7	13

表7-20　卡方檢定

	數值	自由度	漸近顯著性（雙尾）	精確顯著性（雙尾）	精確顯著性（單尾）
Pearson卡方	3.745[a]	1	.053		
連續性校正[b]	1.859	1	.173		
概似比	3.943	1	.047		
Fisher's精確檢定				.103	.086
線性對線性的關聯	3.457	1	.063		
有效觀察值的個數	13				

a. 4格（100.0%）的預期個數少於5。最小的預期個數為2.31。
b. 只能計算2×2表格。

　　本操作實例以例題7-2為範本，從上述Fisher's檢定中可以看到，例題7-2的Fisher's精確檢定之雙尾檢定p值為.103，而單尾檢定之p值為.086，皆大於.05，表示未達顯著水準，因此，應接受虛無假設H_0，表示本男女生喜歡跳傘運動的百分比並無不同。

三、中數檢定

中數檢定在SPSS操作運用之過程步驟如下：

1. 使用SPSS軟體之操作步驟，首先點選「分析」→接著點選「無母數檢定」→再點選「歷史對話紀錄」→最後選擇「K個獨立樣本」（圖7-6）。

圖7-6　中數檢定SPSS操作視窗

2. 進入中數檢定操作視窗後，將欲操作之變數移至右方欄位，並設定組數（圖7-7）。

3. 最後，當我們做完以上步驟，按下「確定」鍵，即可獲得統計檢定表（**表7-21**、**表7-22**），並且針對我們所輸出的資料來作解釋與說明。

第七章　無母數分析與SPSS

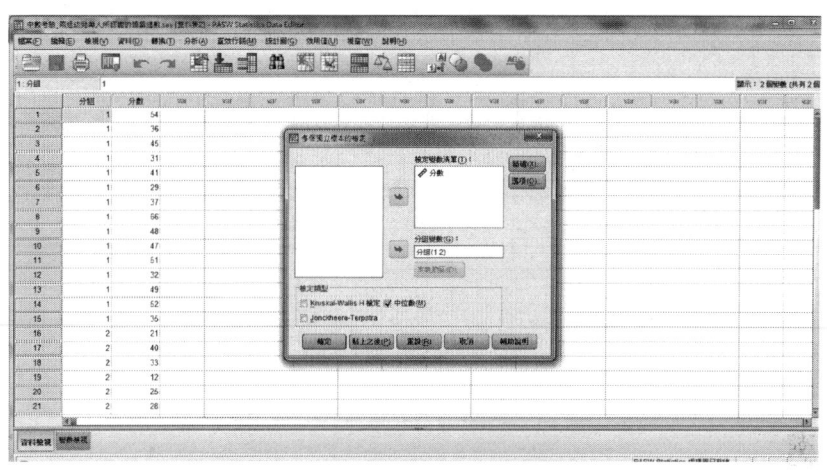

圖7-7　中數檢定之變數選取

表7-21　次數分配表

		分組	
		正常幼兒	口吃幼兒
分數	>中位數	11	3
	≤中位數	4	10

表7-22　檢定統計量[a]

	分數
個數	28
中位數	35.50
精確顯著性	**.021**

a.分組變數：分組

　　本操作實例以例題7-4為範本，從上述中數檢定統計表中可以看到，例題7-4的p值為.021，本例題為單尾檢定，而犯型一誤差的機率大於研究者所定的$\alpha=.01$，故應接受虛無假設H_0。因此例題中心理學家所說的「口吃幼兒較一般語言發展正常兒童語彙為少的說法」不能獲得支持。

四、曼—惠特尼U檢定

曼—惠特尼U檢定在SPSS操作運用之過程步驟如下：

1. 使用SPSS軟體之操作步驟，首先點選「分析」→接著點選「無母數檢定」→再點選「歷史對話紀錄」→最後選擇「二個獨立樣本」（**圖7-8**）。

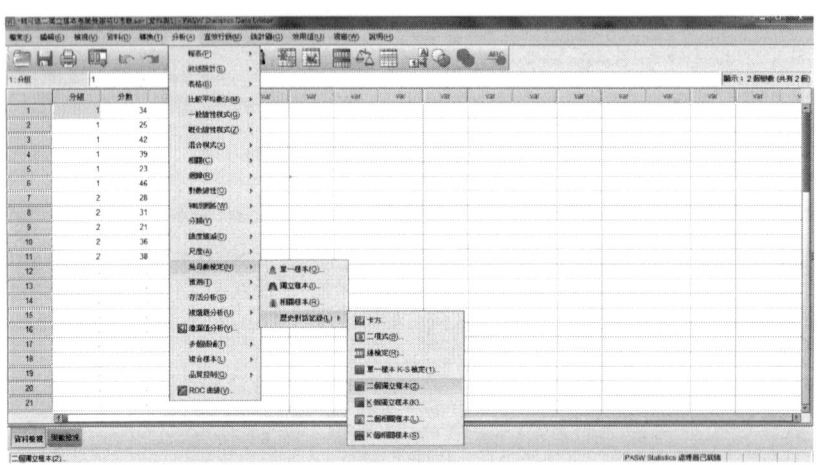

圖7-8　曼—惠特尼U檢定SPSS操作視窗

2. 進入曼—惠特尼U檢定操作視窗後，將欲操作之變數移至右方欄位，設定組數，並勾選Mann-Whitney U統計量（**圖7-9**）。
3. 最後，當我們做完以上步驟，按下「確定」鍵，即可獲得統計檢定表（**表7-23**、**表7-24**），並且針對我們所輸出的資料來作解釋與說明。

本操作實例以例題7-5為範本，從上述Mann-Whitney U檢定中可以看到，例題7-5的Mann-Whitney U 統計量為10，而在$n_2=6$、$n_1=5$且U值

第七章　無母數分析與SPSS

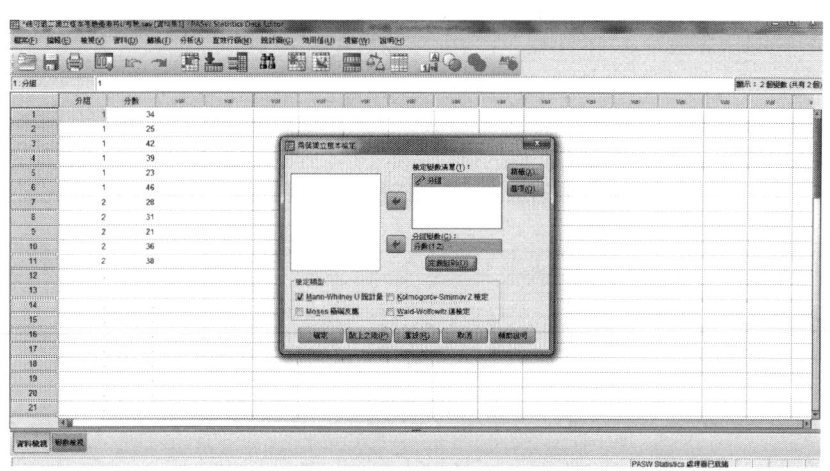

圖7-9　曼—惠特尼U檢定之變數選取

表7-23　等級

	分組	個數	等級平均數	等級總和
分數	右利	6	6.83	41.00
	左利	5	5.00	25.00
	總和	11		

表7-24　檢定統計量[b]

	分數
Mann-Whitney U統計量	10.000
Wilcoxon W統計量	25.000
Z檢定	-.913
漸近顯著性（雙尾）	.361
精確顯著性[2*（單尾顯著性）]	.429[a]

＝10的情形下，p＝.214，而例題7-5為雙尾檢定的問題，所以須把p乘以2，.214×2 ＝.418大於α＝.05，表示未達顯著水準，因此，應接受虛無假設H_0，表示右利兒童和左利兒童的寫字速度並無顯著差異。

五、符號檢定

符號檢定在SPSS操作運用之過程步驟如下：

1. 使用SPSS軟體之操作步驟，首先點選「分析」→接著點選「無母數檢定」→再點選「歷史對話紀錄」→最後選擇「二個相關樣本」（**圖7-10**）。

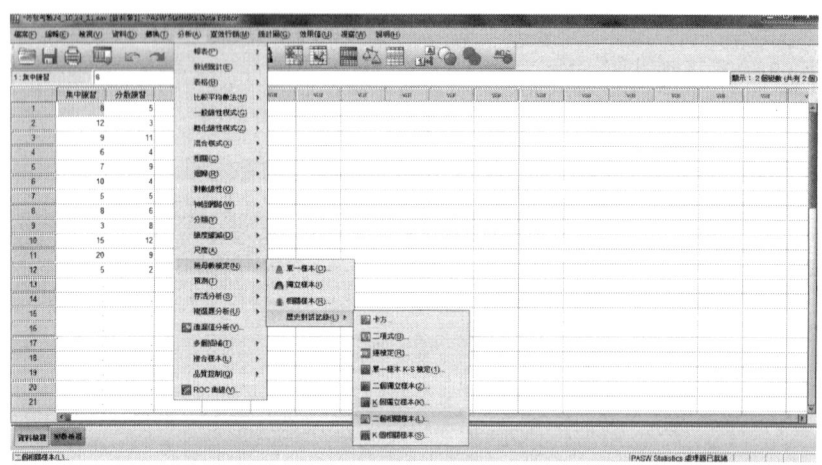

圖7-10 符號檢定SPSS操作視窗

2. 進入符號檢定操作視窗後，將欲操作之變數移至右方欄位，並勾選符號檢定統計（**圖7-11**）。
3. 最後，當我們做完以上步驟，按下「確定」鍵，即可獲得統計檢定表（**表7-25**、**表7-26**），並且針對我們所輸出的資料來作解釋與說明。

本操作實例以例題7-6為範本，從上述符號檢定分析表中可以看到，

第七章　無母數分析與SPSS

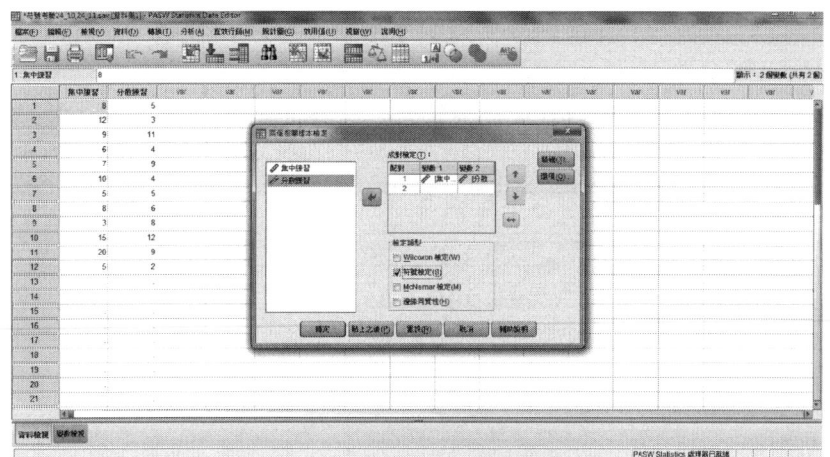

圖7-11　符號檢定之變數選取

表7-25　次數分配表

		個數
分散練習─集中練習	負差異[a]	8
	正差異[b]	3
	等值結[c]	1
	總和	12

a.分散練習＜集中練習
b.分散練習＞集中練習
c.分散練習＝集中練習

表7-26　檢定統計量[b]

	分散練習─集中練習
精確顯著性（雙尾）	.226

a.使用二項式分配。
b.符號檢定。

例題7-6的p值為.226＞.05，因此，應接受虛無假設H_0，表示採用集中練習法和分散練習法學習迷津所得的學習效果並無顯著差異。

六、魏可遜配對組帶符號等級檢定

魏可遜配對組帶符號等級檢定在SPSS操作運用之過程步驟如下:

1. 使用SPSS軟體之操作步驟,首先點選「分析」→接著點選「無母數檢定」→再點選「歷史對話紀錄」→最後選擇「二個相關樣本」(圖7-12)。
2. 進入魏可遜配對組帶符號等級檢定操作視窗後,將欲操作之變數移至右方欄位,並勾選Wilcoxon統計(圖7-13)。

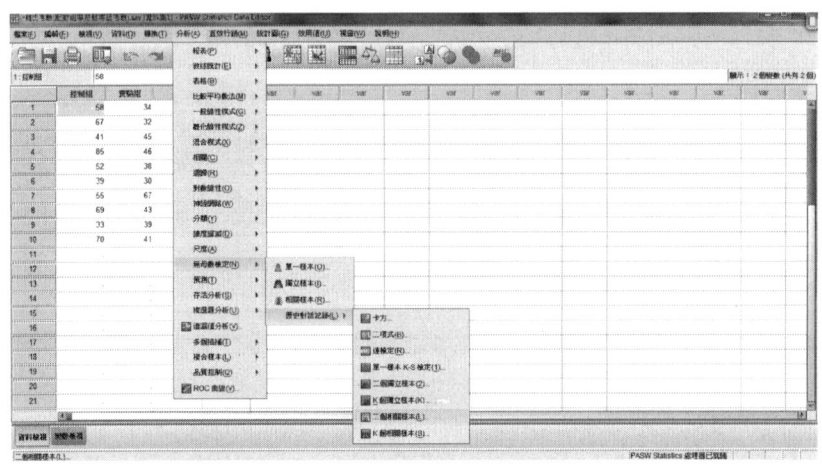

圖7-12　魏可遜配對組帶符號等級檢定SPSS操作視窗

3. 最後,當我們做完以上步驟,按下「確定」鍵,即可獲得統計檢定表(**表7-27**、**表7-28**),並且針對我們所輸出的資料來作解釋與說明。

本操作實例以例題7-8為範本,從上述Wilcoxon符號等級檢定分析表中可以看到,例題7-8的T值為7,$p = .037 < .05$,達顯著水準,因此,應

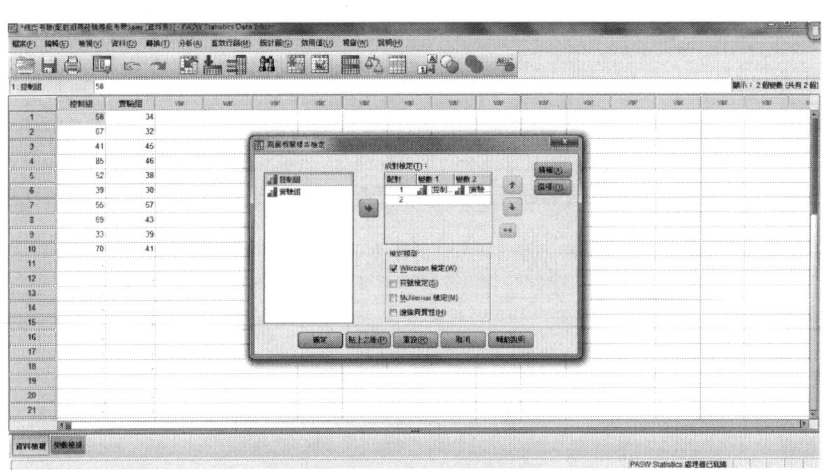

圖7-13　魏可遜配對組帶符號等級檢定之變數選取

表7-27　等級

		個數	等級平均數	等級總和
實驗組—控制組	負等級	7[a]	6.86	48.00
	正等級	3[b]	2.33	7.00
	等值結	0[c]		
	總和	10		

a. 實驗組<控制組
b. 實驗組>控制組
c. 實驗組＝控制組

表7-28　檢定統計量[b]

	實驗組—控制組
Z檢定	-2.090[a]
漸近顯著性（雙尾）	.037

a. 以正等級為基礎。
b. Wilcoxon符號等級檢定。

拒絕虛無假設H_0，表示經訓練之後，實驗組的嬰兒與控制組的嬰兒在爬梯速度上有顯著差異存在。

七、寇克蘭Q檢定

寇克蘭Q檢定在SPSS操作運用之過程步驟如下：

1. 使用SPSS軟體之操作步驟，首先點選「分析」→接著點選「無母數檢定」→再點選「歷史對話紀錄」→最後選擇「K個相關樣本」（**圖7-14**）。

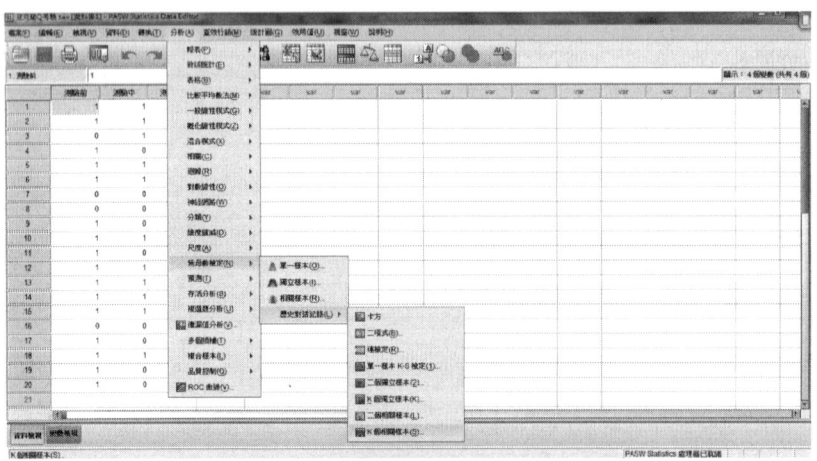

圖7-14　寇克蘭Q檢定SPSS操作視窗

2. 進入寇克蘭Q檢定操作視窗後，將欲操作之變數移至右方欄位，並勾選Cochran's Q統計（**圖7-15**）。
3. 最後，當我們做完以上步驟，按下「確定」鍵，即可獲得統計檢定表（**表7-29**、**表7-30**），並且針對我們所輸出的資料來作解釋與說明。

本操作實例以例題7-9為範本，從上述Cochran's Q檢定分析表中可以看到，例題7-9的Cochran's Q檢定值為13.8，$p = .003 < .05$，達顯著水準，

第七章　無母數分析與SPSS

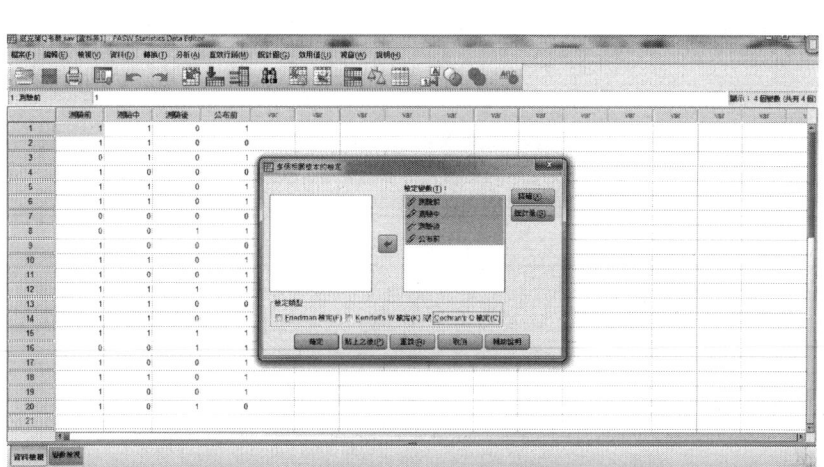

圖7-15　寇克蘭Q檢定之變數選取

表7-29　次數分配表

	數值	
	0	1
測驗前	4	16
測驗中	9	11
測驗後	15	5
公布前	6	14

表7-30　檢定統計量

個數	20
Cochran's Q檢定	13.800[a]
自由度	3
漸近顯著性	.003

a. 視為成功者有1個。

因此，拒絕虛無假設H_0，我們可以說在四個階段中受試者反應「緊張」的機率並不相同。

八、克—瓦二氏單因子等級變異數分析（H檢定）

克—瓦二氏單因子等級變異數分析（H檢定）在SPSS操作運用之過程步驟如下：

1. 使用SPSS軟體之操作步驟，首先點選「分析」→接著點選「無母數檢定」→再點選「歷史對話紀錄」→最後選擇「K個相關樣本」（圖7-16）。
2. 進入克—瓦二氏單因子等級變異數分析（H檢定）操作視窗後，將欲操作之變數移至右方欄位，設定組數，並勾選Kruskal Wallis統計（圖7-17、圖7-18）。
3. 最後，當我們做完以上步驟，按下「確定」鍵，即可獲得統計檢定表（表7-31、表7-32），並且針對我們所輸出的資料來作解釋與說明。

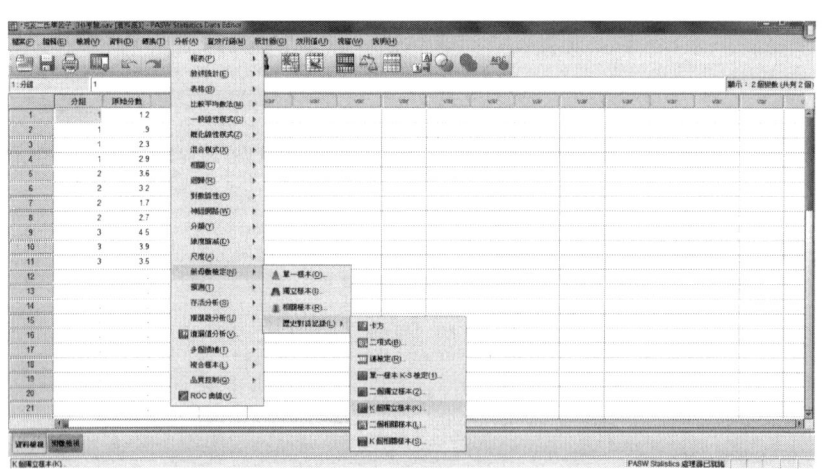

圖7-16　克—瓦二氏單因子等級變異數分析SPSS操作視窗

第七章 無母數分析與SPSS

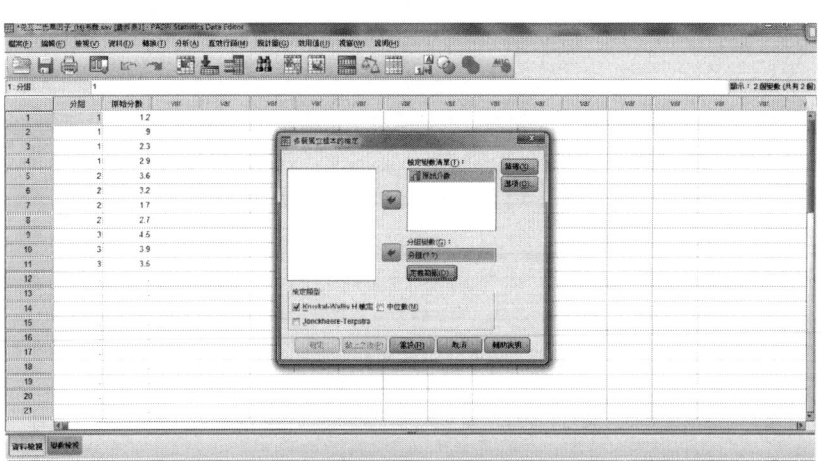

圖7-17　克一瓦二氏單因子等級變異數分析之變數選取

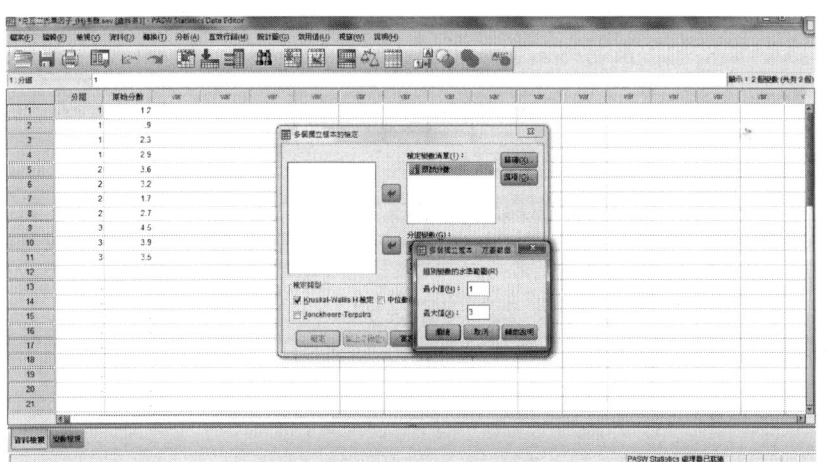

圖7-18　克一瓦二氏單因子等級變異數分析組數設定

表7-31 等級

	分組	個數	等級平均數
原始分數	第一組	4	3.25
	第二組	4	6.00
	第三組	3	9.67
	總和	11	

表7-32 檢定統計量[a,b]

	原始分數
卡方	6.417
自由度	2
漸近顯著性	.040

a. Kruskal Wallis檢定。
b. 分組變數：分組。

　　本操作實例以例題7-10為範本，從上述Kruskal Wallis檢定統計表中可以看到，例題7-10的H檢定檢定值為6.417，$p=.040 <.05$，達顯著水準，因此，拒絕虛無假設H_0，我們可以說「知道學習結果」的情形不同對「畫線學習方面」的效果有顯著差異。

九、弗里曼二因子等級變異數分析

弗里曼二因子等級變異數分析在SPSS操作運用之過程步驟如下：

1. 使用SPSS軟體之操作步驟，首先點選「分析」→接著點選「無母數檢定」→再點選「歷史對話紀錄」→最後選擇「K個相關樣本」（圖7-19）。
2. 進入弗里曼二因子等級變異數分析操作視窗後，將欲操作之變數移至右方欄位，並勾選Friedman統計（圖7-20）。
3. 最後，當我們做完以上步驟，按下「確定」鍵，即可獲得統計檢定

第七章 無母數分析與SPSS

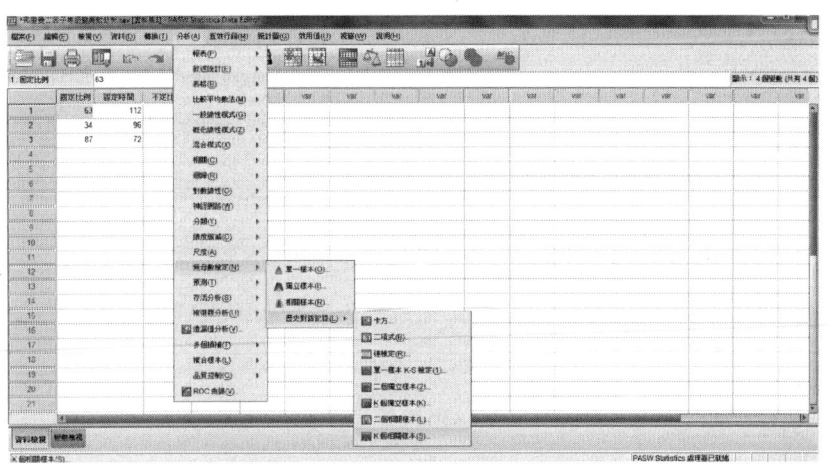

圖7-19　弗里曼二因子等級變異數分析SPSS操作視窗

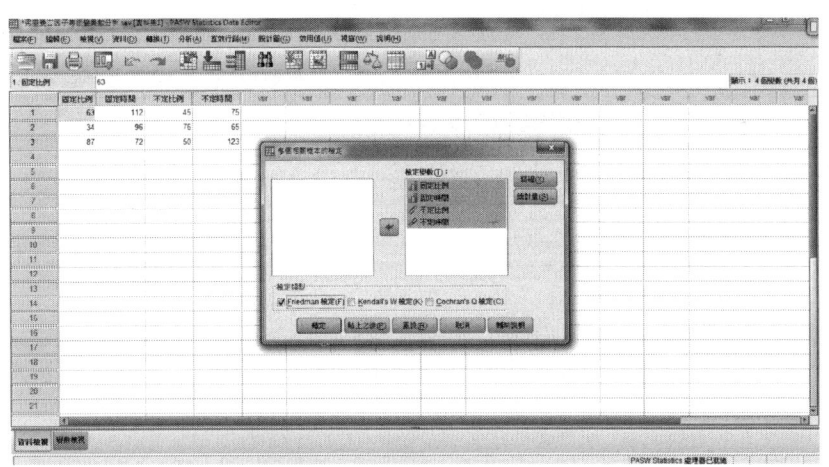

圖7-20　弗里曼二因子等級變異數分析之變數選取

表（**表7-33**、**表7-34**），並且針對我們所輸出的資料來作解釋與說明。

表7-33 等級

	等級平均數
固定比例	2.00
固定時間	3.33
不定比例	1.67
不定時間	3.00

表7-34 檢定統計量[a]

個數	3
卡方	3.400
自由度	3
漸近顯著性	.334

a. Friedman檢定

　　本操作實例以例題7-11為範本,從上述Friedman檢定統計表中可以看到,例題7-11的卡方值為3.4,p＝.334＞.05,未達顯著水準,因此,我們應接受虛無假設H_0,表示兒童在不同的四種增強法之下,學習速度並無顯著差異。

多元迴歸分析與SPSS

第一節　多變項分析

第二節　多元迴歸分析

「多元迴歸分析」（multiple regression analysis）的統計分析是指一個依變項及多個自變項，同時將自變項預測依變項的方法，不過在執行複迴歸方法時，其對於變項的尺度的限制是要使用連續尺度（如等距或比率尺度），如果不符合此種限制，那分析者則要將類別尺度的變項加以改變為虛擬變項（dummy variable）。之後幾章將介紹有關多變項分析的方法。

第一節　多變項分析

多變項分析（multi-variate analysis）意指有多個依變項之分析，在**表8-1**中，有多因子變異數分析（尤其是組內法）、複迴歸分析、典型相關、區辨分析、因素分析、淨相關、邏輯對數分析、羅吉斯迴歸分析，以下分別介紹這些方法之適用情形。

(一)多因子變異數分析

在變異數分析時，因子大都指的是自變數，例如，自變項為性別及年級，而依變項為考試成績，研究者如要檢定不同性別及年級是否在考試成績呈現有交互作用？研究者可利用二因子組間分析；如果考試成績有三科（國文、英文、數學），那考試成績（國文、英文、數學）在性別（男、女）、年級（一、二、三年級）之間是否有交互作用存在？研究者則要用二因子組間，一因子組間之三因子混合設計之多變項分析（詳細分析方法請參考林清山，1992，第17章「三因子變異數分析」）。

(二)複迴歸分析

複迴歸分析是利用多個自變項（皆是連續變項尺度）去預測依變項

表8-1　多變項之統計分析方法

分析方法	使用情況
多因子變異數分析	分析若干自變項（類別尺度）與多個依變項（連續變項）之間的差異情形及交互作用。
複迴歸分析	分析若干個預測變項和一個效標變項之間的相關程度，變項性質皆為連續變項（只有第一個變項是類別變項時必須透過虛擬變項處理）。
典型相關	分析若干個預測變項與若干效標變項之間的關係。
區辨分析	分析若干個預測變項和一個效標變項之間的關係，但效標變項為類別變項。
因素分析	認定所有題項中之因素結構，以減少變項數目或求取建構效度。
淨相關	分析當第三個變項去除之後，兩個變項間的淨關係。
邏輯對數分析	分析若干個預測變項和一個效標變項之間的關係，但所有變項皆為類別變項，必須透過虛擬變項處理。
羅吉斯迴歸分析	分析若干個預測變項和一個效標變項之間的關係，依變項為類別變項，但須透過虛擬變項處理。

（也是連續變項，如果是類別變項要作虛擬變項處理），依變項又稱為效標變項，或被預測變項（predicted or criterion variable），而自變項稱為預測變項。在**圖8-1**中，角色壓力、社會支持、自我覺知等為自變項，而單親家庭生活品質則為依變項。

(三)典型相關

典型相關（canonical correlation）是類似複迴歸分析的一種多變項相關分析，不過在複迴歸只有一個依變項（例如單親家庭生活品質總分），而在典型相關中，自變項社會支持（有內在情緒、外在訊息、家庭服務、社會連結等四個多元指標），而依變項（有心理社會幸福感、生理健康安適感、財務經濟安全感等三個多元指標），在這種情形下，可用典型相關找出自變項中有哪幾組的預測變項最能預測哪幾組的效標變項（建議讀者一本有關使用典型相關分析的論文，參閱其分析方法、過程及解釋）。

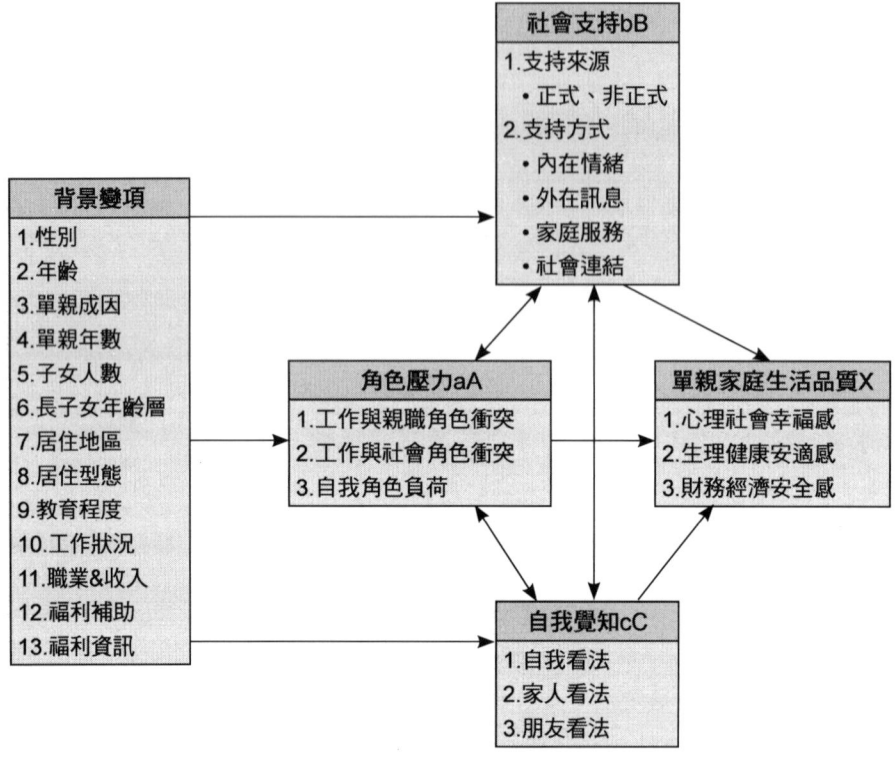

圖8-1　研究架構圖

資料來源：黃惠如，2002。

(四)區辨分析

　　區辨分析（discriminant analysis）也是和複迴歸相似，只是依變項為名義變項。此種分析主要是探討自變項之量的關係來預測依變項所屬之類別關係。作者也是建議讀者找一本有關使用區辨分析之論文閱讀，並參閱其分析方法、過程及統計解釋。

(五)因素分析

　　因素分析（factor analysis）是一種沒有自變項而有若干個依變項之多

變項分析方法,其主要目的在尋找一組具有共同負荷值的因素結構,使變項之數量減至最少,而不會失去原來的代表性,此種方法常被使用來找出建構效度(可參閱下一章之「指標與量表」)。

(六)淨相關

淨相關(partial correlation)是尋找多個自變項與依變項之間的相關,當此二個自變項皆和依變項有共同關係,如果去除其中一個變項,那此二個變項之相關可能會有不同,論相關常利用於實驗設計之研究,在MaxMinCon中有了困擾變項,如果沒有辦法使用實驗控制之時,也可使用統計控制的權宜之計。

(七)邏輯對數分析

邏輯對數分析(log linear analysis)是適用於所有變項皆是類別變項時的迴歸分析,但是這些類別變項要做虛擬變項(虛擬變項以0、1分類)之處理(分析方法參考第十章)。

(八)羅吉斯迴歸分析

羅吉斯迴歸分析(logistic regression analysis)也是類別複迴歸分析,只是有些自變項是屬於連續變項或類別變項,但依變項是類別資料,此種變項也是要經虛擬變項處理。

有關各種多變項之統計分析方法,綜合歸納在**表8-1**,還有同學有空也可以練習**圖8-1**之研究架構,試試看你會應用何種統計分析,及解釋為什麼(分析方法參考第十章)。

第二節　多元迴歸分析

多元迴歸或稱為複迴歸，是指預測變項不只一個的迴歸方法。如同簡單迴歸（預測變項只有一個）時求出其積差相關r一樣，在進行多元迴歸我們也要求出「多元相關」，又稱「複相關」，通常以大寫的R來代表。

其公式

$$\hat{Y} = b_1 X_1 + b_2 X_2 + a$$

此時，X_1與X_2為預測變項，Y為效標變項，b_1及b_2是斜率，b_1是當X_2變數固定時，由X_1預測Y的迴歸係數或斜率，b_2是當X_1變數固定時，由X_2預測Y的斜率，而a便是截距。在預測時，簡單的說就是設法使預測更正確，而減少誤差，如果$\sum(Y-\hat{Y})^2 = $最小（最小平方法），那$\hat{Y} = b_1 X_1 + b_2 X_2$（$b_1$與$b_2$為斜率，但截距a＝0）。那公式可變為：
$\hat{z}_Y = \beta_1 z_1 + \beta_2 z_2$（Z為標準分數）。$\beta_1 = \dfrac{r_{Y1} - r_{Y2} r_{12}}{1 - r_{12}^2}$，$\beta_2 = \dfrac{r_{Y2} - r_{Y1} r_{12}}{1 - r_{12}^2}$，$R = \sqrt{\beta_1 r_{Y1} + \beta_2 r_{Y2}}$（圖8-2）。

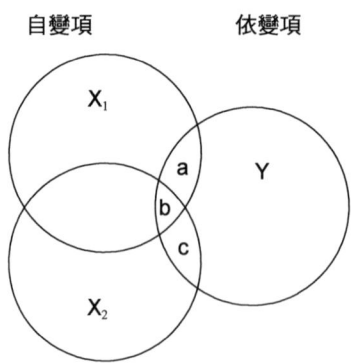

圖8-2　自變項X_1與X_2與依變項Y之相關示意圖

註：a+b為r_{Y1}，b+c為r_{Y2}，b為r_{12}，a+b+c為R。

第八章　多元迴歸分析與SPSS

【例題8-1】

某教師想根據高中平均學業成績（X_1）和智力測驗成績（X_2）來預測大學入學考成績（Y），乃自去年參與大學入學考的學生中抽取一部分學生作為樣本。**表8-2**是這些學生每人的三項分數。(1)試求根據高中平均學業成績和智力測驗成績預測大學入學考成績時的多元迴歸預測公式及多元相關係數。(2)假定今年有一位應屆高三畢業生，其高中學業成績為14，智力測驗成績為9。試預測如果他也參加今年的大學入學考，他將得幾分？（林清山，1992：561）

表8-2　20位學生學業成績、智力測驗成績及大學入學成績

學生	Y	X_1	X_2
A	11	13	8
B	5	9	6
C	8	10	4
D	13	15	8
E	7	11	7
F	12	13	10
G	10	12	7
H	15	11	9
I	11	9	8
J	6	7	5

例題8-1的多元迴歸分析之計算：

$\bar{Y} = 9.8$

$\bar{X}_1 = 11.0$

$\bar{X}_2 = 7.2$

$s_Y = 3.225$

$s_1 = 2.357$

$s_2 = 1.814$

$r_{Y1} = .643$

$r_{Y2} = .768$

$r_{12} = .598$

$$\beta_1 = \cdot\frac{.643 - (.768)(.598)}{1 - (.598)^2} = .286$$

$$\beta_2 = \cdot\frac{.768 - (.643)(.598)}{1 - (.598)^2} = .597$$

標準分數化迴歸公式:

$\hat{z}_Y = .286z_1 + .597z_2$

$R = \sqrt{.286(.643) + .579(.768)} = .8015$

$R^2 = .6424$

$b_1 = (.286)\dfrac{3.225}{2.357} = .391 \; (b_1 = \beta_1 \cdot \dfrac{s_Y}{s_1})$

$b_2 = (.597)\dfrac{3.225}{1.814} = 1.061 \; (b_2 = \beta_2 \cdot \dfrac{s_Y}{s_2})$

$a = 9.8 - (.391)(11.0) - (1.061)(7.2) = -2.140$

原始分數迴歸公式:

$\hat{Y} = .391X_1 + 1.062X_2 - 2.140$

　　雙變項的分析結果顯著,真的代表自變項影響依變項嗎?它們之間是否為虛假關係?這時便需要用多變量分析進一步確認。因此,多變量分析首先考量到「控制」的效果,能同時顧慮到不同自變項間對依變項之影響,當控制了其他變項的影響力之下,某個自變項對依變項的影響還有多少。其次,還可以比較多個自變項之間,到底誰對依變項的影響力最高(此時也可用淨相關方法先求某自變項排除另外自變項之後,真正對依變項之影響程度)。

第八章　多元迴歸分析與SPSS

1. 首先，為避免多重共線性的問題，先將等距的自變項彼此跑相關，只要兩變項間之r值高於0.8（$\alpha<.05$），便有共線性之問題，便需剔除其中一個變項才能跑regression。
2. 在此兩個自變項間之$r=-.259$（$\alpha>.05$），為低度負相關，因此這兩個變項間沒有共線性之問題，可以接下去跑multiple regression analysis。
3. 如果要求取到底自變項對依變項之影響程度（解釋變異量），那可用強迫法，比較嚴謹的方法是選用逐步迴歸法（將在SPSS操作時，再進一步解釋）。

第三節　SPSS複迴歸分析中選取變項的方法

複迴歸在SPSS操作中有下列的選擇方法：

1. 強迫進入變數法（enter）。
2. 逐步多元迴歸分析法（stepwise regression）。
3. 向前法（forward）。
4. 向後法（backward）。
5. 刪除法（remove）。
6. 階層多元迴歸法（hierarchical multiple regression）。

下列將介紹常用的強迫進入法、逐步多元迴歸分析法及階層多元迴歸法。

(一)強迫進入變數法

1. 強迫所有變項有順序進入迴歸方程式。
2. 研究者有事先建立假設，決定變項重要性層次時。

3. 將所有預測變項同時納入迴歸模式中，以探討整體迴歸模式對效標變項的解釋力，所以又稱同時迴歸分析；又因目的在於解釋所有自變項對依變項的整體預測力，所以也稱解式型迴歸分析。
4. 強迫進入變數法的優點有：
   (1) 最常見的複迴歸方法。
   (2) 可以根據自變項的數目，求出所有可能迴歸模式，以從中挑選一個最精簡的迴歸模式。
   (3) 不論個別自變項對依變項的影響是否達到顯著都會出現在迴歸模型中。

(二)逐步多元迴歸分析法

1. 如果自變項彼此間的相關很高，則會出現多元共線性問題。
2. 將彼此相關係數較高的自變項中只取一個最重要的自變項投入迴歸方程式中或採用逐步多元迴歸分析法。
3. 挑選只對依變項有顯著預測力的自變項，其餘對依變項影響未達顯著水準的自變項會被排除於迴歸模型之外。
4. 通常用於預測。
5. 也可以改採具強韌性的統計方法，如脊迴歸、主成分迴歸分析、潛在根迴歸。

(三)階層多元迴歸法

1. 依相關理論或經驗法則，決定投入迴歸模式的自變項，用以探討不同區組的自變項對依變項的影響。
2. 階層多元迴歸法範例（**圖8-3**）。
   (1) 第一個階層只投入個人屬性自變項，探討
     • 個人屬性自變項對學業成就的影響。
   (2) 第二個階層加入班級屬性，探討

第八章　多元迴歸分析與SPSS

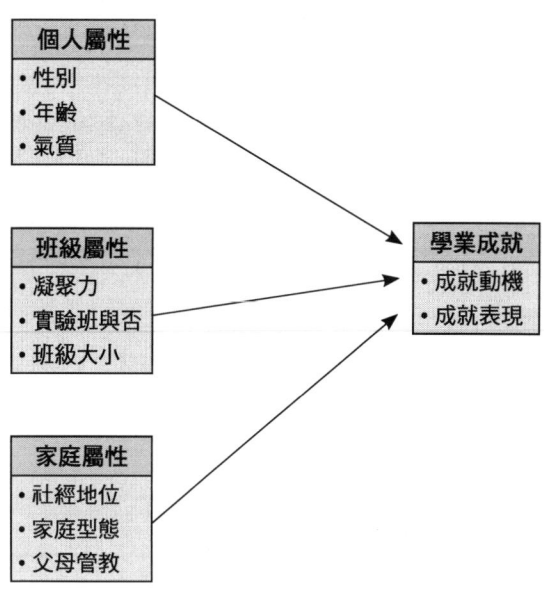

圖8-3　影響學業成就之相關因素

- 個人屬性、班級屬性對學業成就的影響。
- 班級屬性對學業成就是否有顯著的解釋力。

(3)第三個階層加入家庭屬性，探討

- 個人屬性、班級屬性、家庭屬性對學業成就的影響。
- 家庭屬性對學業成就是否有顯著的解釋力。

多元迴歸方法依照研究架構，在執行預測之分析中，有各種不同選擇模式，而到底要選擇哪一種？個人提出下列建議：

1. 研究者應優先使用強迫進入法或逐步多元迴歸分析法。
2. 當預測變項不多，應優先使用強迫進入法，藉以經由共線性診斷統計量得知現性相依的情況。
3. 根據研究規劃之相關理論及假設，決定變項投入的順序。

第四節　淨相關與部分相關

淨相關是表示兩個變數在它們與其他一個或多個變數的共同解釋力被移去之後的相關程度的統計方法。淨相關係指在計算兩個連續變項X_1與X_2的相關時，將第三變項X_3與兩個相關變項的相關r_{13}與r_{23}予以排除的純淨相關，以$r_{12\cdot3}$來表示（圖8-4）。

線性關係中，如果兩個連續變項之間的關係，可能受到其他變項的干擾時，或研究者想要把同時影響這兩個變項的第三個變項效果排除，所運用的統計控制。

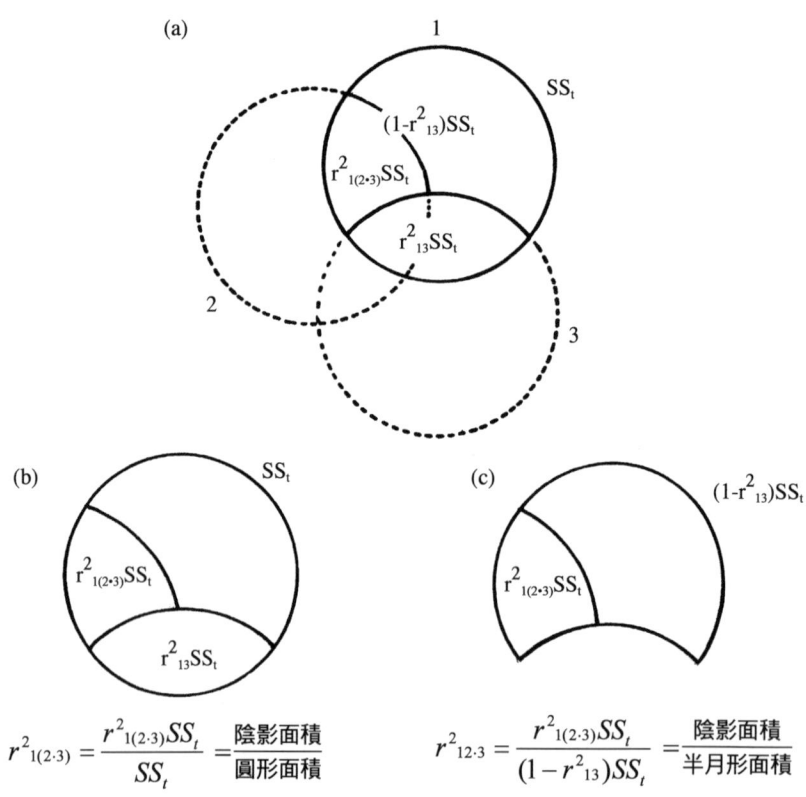

$$r^2_{1(2\cdot3)} = \frac{r^2_{1(2\cdot3)}SS_t}{SS_t} = \frac{陰影面積}{圓形面積} \qquad r^2_{12\cdot3} = \frac{r^2_{1(2\cdot3)}SS_t}{(1-r^2_{13})SS_t} = \frac{陰影面積}{半月形面積}$$

圖8-4　$r^2_{1(2\cdot3)}$（部分相關平方）與$r^2_{12\cdot3}$（淨相關平方）的比較圖

$$r_{12\cdot 3} = \frac{r_{12} - r_{13}r_{23}}{\sqrt{1-r_{13}^{2}}\sqrt{1-r_{23}^{2}}} \quad （淨相關）$$

如果在計算排除效果之時，僅處理第三變項與X_1與X_2當中某一個變項的相關時，所計算出來的相關係數，稱之為部分相關，或稱為半淨相關（semipartial correlation），以$r_{1(2\cdot 3)}$來表示（圖8-4）。

$$r_{1(2\cdot 3)} = \frac{r_{12} - r_{13}r_{23}}{\sqrt{1-r_{23}^{2}}} \quad （部分相關）$$

第五節　路徑分析

路徑分析（Path analysis）是一種將變項關係以模型化的方式來進行分析的統計技術，此種技術是由一系列的迴歸分析所組成，透過假設性的架構（具演繹或封閉理論基礎的邏輯關係），將不同的迴歸方程式加以組成而形成結構化的模式。其基本原理有三：

1. 路徑分析主要是從變項之間共變關係來檢驗研究者所提出的影響、預測或因果關係，推論出因果結論。
2. 路徑分析能夠檢驗因果路徑，主要是依靠背後的理論來支持。
3. 路徑分析首要的工作是提出一個具有理論基礎的路徑模型，並用路徑圖的方式呈現。

一、路徑分析的基本概念

1. 結構方程式（structural equation）：構成路徑模型的數學方程式，外衍與內衍變項之間的關係係數bi，稱為路徑係數（path coefficient）。

2. 外衍變項（exogenous variable）：模型中作為影響或解釋其他變項的變異量的變項。其變異量由不屬於路徑模型的其他變項所決定。
3. 內衍變項（endogenous variable）：模型中被他人所影響或解釋的變項。其變異量可被切割為外衍變項解釋及殘差（干擾）變異量兩部分。
4. 干擾變異（disturbances）：內衍變項無法被外衍變項解釋的部分。

【例題8-2】

某研究者想要瞭解自我效能、社會期待、成就動機對學業表現之影響，研究者從相關理論及文獻中演繹研究架構**圖8-5**。

分析：經SPSS多元迴歸分析之後，所得參數值如**表8-3**及**圖8-6**。

二、路徑分析效果估計

1. 直接效果（direct effect）：顯著的外衍與內衍變項解釋關係，直接由迴歸係數表示。
2. 間接效果（indirect effect）：

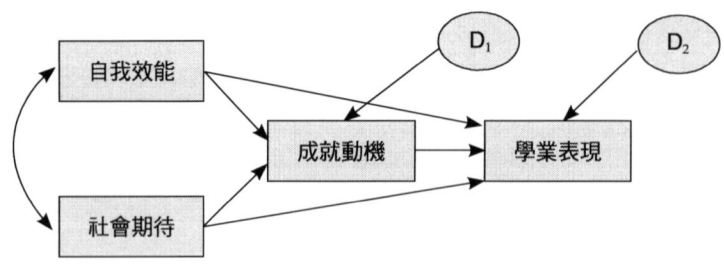

Y_1（成就動機）$= b_1 X_1$（自我效能感）$+ b_2 X_2$（社會期待）$+ a_1$
Y_2（學業表現）$= b_3 X_1$（自我效能感）$+ b_4 X_2$（社會期待）$+ b_5 X_3$（成就動機）$+ a_2$

圖8-5　研究架構圖

表8-3　路徑分析各項效果分解說明

自變項	內衍變項	
	成就動機	學業成績
自我效能感		
直接效果	.63***	.29**
間接效果	-	.13*
整體效果	.63***	.42**
社會期待		
直接效果	.02	.16*
間接效果	-	.00
整體效果	.02	.16*
成就動機		
直接效果		.21**
間接效果		—
整體效果		.21**

＊＜p＜.05；＊＊p＜.01；＊＊＊p＜.001

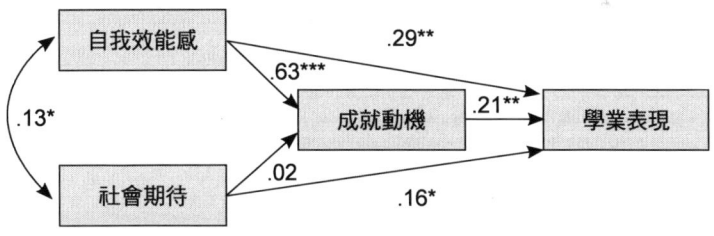

圖8-6　路徑參數之估計

(1)顯著的外衍與內衍變項解釋關係之間具有一個或多個中介變項（mediated variable）的作用。

(2)內衍與外衍變項之間的直接效果均為顯著，若有任何一個直接效果不顯著，間接效果無法成立。

3.整體效果（total effect）：間接或直接效果的加總。

三、模型衍生相關（model-implied or predicated correlation）

1. 定義：由模型推導出兩個變項的相關強度。
2. 功能：
   (1) 比較個別參數的優劣性：兩變項之間以理論假設求出的參數與實際觀測值的差距。
   (2) 檢驗整體模型的契合度（加總模型中所有理論與實際觀測差距值）。
3. 內容：
   (1) 自變項對於內衍變項的整體效果的迴歸係數數值。
   (2) 非因果性關係的係數值（如相關係數）。
4. 計算的原理：軌跡法則（tracing rule）。
5. 自我效能與學業表現的衍生相關的軌跡：
   (1) 直接效果：自我效能→學業表現＝.29。
   (2) 間接效果：自我效能→成就動機→學業表現＝.13。
   (3) 相關間接效果I：自我效能社會期待→學業表現＝.13×.16＝.02。
   (4) 相關間接效果II：自我效能社會期待→成就動機→學業表現＝.13×.02×.21＝.00。
6. 自我效能感對於學業成績的模型衍生相關：.29+.13+.02+.00＝.44。
7. 將.44與原始的Pearson相關相比較。

第六節　正典相關

正典相關又稱典型相關分析（canonical correlation analysis，簡稱CCA），其分析由Hotelling在1935年及1936年所提出，有時又稱為正準相

關分析或規則相關分析。

正典相關係指研究的問題同時探討多個自變項與多個依變項間之關係。即 究p個X變項，q個Y變項，p個X變項與q個Y變項之間的相關就是典型相關，即用以探討兩組互為獨立數量變項間的關係。換言之，兩組變項各以線性組合方式簡化為相對應的「正典變量」。典型相關分析只能衡量兩組變數間之相關程度，無法討論其間之因果關係。

方程式：

$$a_1Y_1 + a_2Y_2 + ... + a_mY_m = b_0 + b_1X_1 + b_2X_1 + ... + b_nX_n$$

一、正典相關之目的

1. 第一組變項（X組變項）的線性組合。
2. 典型分數與第二組變項（Y組變項）的線性組合。
3. 典型分數使得這兩個線性組合間的簡單相關達到最大。也就是找出：p個X變項的加權 與q個Y變項的加權 ，使p個X變項的線性組合分數與q個Y變項的線性組合分數的簡單相關達到最大。

二、正典相關的基本統計假定

(一) 常態性

每一個變項具有單變量常態性，變項間之相關應該為「線性相關」，所建立的正典方程式也是線性相關，其二者之線性組合的相關必須最大；使分配標準化，可使變項間有較高的相關。

(二) 直線性

1. 變項間不是線性關係，無法藉統計量來估計。

2.若為非線性關係，典型分析會遺漏成對典型變量間非線性成分關係。

(三)變異數同質性

若違反變異數同質性假定，會降低變數間的關係。

(四)其他

1. P個X變項與q個Y變項，p、q的數目均需大於1（控制變項或效標變項最少要在兩個以上）。
2. X變項與Y變項均為連續變項。
3. 正典因素之數目等於p與q中較小者，即min（p, q）。
4. 非對應的正典因素間必須獨立，即其間的相關係數等於0。

三、正典相關之要求

1. 進行正典相關分析時，樣本數太少會影響結果可靠性。正典相關的程序每個變項至少要有20個樣本才能獲得正確的結果。如：X組有4個變數、Y組有6個變數，全部變項有10個，分析的樣本數至少要在200以上。
2. 若是只要解釋最大的正典相關，則比值最好是20：1。
3. 如果要同時解釋前兩個最大的正典相關，則比值最好是40：1。
4. 在社會科學領域中，若是量表的信度在.80附近，則每個變項所對應的樣本數大約為1：10即可，如果量表或測量工具的信度有更高的信度，則較低之樣本與變項的比 也可以接受。

四、正典相關名詞釋義

1. 線性組合分數：又稱典型因素（canonical factor）、典型分數（canonical score）或典型變量（canonical variate）：χ（讀作chi），η（讀作eta）。
2. 典型相關係數：兩個典型變項的相關稱為典型相關，典型相關係數以「ρ」符號表示，即$\rho_{\chi\eta}$。
3. 典型負荷量（canonical loading）或稱典型相關係數（canonical correlations）：各組原始變項與典型變量間的相關即稱之。
4. 跨典型負荷量（cross loadings）：X組各變項與其相對應典型變量η間的相關，或Y組各變項與其相對應典型變量χ間的相關，又稱Index係數（使用CANCORR語法會多出此項）。
5. 典型結構係數（canonical structure coefficient）或稱典型結構負荷量：表示典型變項χ與X組各變項的相關，或典型變項η與Y組各變項的相關。
6. 平均解釋量（Adequacy係數）：為各變項中某一個典型變量與各變項之結構係數的平方和再除以變項個數。
7. 重疊係數（redundancy coefficient），或稱重疊量數（redundancy measure），或稱重疊指數（redundancy index）：兩組變數變異量重疊的部分；即在依變項中可以被自變項解釋的變異量。是典型變量從自己變數組中抽取的變異百分比乘以典型相關係數的平方。重疊量數越高，代表兩組變項間之相關程度越高。
8. 典型加權係數（canonical weight coefficient）：兩邊的係數稱之；表示每個變項對所屬之典型變項之貢獻，絕對值愈大，表示其影響力愈大（如同迴歸分析中之迴歸係數、因素分析中之因素組型係數、各區別分析中之區別函數係數）。在SPSS報表中，會呈現原始典型係數和標準化典型係數。

9.須注意當一組內各變項間具有高度相關時,易因某一變項之故,而使另一變項之正典加權係數變小,造成解釋上的困難或錯誤的結論。

五、變數線性組合程序簡化圖

X組變數有5個,Y組變數有5個,則有5對典型變量,進行典型相關分析,可求出5個典型相關係數。

$$X = \begin{bmatrix} X_1 \\ X_2 \\ X_3 \\ X_4 \end{bmatrix} \Rightarrow U = \begin{bmatrix} U_1 \\ U_2 \\ U_3 \\ U_4 \end{bmatrix} \leftarrow \begin{bmatrix} \rho_1 \\ \rho_2 \\ \rho_3 \\ \rho_4 \end{bmatrix} \rightarrow V = \begin{bmatrix} V_1 \\ V_2 \\ V_3 \\ V_4 \end{bmatrix} \Leftarrow Y = \begin{bmatrix} Y_1 \\ Y_2 \\ Y_3 \\ Y_4 \\ Y_5 \\ Y_6 \end{bmatrix}$$

六、正典相關徑路圖

(一)研究者能確認兩組變項的關係

1. X組變數為預測變項。
2. Y組變數為效標變項。
3. 左邊數字代表X對χ_1、χ_2的「加權係數」。
4. χ_1、χ_2、η_1、η_2四個為典型因素或典型變量。
5. 典型相關分析目的:找出加權係數值(b值c值),使χ、η的簡單相關係數達最大。
6. 左邊的係數為典型加權係數,右邊的係數為典型結構相關係數或典型負荷量。

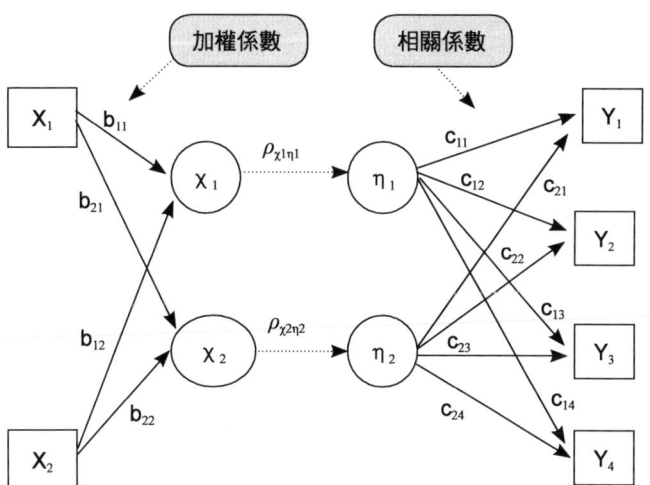

(二)研究者無法確認兩組變項的關係

1. 無法區分：何者為自變項，何者為依變項。
2. 典型相關僅單純在確認兩組變數間的關係。

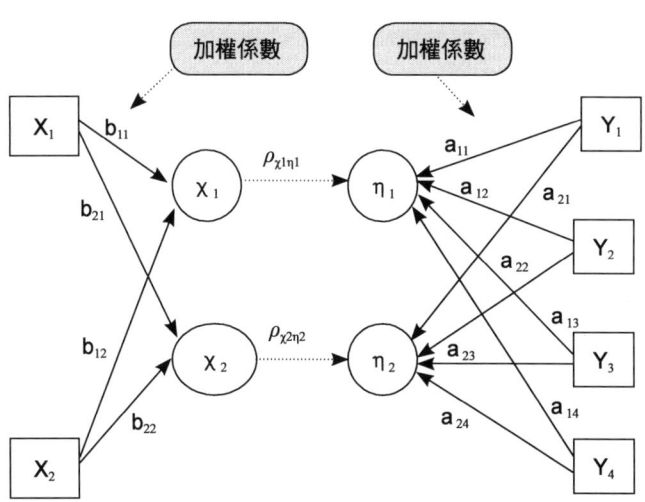

(三)正典變量間的雙箭頭

有學者認為：典型相關並不是一種對稱關係，因而典型相關變量間的雙箭頭直線關係，宜改為曲線雙箭頭較為適切。

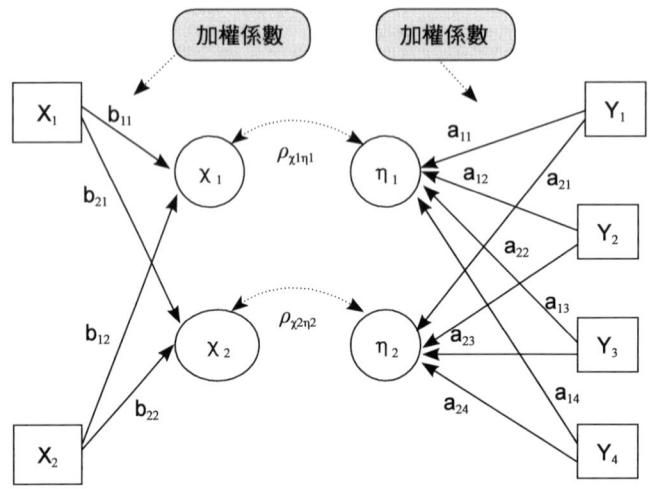

七、正典相關範例介紹

在SPSS操作程序中，並沒有獨立程序來執行典型相關分析，而是使用MANOVA語法或CANCORR語法來進行典型相關分析。

(一)MANOVA語法

當預測變項是以虛擬變項來代替群組，已表示不同的因子時，則典型相關分析即為MANOVA分析。

・MANOVA
・Y1 Y2 Y3 WITH X1 X2 X3 X4
・/DISCRIM

‧/PRINT SIGNIF(EIGN)

‧/DESIGN.

(二)CANCORR語法

‧Include file＝'c:\program files\spss\canonical correlation.sps'.

‧CANCORR set1＝X1 X2 X3 X4/

　　set2＝Y1 Y2 Y3/.

 第七節　多元迴歸在SPSS之運用

一、多元迴歸──強迫進入法

首先，我們先來操作「多元迴歸──強迫進入法」的過程：

1. 使用SPSS軟體來操作多元迴歸之操作步驟（**圖**8-7），首先點選「分析」→接著點選「迴歸」→最後選擇「線性」。

2. 進入多元迴歸操作視窗後，選取欲建立多元迴歸之變數，將此變數從左方移至右方變數欄位，茲以「依附感」變項為依變數，以「父親管教方式、母親管教方式、寂寞感」為自變數，並在方法欄位選擇「輸入」（**圖**8-8）。

3. 選取好想要做多元迴歸的變數後，我們可點選右方的「統計量(S)」選擇我們要做的多元迴歸項目（**圖**8-9），完成後按「繼續」即可。

4. 最後，當我們做完以上步驟，按下「確定」鍵，即可獲得多元迴歸──強迫進入統計表（**表**8-4、**表**8-5、**表**8-6）。

5. 當統計軟體幫我們輸出統計表後，我們還必須將它的格式整理為研究與論文所要求的使用格式，並將無用之數據去除，保留所需且重

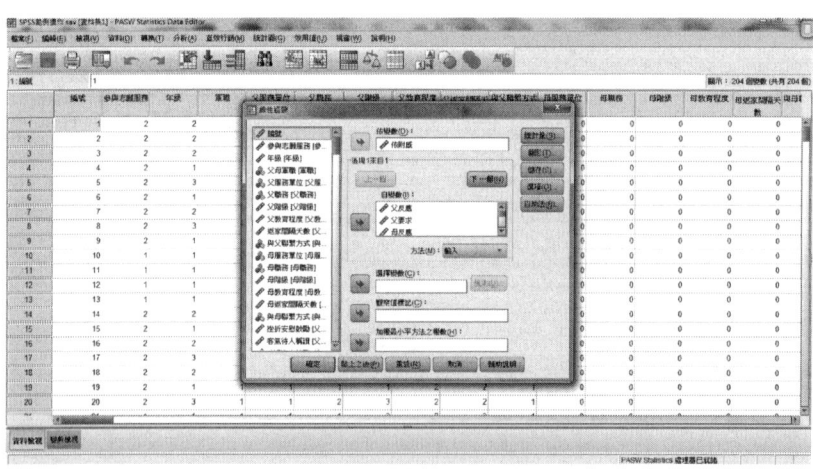

圖8-7　多元迴歸（強迫進入）操作視窗

圖8-8　多元迴歸（強迫進入）之變數選取

要之數據，這樣才能符合研究與論文之要求（**表8-7**）。

6. 最後，要針對我們所輸出的資料來作解釋與說明，否則，我們辛苦做出來的資料只是一堆無用的統計數據。

第八章　多元迴歸分析與SPSS

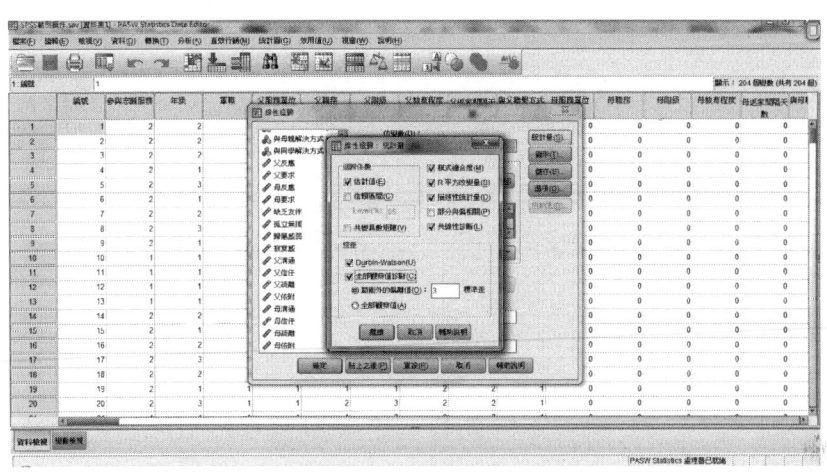

圖8-9　多元迴歸（強迫進入）統計量選取

表8-4　選入／刪除的變數[b]

模式	選入的變數	刪除的變數	方法
1	歸屬感弱，父要求，孤立無援，母反應，父反應，母要求，缺乏友伴[a]		選入

a.所有要求的變數已輸入。
b.依變數：依附感。

表8-5　模式摘要表[b]

模式	R	R平方	調過後的R平方	估計的標準誤	變更統計量			
					R平方改變量	F改變	df1	df2	顯著性 F改變
1	.481	.231	.214	13.54837	.231	13.502	7	314	.000

表8-6　係數[a]

模式	未標準化係數		標準化係數	t	顯著性
	B之估計值	標準誤差	Beta分配		
1　（常數）	86.412	5.902		14.641	.000
父反應	.295	.096	.227	3.056	.002
父要求	-.099	.101	-.072	-.984	.326
母反應	.473	.113	.337	4.187	.000
母要求	.057	.111	.040	.512	.609
缺乏友伴	-.044	.252	-.014	-.174	.862
孤立無援	-.167	.201	-.048	-.834	.405
歸屬感弱	.040	.448	.007	.088	.930

表8-7　多元迴歸（強迫進入）分析

模式	未標準化係數		標準化係數	t	顯著性
	B之估計值	標準誤差	Beta分配		
父反應	.295	.096	.227	3.056**	.002
父要求	-.099	.101	-.072	-.984	.326
母反應	.473	.113	.337	4.187***	.000
1　母要求	.057	.111	.040	.512	.609
缺乏友伴	-.044	.252	-.014	-.174	.862
孤立無援	-.167	.201	-.048	-.834	.405
歸屬感弱	.040	.448	.007	.088	.930

R平方＝.231

由**表8-7**可以得知，8個自變項中對依變項迴歸係數達顯著的變項共兩個，分別為父親反應（t＝3.056，p＝.002）、母親反應（t＝4.187，p＝.000）。表示原本的8個自變項對依變項總變異量之23.1%的預測中，主要是因為「父親反應」、「母親反應」形成的。至於這兩個有顯著預測力的自變項對依變項的實際解釋變異量，則可透過多元迴歸分析中得知。

二、多元迴歸—逐步迴歸法

首先，我們先來操作「多元迴歸—逐步迴歸法」的過程：

1. 使用SPSS軟體來操作多元迴歸之操作步驟（圖8-10），首先點選「分析」→接著點選「迴歸」→最後選擇「線性」。
2. 進入多元迴歸操作視窗後，選取欲建立多元迴歸之變數，將此變數從左方移至右方變數欄位，茲以「依附感」變項為依變數，以「父親管教方式、母親管教方式、寂寞感」為自變數，並在方法欄位選擇「逐步迴歸分析法」（圖8-11）。
3. 選取好想要做多元迴歸的變數後，我們可點選右方的「統計量(S)」選擇我們要做的多元迴歸項目（圖8-12），完成後按「繼續」即可。
4. 最後，當我們做完以上步驟，按下「確定」鍵，即可獲得多元迴歸—逐步迴歸統計表（表8-8、表8-9、表8-10）。
5. 當統計軟體幫我們輸出統計表後，我們還必須將它的格式整理為研

圖8-10　多元迴歸（逐步迴歸）操作視窗

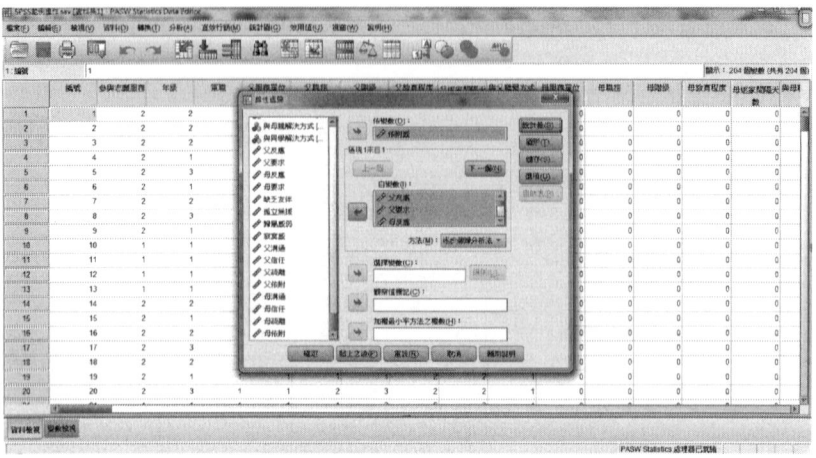

圖8-11　多元迴歸（逐步迴歸）之變數選取

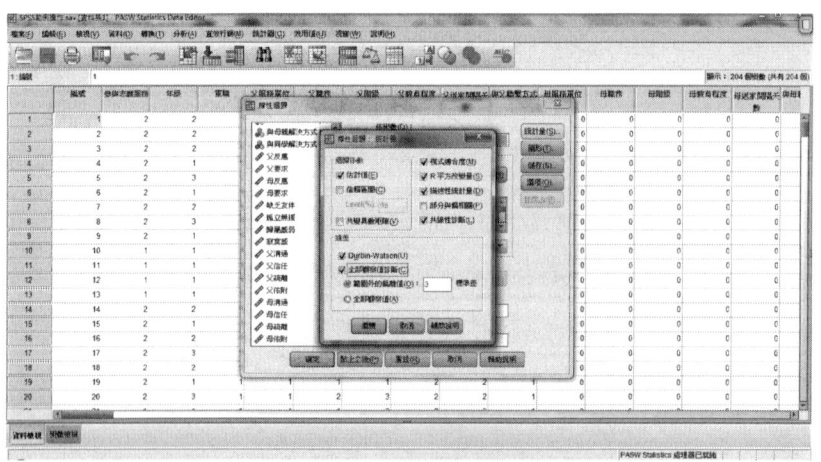

圖8-12　多元迴歸（逐步迴歸）統計量選取

　　究與論文所要求的使用格式，並將無用之數據去除，保留所需且重要之數據，這樣才能符合研究與論文之要求（**表8-11**）。

6.最後，要針對我們所輸出的資料來作解釋與說明，否則，我們辛苦做出來的資料只是一堆無用的統計數據。

第八章 多元迴歸分析與SPSS

表8-8 選入／刪除的變數[a]

模式	選入的變數	刪除的變數	方法
1	母反應		逐步迴歸分析法（準則：F-選入的機率≤.050，F-刪除的機率≥.100）。
2	父反應		逐步迴歸分析法（準則：F-選入的機率≤.050，F-刪除的機率≥.100）。

a.依變數：依附感。

表8-9 模式摘要[c]

模式	R	R平方	調過後的R平方	估計的標準誤	變更統計量			
					R平方改變量	F改變	df	顯著性F改變
1	.453	.205	.202	13.64945	.205	82.488	1	.000
2	.476	.227	.222	13.48246	.022	8.976	1	.003

表8-10 係數[a]

模式		未標準化係數		標準化係數	t	顯著性	共線性統計量	
		B之估計值	標準誤差	Beta分配			允差	VIF
1	（常數）	87.328	4.054		21.541	.000		
	母反應	.635	.070	.453	9.082	.000	1.000	1.000
2	（常數）	83.478	4.206		19.850	.000		
	母反應	.478	.087	.341	5.521	.000	.635	1.574
	父反應	.240	.080	.185	2.996	.003	.635	1.574

a.依變數：依附感。

表8-11 多元迴歸（逐步迴歸）分析

進入迴歸順序	複相關係數（R）	決定係數（R平方）	R平方改變量	標準化迴歸係數（β係數）	t值	P值
母反應	.453	.205	.205	.341	5.521***	.000
父反應	.476	.227	.022	.185	2.996**	.003

*p<.05 **p<.01 ***p<.001

　　由**表**8-11可以得知，以父親管教方式「父親反應、父親要求」、母親管教方式「母親反應、母親要求」、寂寞感「缺乏友伴、孤立無援、歸屬感弱」等變項，以逐步方式進入迴歸順序內，其中母親管教之「母親反應」、父親管教之「父親反應」變項預測依附感之聯合預測力為22.7%。

　　上述兩個變項共可解釋整體依附感22.7%的解釋變異量。其中母親管教之「母親反應」可解釋變異量20.5%，父親管教之「父親反應」可解釋變異量2.2%；以母親管教之「母親反應」的解釋變異量20.5%，為整體依附感最主要的預測變項。

三、徑路分析

　　首先，我們先來操作「徑路分析」的過程：

1. 使用SPSS軟體來操作徑路分析之操作步驟（**圖**8-13），首先點選「分析」→接著點選「迴歸」→最後選擇「線性」。
2. 進入徑路分析操作視窗後，選取欲建立徑路分析之變數，將此變數從左方移至右方變數欄位，茲以「母親溝通、母親要求」為自變數，以「母親信任」為中介變項，以「母親依附」變項為依變數。因此，作徑路分析需要做兩次複相關，第一個複相關為：把「母親溝通、母親要求」放在自變數欄位、把「母親信任」放在依變數欄位，並在方法欄位選擇「輸入」（**圖**8-14）；第二個複相關為把「母親溝通、母親要求、母親信任」放在自變數欄位、把「母親依附」放在依變數欄位，並在方法欄位選擇「輸入」（**圖**8-15）。完成後按「繼續」即可。
3. 最後，當我們做完以上步驟，按下「確定」鍵，即可獲得徑路分析統計表（**表**8-12、**表**8-13、**表**8-14、**表**8-15）。
4. 當統計軟體幫我們輸出統計表後，我們還必須將它的格式整理為徑

第八章　多元迴歸分析與SPSS

圖8-13　徑路分析操作視窗

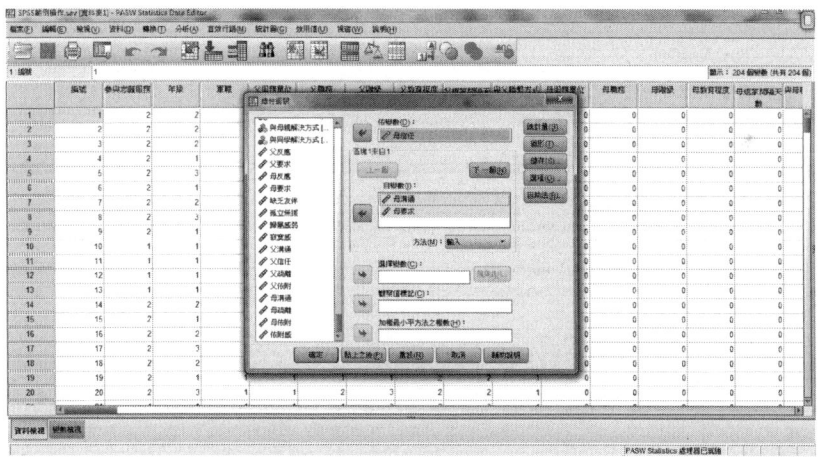

圖8-14　徑路分析之變數選取(一)

路分析圖，並將無用之數據去除，保留所需且重要之數據，這樣才能符合研究與論文之要求（圖8-16）。

5.最後，要針對我們所輸出的資料來作解釋與說明，否則，我們辛苦做出來的資料只是一堆無用的統計數據。

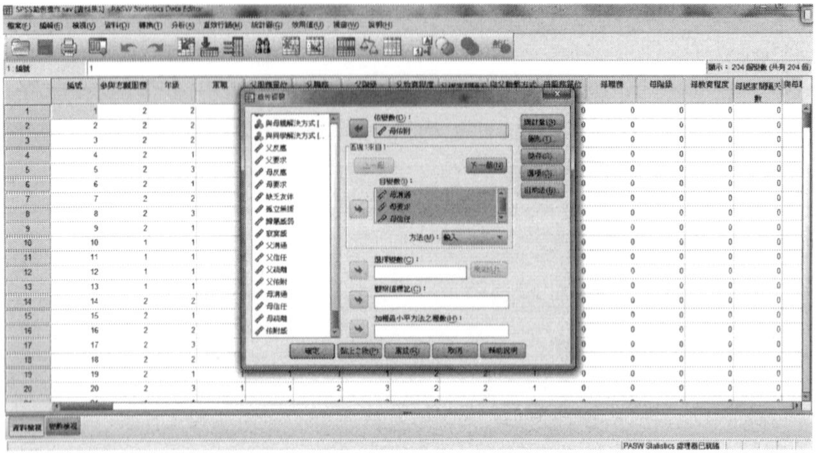

圖8-15　徑路分析之變數選取(二)

表8-12　模式摘要

模式	R	R平方	調過後的R平方	估計的標準誤
1	.795[a]	.632	.630	2.44430

a.預測變數：（常數），母要求，母溝通。

表8-13　係數[a]

模式		未標準化係數		標準化係數	t	顯著性
		B之估計值	標準誤差	Beta分配		
1	（常數）	8.414	.891		9.448	.000
	母溝通	.501	.023	.801	21.648	.000
	母要求	-.006	.014	-.015	-.397	.691

a.依變數：母信任。

表8-14　模式摘要

模式	R	R平方	調過後的R平方	估計的標準誤
1	.925[a]	.855	.854	3.82299

a.預測變數：（常數），母信任，母要求，母溝通。

表8-15　係數 a

模式		未標準化係數		標準化係數	t	顯著性
		B之估計值	標準誤差	Beta分配		
1	（常數）	13.075	1.576		8.298	.000
	母溝通	.757	.057	.486	13.293	.000
	母要求	-.017	.022	-.018	-.793	.428
	母信任	1.237	.088	.497	14.125	.000

a.依變數：母依附。

　　分析後的徑路圖與徑路係數如**圖8-16**所列，只有「母親要求」變項對母親依附感的直接影響效果（Beta＝-.018，n.s.）不顯著外，其餘的直接效果均達顯著水準。其中，母親溝通對於母親依附感的直接效果顯著，徑路係數為.486（p＝.000，<.001），母親信任對母親依附感的直接效果為.497（p＝.000，<.001），母親溝通透過中介變項母親信任影響母親依附感的間接效果也顯著，其值為.801×.497＝.398，因此母親溝通變項對母親依附感的總效果值為.486+.398＝.884。

　　其中，e（疏離係數）＝$\sqrt{1-R^2}$，e1為「母親溝通」、「母親要求」對「母親信任」之疏離係數，其算法為e1＝$\sqrt{1-.632}$＝.607；而e2為「母

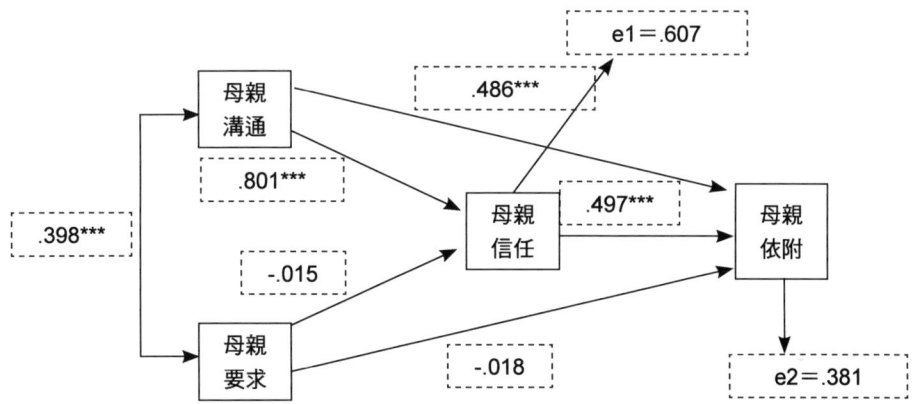

圖8-16　徑路分析圖

親溝通」、「母親要求」、「母親信任」對「母親依附」之疏離係數，其算法為$e2 = \sqrt{1-.855} = .381$。

四、正典相關（典型相關）

首先，我們先來操作「正典相關」的過程：

1. 使用SPSS軟體來操作正典相關之操作步驟（圖8-17），正典相關必須使用語法開啟，因此，首先點選「檔案」→接著點選「開啟新檔」→最後選擇「語法」。
2. 進入語法操作視窗後，輸入語法指令，正典相關語法為：

```
MANOVA
依變項WITH自變項
/DISCRIM RAW STAN ESTIM CORR ROTATE(VARIMAX) ALPHA(0.05)
/PRINT SIGNIF(EIGN DIMENR HYPOTH )
/NOPRINT SIGNIF(MULT UNIV ) PARAM(ESTIM)
/ERROR WITHIN+RESIDUAL
/DESIGN.
```

茲以「父親溝通、父親要求」為自變數，以「歸屬感弱、孤立無援、缺乏友伴」變項為依變數。因此，正典相關之語法為（圖8-18）：

```
MANOVA
歸屬感弱 孤立無援 缺乏友伴WITH父溝通 父要求
/DISCRIM RAW STAN ESTIM CORR ROTATE(VARIMAX) ALPHA(0.05)
/PRINT SIGNIF(EIGN DIMENR HYPOTH )
/NOPRINT SIGNIF(MULT UNIV ) PARAM(ESTIM)
/ERROR WITHIN+RESIDUAL
/DESIGN.
```

完成後按「執行」圖示即可。

3. 最後，當我們做完以上步驟，按下「執行」圖示，即可獲得正典相關統計報表（**表**8-16）。

第八章　多元迴歸分析與SPSS

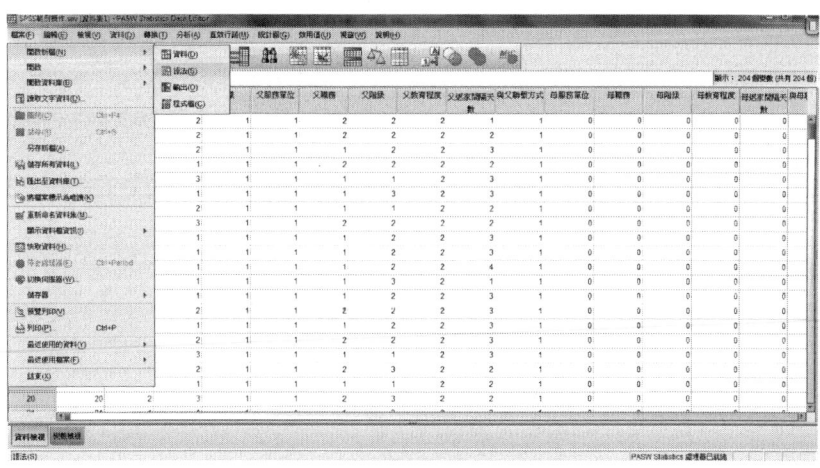

圖8-17　正典相關操作視窗

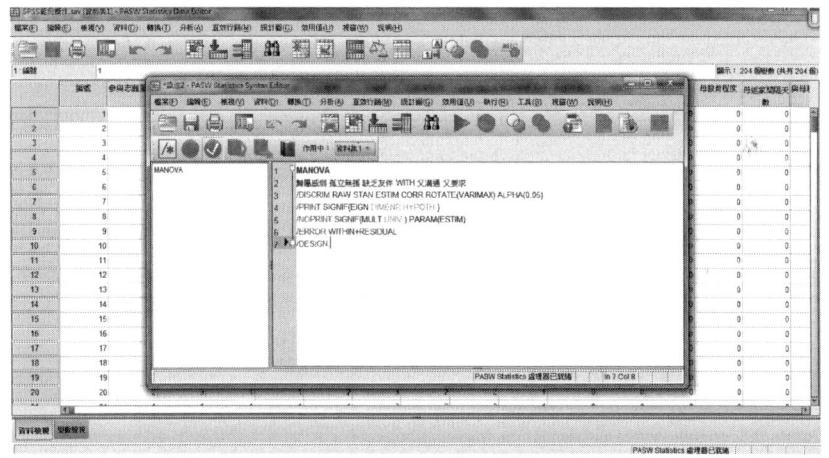

圖8-18　正典相關語法輸入視窗

4. 當統計軟體幫我們輸出統計表後，我們還必須將它的格式整理為研究與論文所要求的使用格式，並將無用之數據去除，保留所需且重要之數據，這樣才能符合研究與論文之要求（**表8-17**、**圖8-19**）。

5. 最後，要針對我們所輸出的資料來作解釋與說明，否則，我們辛苦做出來的資料只是一堆無用的統計數據。

表8-16　正典相關統計輸出表

```
* * * * * * * * * * * * * * * * * * A n a l y s i s   o f   V a r i a n c e * * * * *
* * * * * * * * * * * *


        322 cases accepted.
         0 cases rejected because of out-of-range factor values.
         0 cases rejected because of missing data.
         1 non-empty cell.

         1 design will be processed.


- - - - - - - - - - - - - - - - - - - - - - - - - - - - - - - - - - - - - - - - - -
- - - - - - - - - - - -



* * * * * * * * * * * * * * * * * * A n a l y s i s   o f   V a r i a n c e - - Design
  1 * * * * * * * * * * * * * * * * *


EFFECT .. WITHIN+RESIDUAL Regression
Adjusted Hypothesis Sum-of-Squares and Cross-Products
```

	歸屬感弱	孤立無援	缺乏友伴
歸屬感弱	18.76154		
孤立無援	22.61743	726.81694	
缺乏友伴	29.92563	-352.30753	263.35944

```
- - - - - - - - - - - - - - - - - - - - - - - - - - - - - - - - - - - - - - - - - -


Eigenvalues and Canonical Correlations
```

Root No.	Eigenvalue	Pct.	Cum. Pct.	Canon Cor.	Sq. Cor
1	.16449	93.70809	93.70809	.37584	.14125
2	.01104	6.29191			

第八章 多元迴歸分析與SPSS

```
100.00000          .10452          .01092
```

Dimension Reduction Analysis

Roots	Wilks L.	F	Hypoth. DF	Error DF	Sig. of F
1 TO 2	.84936	8.98777	6.00	634.00	.000
2 TO 2	.98908	1.75606	2.00	318.00	.174

Raw canonical coefficients for DEPENDENT variables
    Function No.

Variable	1
歸屬感弱	-.14047
孤立無援	-.17891
缺乏友伴	.13441

Standardized canonical coefficients for DEPENDENT variables
    Function No.

Variable	1
歸屬感弱	-.38833
孤立無援	-.78700
缺乏友伴	.65286

```
Correlations between DEPENDENT and canonical variables
          Function No.

Variable              1

歸屬感弱           -.02122
孤立無援           -.90527
缺乏友伴            .42783
```

```
Variance in dependent variables explained by canonical variables

CAN. VAR.    Pct Var DEP    Cum Pct DEP    Pct Var COV    Cum Pct COV

     1         33.43338       33.43338        4.72261        4.72261
```

```
Raw canonical coefficients for COVARIATES
          Function No.

COVARIATE             1

父溝通            -.07607
父要求            -.06251
```

```
Standardized canonical coefficients for COVARIATES
          CAN. VAR.

COVARIATE             1

父溝通            -.49833
父要求            -.69662
```

第八章 多元迴歸分析與SPSS

```
- - - - - - - - - - - - - - - - - - - - - - - - - - - - - - - - - - - -
Correlations between COVARIATES and canonical variables
          CAN. VAR.

Covariate                  1

父溝通              -.76561
父要求              -.88782



- - - - - - - - - - - - - - - - - - - - - - - - - - - - - - - - - - - -
Variance in covariates explained by canonical variables

CAN. VAR.     Pct Var DEP    Cum Pct DEP    Pct Var COV    Cum Pct COV

     1           9.70682        9.70682       68.71874       68.71874



- - - - - - - - - - - - - - - - - - - - - - - - - - - - - - - - - - - -
Regression analysis for WITHIN+RESIDUAL error term
--- Individual Univariate .9500 confidence intervals
Dependent variable .. 歸屬感弱

COVARIATE             B           Beta         Std. Err.      t-Value     Sig.
of t     Lower -95%    CL- Upper

父溝通        -.0336533329   -.0797537963      .02549
-1.32049        .188        -.08379       .01649
父要求         .0192874256    .0777573356      .01498
 1.28744        .199        -.01019       .04876
Dependent variable .. 孤立無援

COVARIATE             B           Beta         Std. Err.      t-Value     Sig.
of t     Lower -95%    CL- Upper

父溝通         .0910087145    .1355378197      .03825
 2.37903        .018         .01575       .16627
父要求         .1051288413    .2663441843      .02249
```

```
  4.67502            .000          .06089         .14937
Dependent variable .. 缺乏友伴


  COVARIATE            B          Beta        Std. Err.       t-Value      Sig.
of t      Lower -95%     CL- Upper


父溝通          -.1267298519    -.1709308835      .04416
-2.86962         .004        -.21362        -.03984
父要求          -.0146930500    -.0337129992      .02596
-.56598          .572        -.06577         .03638
```

- -

* * * * * * * * * * * * * * * * * * A n a l y s i s   o f   V a r i a n c e -- Design 1 * * * * * * * * * * * * * * * * *

EFFECT .. CONSTANT
Adjusted Hypothesis Sum-of-Squares and Cross-Products

```
                     歸屬感弱        孤立無援        缺乏友伴

歸屬感弱        1086.18201
孤立無援         940.82358       814.91777
缺乏友伴        1832.23857      1587.03905      3090.73263
```

- -

Eigenvalues and Canonical Correlations

```
Root No.     Eigenvalue         Pct.     Cum. Pct.     Canon Cor.

    1          .61359       100.00000    100.00000       .61665
```

- -

EFFECT .. CONSTANT (Cont.)
Raw discriminant function coefficients

第八章　多元迴歸分析與SPSS

```
              Function No.
Variable               1

歸屬感弱         -.11215
孤立無援         -.11200
缺乏友伴         -.12766


- - - - - - - - - - - - - - - - - - - - - - -

Standardized discriminant function coefficients
              Function No.
Variable               1

歸屬感弱         -.30982
孤立無援         -.46440
缺乏友伴         -.61108


- - - - - - - - - - - - - - - - - - - - - - -

Estimates of effects for canonical variables
              Canonical Variable

Parameter              1

     1         -4.53166


- - - - - - - - - - - - - - - - - - - - - - -

Correlations between DEPENDENT and canonical variables
              Canonical Variable

Variable               1

歸屬感弱         -.85276
孤立無援         -.49209
缺乏友伴         -.83012
```

表8-17　典型相關分析摘要表

控制變項 X變項	典型因素 χ	效標變項 Y變項	典型因素 η
父溝通	-.765	歸屬感弱	-.021
父要求	-.887	孤立無援	-.905
		缺乏友伴	.427
抽出變異量%	68.718	抽出變異量%	33.433
重疊量數%	9.706	重疊量數%	4.722
ρ^2		.141	
典型相關（ρ）		.375***	
P		.000	

***p<.001

　　本分析以父親管教量表之父溝通、父要求兩個分量表為預測變項，以寂寞感量表之歸屬感弱、孤立無援、缺乏友伴三個分量表為效標變項，依樣本在各分量表之得分結果進行典型相關分析，來探討父親管教與寂寞感之關係。經過典型相關分析後，會出現兩組典型相關因素，第一組典型相關係數ρ＝.375（p＝.000 <.001）已達 顯著；而第二組典型相關係數ρ＝.104（p＝.174 >.05）未達顯著，因此，以下分析便不呈現第二組典型相關因素，其結果如下。

　　從典型相關分析摘要表中，可以看到其典型相關係數ρ＝.375，決定係數ρ^2＝.141，表示X變項組的典型因素（χ）可以解釋Y變項組之典型因素（η）總變異量的14.1%。

　　χ是從X變項組中抽取出來的典型因素，占X變項組總變異量的68.7%，X變項組與Y變項組典型因素（η）重疊的部分有9.7%，表示X變項組的典型因素（χ）可以解釋X變項組總變異量的9.7%。

　　而η是從Y變項組中抽取出來的典型因素，占Y變項組總變異量的33.4%，Y變項組與X變項組典型因素（χ）重疊的部分有4.7%，表示Y變項組的典型因素（η）可以解釋Y變項組總變異量的4.7%。

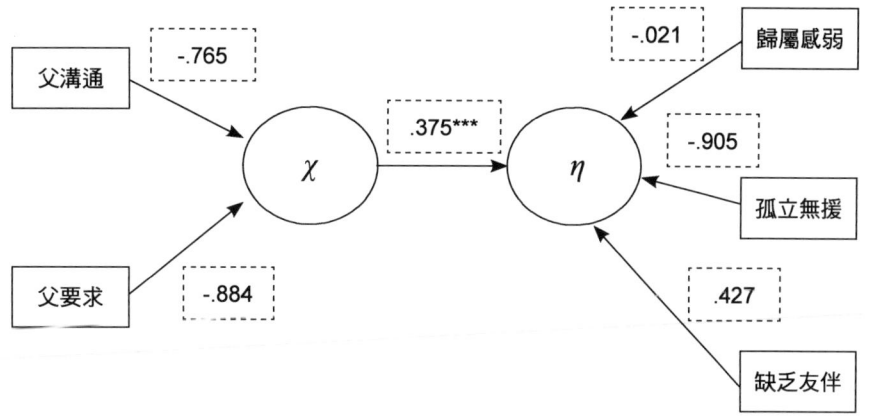

圖8-19　父親管教方式對寂寞感之典型相關圖形

　　就典型因素結構而言，父親管教的兩個預測變項中，父溝通（-.765）及父要求（-.887）與典型因素（χ）之相關很高。因此，此典型相關主要由預測變項組中的父溝通、父管教，透過典型因素（χ）來影響效標變項組的典型因素（η），其中以父要求（-.887）相關最高，且為負相關。而與η呈高相關的分別為孤立無援（-.905）、缺乏友伴（.427），其中以孤立無援（-.905）相關最高，且為負相關。從因素負荷量的正負符號來看，父溝通、父管教與孤立無援為正向關係，而與缺乏友伴為負向關係，由此典型因素結構分析結果顯示，父親管教中的父溝通、父要求會影響寂寞感的孤立無援、缺乏友伴。

　　綜上所述，受訪者若與父親溝通次數越頻繁、父親要求越高，則孤立無援感越高、缺乏友伴程度越低（即朋友越多）。

CHAPTER 9

信度分析、因素分析及SPSS之運用

第一節　量表之製作

第二節　項目分析、因素分析與內部一致性在SPSS之運用

量化之實徵研究除了演繹之概念化以形成研究焦點之外，接下來是發展測量化的工具。科學研究之工具除了實驗用儀器測量外，在社會科學研究即依據研究者的操作定義（operational definition），進而發展量表（scale）或指標（indicator）。

量表題的運用，通常是因為只單用一個問題是無法完整測量某一個變數，因而需要使用數道題目來表示一個變數的測量向度（dimension），常有屢加之功用。然而這些題目真的能有效並一致地反應此變項嗎？這時便需要透過因素分析與信度分析來檢視量表的信度和效度。

第一節　量表之製作

量表也是一種測量工具，研究者依據用以測量某個建構之強度、方向、層次或強勢，以一個連續次序的值來代表回答值或觀察值。一份量表可以使用單一向度（指標）或同時使用數個向度（指標）。大多數的量表是屬於等距或比率層次的測量。量表如同指標之建構，在創造以等距或比率形式之測量變項之數字值。量表常用於測量某種態度、感覺或認知，有時量表又可稱為感覺（受）之強度或功能。量表使用之目的有二：

1. 有助於概念化或操作化過程，例如，父母管教子女之權威程度。
2. 產生量化之測量，以表示某種概念之強度。

接下來我們介紹社會科學常用之量表，如舍史東量表、李克氏量表、古特曼量表、語意差異分析量表。

一、舍史東量表

在1920年代後期,舍史東(Louis Thurstone)發展一套近似等距量表之測量工具,此工具是根據相等間隔法(其實是次序層次),利用比較判斷法則(law of comparative judgment),也就是讓每個人做出主觀判斷後,來固定某個人之態度相對於其他人的位置。

舍史東量表(Thurstone Scale)要依賴專家(評判者)找出許多題項,利用陳述句方式評量某種概念(愈清楚、窮盡,而且只表達單一看法愈好),然後再由選定一群評判者來判定(judge)此題項之等級意見(基本上有11點之測量等級)。研究者可以從回顧文獻、大眾媒體、個人經驗或詢問他人意見得到縮寫陳述句之想法,例如,關於校園教官之陳述句:

- 我認為校園有教官會讓校園更安全。
- 就我的觀點,校園內有教官會減少校園自治能力。
- 我相信校園有教官,學生的紀律會變好。
- 我不認為校園內教官會阻止校園暴力事件。

舍史東量表之製作關鍵是先蒐集上述有關測量某概念之題項,再找評判者(可以是50～150位)預先判定題項之評定值(從1～11),代表其最不贊成到中立再到最贊成。如題有50位評定100道題項,那就會產生$50 \times 100 = 5,000$個方格的圖表方格。再來計算每一條項目之次數分配、中數及四分差(Q)。

研究者保留獲得評審間評分一致度最高,以代表整個數值範圍的陳述句,通常是選擇四分差(Q)最小之20～25道題項,構成量表之題項,再隨機排序。施測時,受測者就上述量表各項目表示贊同或不贊同。計分時,將每一位受測者贊同之量表項目依分數高低排列,選擇居中(中數)之項目分數為該受測者之態度分數(**專欄9-1**)。

專欄9-1　舍史東量表之製作範例

測量之變項：對校園內教官存廢之看法

步驟一：根據個人經驗、通俗與專家的文獻，以及詢問他人的看法，發展出100題有關校園內教官之陳述句。

例句：
1. 我認為校園有教官會讓校園更安全。
2. 就我的觀點，校園內有教官會減少校園自治能力。
3. 我相信校園有教官，學生的紀律會變好。
4. 我不認為校園內教官會阻止校園暴力事件。
......
100.○○○○○○○○○○○○○○○

步驟二：把每個陳述句分別寫在一張小卡片上，做成200組的100個陳述句。

步驟三：找出200位樂意當評定者，發給每位評定者此100題陳述句，及評審原則，要求他們將每個陳述句擺進十一堆（評定表）中之任一堆中，1代表最不贊同，6代表中立，11代表最贊同。

步驟四：評定者將每個陳述句放進十一堆中之一個，例如，一號評定者把第一題放進第十一堆中，第二題放進第六堆中。

步驟五：評分者將收回之陳述句，做成摘要表（表9-1）。

表9-1　舍史東有關校園教官之陳述獲得評審認可之計數

陳述句	不贊成					中立				贊成		統計
	1	2	3	4	5	6	7	8	9	10	11	
1	30	40	100	0	0	0	4	5	6	10	5	200
2	0	0	0	0	0	0	50	(70)*	40	30	10	200
3	5	5	10	10	10	10	20	20	(60)*	40	10	200
4	9	10	41	(50)*	20	20	10	10	10	10	10	200

*代表那一題陳述句「中數」所在之位置

步驟六：計算評定者同意程度之評分。例如，第一題為3分，是一個不贊同題，第三題為9分，贊同程度較高。

步驟七：選出最後20題作為校園教官之意見量表題目（選擇Q最小之題項，代表評審之一致性高）。

步驟八：準備一份20道陳述句之問卷，進行研究，以作為此意見之量表。

第九章 信度分析、因素分析及SPSS之運用

舍史東等距量表之最大批評是製作過程複雜，例如，選定為數眾多之題項，依賴專家評定累積分配表。其次是依賴中位數決定個人分數，因此，不同人卻被判定相同分數；再者是此量表太依賴專家之判斷，專家之意見是否客觀，足以代表真正大家之意見。最後，舍史東方法所求之值（1～11）是否之間是真正相等距離？基於上列之缺點，舍史東之方法適合主題概念比較清楚之定義，不然，評定起來項目間之看法意見會較分歧。

二、李克氏量表

李克氏量表（Likert Scale）是由1930年代Rensis Likert所發展出來，提供有關個人態度順序等級的測量工具，此量表又稱為總加量表（summated-rating）或總和量表（additive scale）。此種量表有兩種主要特徵：其一為假定每一態度項目都具有相等值，項目間沒有差異值存在；其二為受試者之態度可以充分表達出來。其製作步驟如下：

1. 研究者決定主題之後，蒐集相關之題項，然後以題目之性質、頻率、強弱或同意程度來當作敘述之層次。一般而言，沒有理論根據之建構的題項大約10～15題，有理論依據之建構大約20題，有時也可建立多層次之建構。

2. 抽取樣本，針對所設計量表之題項，分別給予評定，通常使用五個等級程序（如極同意、同意、未定、不同意、極不同意），當然也可使用三級程度（同意、未定、不同意）或強迫選擇方法之四個等級程度（極同意、同意、不同意、極不同意）。

3. 給予評分，可以依同意程度給分，如極同意（5分）、同意（4分）、未定（3分）、不同意（2分）、極不同意（1分），給分的方式也可以相反，總分愈高，表示態度愈趨向贊同。

4. 一般而言,每一項目之評定差異等級為1分,除非有些題目較重要,可將此指標給予加權,或用德爾菲方法(Delphi method)針對題項給予不同加權之比率等級。
5. 每一項目的「好」、「壞」,要依據其是否有鑑別力(power of discrimination)來決定。試題之保留要給予預試,並使用鑑別力分析法去除較低之題項,再依因素分析方法保留負荷值較高之題項,以建立建構效度,最後保留效度高、具鑑別度之題項成為量表。

專欄9-2提供一個以李克氏量表製作設計量表之例子。

專欄9-2　李克氏量表製作範例

◎Rosenberg之自尊量表
整體而言,我常覺得我是個失敗者:
1. 總是這麼認為。
2. 常常這麼認為。
3. 有時這麼認為。
4. 很少這麼認為。
5. 從未這麼認為。

◎學生評鑑教學量表
整體來說,我評定這門課的教學品質:

極佳	很好	普通	還可以	很差
□	□	□	□	□

◎關於學校學科學習方面的情形,請依你的實際情形勾選適當選項:

	非常符合	符合	有點符合	不符合	極不符合
1. 我聽得懂老師上課的內容。	□	□	□	□	□
2. 我上課時專心聽講。	□	□	□	□	□
3. 我喜歡學科課程,例如國文、數學、英文。	□	□	□	□	□

（續）專欄9-2　李克氏量表製作範例

4. 我喜歡非學科課程，例如體育、工藝、美術。　☐ ☐ ☐ ☐ ☐
5. 我會和同學一起討論功課。　☐ ☐ ☐ ☐ ☐
6. 我會向老師請教不懂的課業。　☐ ☐ ☐ ☐ ☐
7. 為了準備功課和考試，我沒時間做其他事。　☐ ☐ ☐ ☐ ☐
8. 我的學科考試成績得高分。　☐ ☐ ☐ ☐ ☐
9. 我的非學科成績得高分。　☐ ☐ ☐ ☐ ☐
10. 我覺得學校學的課程，在畢業後用得到。　☐ ☐ ☐ ☐ ☐

◎關於在學校與老師及同學相處的情形，請依你的實際情形勾選適當選項：

	非常符合	符合	有點符合	不符合	極不符合
1. 我覺得學校老師關心我。	☐	☐	☐	☐	☐
2. 我與老師相處愉快。	☐	☐	☐	☐	☐
3. 我在學校遇到困難會跟老師講。	☐	☐	☐	☐	☐
4. 老師重視我的看法或感受。	☐	☐	☐	☐	☐
5. 我遇到困難時，同學會幫助我。	☐	☐	☐	☐	☐
6. 我有可以講心事的好朋友。	☐	☐	☐	☐	☐
7. 我會和同學聊天、一起玩。	☐	☐	☐	☐	☐
8. 我覺得在班上，我是受重視的。	☐	☐	☐	☐	☐

◎關於培訓過程方面的情形，請依你的實際情形勾選適當選項：

	非常滿意	滿意	有點滿意	不滿意	極不滿意
1. 對於自我探索的課程內容。	☐	☐	☐	☐	☐
2. 對於職場介紹的課程內容。	☐	☐	☐	☐	☐
3. 對於生涯規劃的課程內容。	☐	☐	☐	☐	☐
4. 對於培養表達溝通能力的課程內容。	☐	☐	☐	☐	☐
5. 對於培養工作調適能力的課程內容。	☐	☐	☐	☐	☐
6. 對於培養第二專長的課程內容。	☐	☐	☐	☐	☐

（續）專欄9-2　李克氏量表製作範例

	非常滿意	滿意	有點滿意	不滿意	極不滿意
7.對於戶外體驗的課程內容。	□	□	□	□	□
8.對於就業輔導的方式。	□	□	□	□	□
9.對於工作媒合的方式。	□	□	□	□	□
10.整體而言，對於培訓計畫的內容感到滿意。	□	□	□	□	□

◎關於企業見習的情形，請依你的實際情形勾選適當選項：

	非常滿意	滿意	有點滿意	不滿意	極不滿意
1.見習單位的選擇具多元性。	□	□	□	□	□
2.見習單位的工作性質符合自己的期待。	□	□	□	□	□
3.選擇見習單位的過程是公平的。	□	□	□	□	□
4.對於見習單位的工作管理方式。	□	□	□	□	□
5.對於見習單位提供的輔導方式。	□	□	□	□	□
6.見習過程有助於瞭解自己的工作能力。	□	□	□	□	□
7.對於見習過程，政府提供的見習津貼。	□	□	□	□	□
8.整體而言，對於工作體驗過程感到滿意。	□	□	□	□	□

李克氏量表是一種普遍被使用的態度量表，其原因：

1. 不受到評判者之喜惡的限制，與研究主題有關之題項皆可納入，故測量範圍較深。
2. 製作過程單純。
3. 信度可藉題項之增加或評量等級增加（如5點增加到7點）。
4. 測量反應可得到較深之反應，不似舍史東量表只有同意與否。

其最大之缺點，因為是加總量表，例如得分相同代表兩者看法一致，但其實他們在分別題項有不同之反應。

三、古特曼量表

古特曼量表（Guttman Scale）是由單方向且具有同一性質的項目所構成的，此種方法企圖決定一個量表的單向性或單層面的性質。古特曼在1940年代發展此種量表，用於判斷一組指標或測量題項之間是否有關係存在。換言之，在古特曼量表中，如果他對第二道題目表示贊同，那麼他應會贊同第一道題項。同樣地，贊成第三道題項，也表示贊成第二道及第一道題項。因此，一個人贊成之題項的梯次愈高，其得的總分愈高，所以一個人的分數可用於判斷其對全部題項之反應。

古特曼量表製作步驟如下：

1. 選出可用於測量某種事物之具體句子或項目。
2. 將選出之句子構成一測驗量表。
3. 將那些被80%以上之受試者均回答同意或不同意之項目去除（類似鑑別度）。
4. 將回答者依其總分數高低，從最贊同至最少贊同者順序由上往下排列。
5. 將句子依最受贊同反應至最不受贊同反應順序，由左往右排列。
6. 去除那些無法判別贊同與不贊同反應之句子。
7. 計算複製係數（coefficient of reproducibility）：

$$複製係數 = 1 - \frac{誤答數}{回答數}（最少要高於0.8以上）$$

專欄9-3提供一個古特曼量表製作範例及計算複製係數。

專欄9-3　古特曼量表製作範例

研究者想要知道一群80名高中學生異性交往之互動模式。這群學生被問及當與異性朋友交往時，有否一壘安打（有接吻）、二壘安打（擁抱）、三壘安打（手可以自由移動），以及全壘打（有性交行為）。他們的答案可分為十六類：

回答模式	一壘安打	二壘安打	三壘安打	全壘打	N
1.	是	是	是	是	7
2.	是	是	是	否	13
3.	是	是	否	否	25
4.	是	否	否	否	15
5.	否	否	否	否	8
6.	否	是	是	是	1
7.	否	否	是	是	2
8.	否	否	否	是	1
9.	否	否	是	否	2
10.	否	是	否	是	5
11.	否	是	否	否	0
12.	否	是	是	否	0
13.	是	否	是	否	0
14.	是	否	是	是	0
15.	是	是	否	是	1
16.	是	否	否	是	0
總計					80

回答模式1～5為構成量表，6～16則不是。

複製係數 $= 1 - \dfrac{12}{80} = 0.85$

四、語意差異分析量表

語意差異分析量表（Semantic Differential Scale）由Osgood在1950年代發展出來，其提供測量人們如何感覺某個概念、物體或其他人的一種

第九章　信度分析、因素分析及SPSS之運用

間接測量工具。這種技術是利用形容詞來測量對某些事物的主觀感受，也就是說，評量者透過口頭上或文字上的形容詞來表達其對事物的評價。這些形容詞大都是對立的（如：亮與暗；安靜的與吵鬧的；深刻的與膚淺的等），使用這些對立的形容詞用於描繪某種概念，因而構成評量工具或量表。

使用語意差異分析量表方法很簡單，尤其測量對某一種概念，如離婚、結婚、某一類產品、政黨候選人，或對學校、家庭、社會之意見。使用語意差異分析法，研究者先把一系列成對的對立形容詞給受試者測量，每對形容詞之間有7～11個連續點作為測量等級，然後再請受試者在對立形容詞之間的連續點標示可以表達他感覺的位置。例如，筆者曾試著在1999年及2004年利用下列之題項（**專欄9-4**）詢問全國之少年，表達他們對社會之看法。

使用語意差異分析在形容詞之表達可區分成三種類別：評價（好與壞）、程度（強與弱）及活動（主動與被動）。語意差異分析法所得之結果是告訴研究者，人是如何知覺不同的概念，或是不同的人是如何看待相同之概念。上述三種類別也可以用三度空間來表達。

工具的發展是量化實徵科學必要的過程，沒有好的測量工具，蒐集的資料可能垃圾進，而研究結果遂變成垃圾出，那研究結論就失去客觀及實用之目的。**專欄9-5**是以個人過去所指導一篇碩士論文，其工具發展之過程。

因素分析（factor analysis）是利用相關矩陣的複雜統計技術，可分為「由上往下」（top-down method）及「由下往上」（bottom-up method），來找出變項之間的相關以形成聚集的因素結構，其主要是利用多變項之相關法，必須依賴電腦及統計套裝軟體（如SPSS、SAS、BMDP）。因素分析可以幫助研究者建立指標（建構）、檢定量表之單向性（建構）之負荷量、刪題，或對指標中各個問題進行加權。雖然因素分析統計邏輯概念複雜，但操作熟悉後，可以找出假設建構，尤其是

專欄9-4　少年對社會看法之語意差異分析量表

下列何者最能表示您對社會的看法？例如司法是「十分不公正」、「相當不公正」、「稍微有些不公正」、「不怎麼公正，也不會不公正」、「稍微有些公正」、「相當公正」或「十分公正」，請在適當位置的□中打「×」。評定時請依照您現在的感覺及想法，不必作太多的考慮。

表9-2　少年對社會看法之語意差異分析量表

司法是不公正的						司法是公正的	
□	□	□	□	□	□	□	
警察是不值得尊敬的						警察是值得尊敬的	
□	□	□	□	□	□	□	
社會立足不要靠人情關係						社會立足要靠人情關係	
□	□	□	□	□	□	□	
社會治安敗壞						社會治安良好	
□	□	□	□	□	□	□	
社會沒有人情味						社會有人情味	
□	□	□	□	□	□	□	
社會冷漠充滿危機						社會溫暖及安全的	
□	□	□	□	□	□	□	
社會兩性不平等						社會兩性平權、平等	
□	□	□	□	□	□	□	
社會歧視弱勢							
□	□	□	□	□	□	□	
社會充滿血腥暴力						社會溫馨和睦	
□	□	□	□	□	□	□	

尋找量表之建構效度以及因素之間的關聯。例如，大專聯考將各科考試分數進行因素分析，最後找出有三科考試成績承載著相同因素，表示測驗具有分析、歸納之能力，其餘各科分數承載著另一個因素（如記憶能力）。兩個因素之意義可以分析學生之成就能力。

第九章 信度分析、因素分析及SPSS之運用

專欄9-5　研究工具編製之範例

　　本專欄是以黃惠如（2002）的碩士論文《影響單親家庭生活品質相關因素之研究》中的單親家庭生活品質之量表當作範例，說明整個問卷編製過程，以及如何檢定信度、效度，包括表面效度、內容效度、鑑別度分析、因素分析及Cronbach's α信度分析，其過程詳述如下：

　　本研究採結構式問卷調查法進行資料之蒐集，依據研究目的、理論文獻及研究架構設計相關量表為本研究之工具，茲就問卷發展過程與內容分述如下：

壹、問卷的發展過程

第一階段：初擬問卷題庫

　　依據各研究變項內容，參考相關文獻之理論架構，並蒐集同質研究工具，初擬出各量表之題庫，且草擬訪談大綱以為先驅研究（pilot study）之用。

第二階段：與單親家長進行質性訪談

　　針對上述訪談大綱，對不同背景之單親家長以開放式訪問進行先驅研究。分別訪談兩位女性離婚單親（其中一位為低收入戶）、一位女性喪偶單親、一位男性分居單親以及一位男性離婚單親，以蒐集相關資料作為增修問卷內容之參考。

第三階段：擬定預試問卷

　　經由上述程序草擬出問卷初稿後，先邀請接受先驅研究之五位單親家長，針對問卷初稿進行表面效度檢定，再委請相關領域專家進行邏輯效度檢驗。綜合歸納其意見後刪修成為本研究之預試問卷。

第四階段：問卷的預試

　　針對42位透過「中國文化大學推廣教育中心」台北、台中與高雄三地之分部所立意選取之單親家長進行問卷預試，刪除無效問卷後，共得40個預試樣本。

第五階段：正式問卷的編製

　　針對上述預試樣本，以項目分析、因素分析以及內部一致性檢定等統計方法，對各量表逐一進行信度、效度檢定刪題，以成為本研究正式施測之問卷。

（續）專欄9-5　研究工具編製之範例

第六階段：研究量表的形成

針對回收之有效樣本再進行一次問卷的信效度檢定，以驗證各量表的穩定性，刪除不顯著之題項後，形成本研究分析之量表。

貳、單親家庭生活品質量表之概念建構及計分

由於文獻資料缺乏對於單親家庭生活品質的探討，因此本研究根據單親家庭生活適應之相關理論，以及對單親家庭之先驅研究所發現的困境與優勢，自行編製題項內容。問卷評量構念包括：「生理健康安適感」、「心理社會幸福感」以及「經濟財務安全感」三個向度，評分標準採五分序位量尺，量尺詞語包括兩類：心理社會與經濟層面使用「同意」（agree）之認同詞語，端點用詞（anchor points）為「非常不同意」（1分）到「非常同意」（5分），分數越高，表越同意該題項自覺看法，再由題項的正反面意涵來計算其生活品質得分；另外生理部分之詞語選擇，則參考林茂榮等人（1999）針對「健康生活品質」問卷量尺詞語選擇之研究結果，以「頻率」（frequency）詞語來評估其生理狀況，端點用詞為「從來沒有」（1分）到「一直都有」（5分），生活品質計分方式同上。各分量表之內涵分述如下：

1. 心理社會幸福感──評估的指標感受：包括與親朋好友之人際互動的感受，以及憂鬱、焦慮或快樂、滿足等認知感受。
2. 經濟財務安全感──評估的指標感受：包括收入來源的穩定性、富足性，以及突發狀況的經濟因應能力，以及對社會救助的依賴性。
3. 生理健康安適感──評估的指標感受：包括精神、體力、睡眠、食慾及相關身心症狀發生的頻率，以及其安適的感受。

參、信效度檢定方法

一、表面效度（face validity）

分別邀請接受先驅研究之五位單親家長對預試問卷進行表面效度檢定，依受試者之經驗與主觀感受，針對題項內容周延性與詞語表達難易分別進行討論，然後再依題數的適切性以及填答時間進行檢定，以作為問卷修正之參考。

二、內容效度（content validity）──專家邏輯效度

經由表面效度校正後之問卷，再分別邀請五位專長於家庭關係、社會福利與心理評析之學者進行專家邏輯效度，根據問卷內容適合度，如測驗

第九章 信度分析、因素分析及SPSS之運用

（續）專欄9-5　研究工具編製之範例

是否足夠的樣本行為且有適當的比例分配等，用系統的邏輯方法分析試題的性能，以為本問卷之內容效度。

三、建構效度

為使本研究工具更具建構效度，遂以項目分析與因素分析等統計方法檢定各量表之建構，以呈現最清晰、易解釋的架構。項目分析主要以決斷值（CR）與鑑別度（D）進行刪題，因素分析則以「主成分分析」（PCA）與「最大變異法」（VM）的方式找出潛在因子。

四、信度檢定

為了進一步瞭解問卷的可靠性，本研究採統計方法Cronbach's α進行問卷之內部一致性檢定，以求得信度係數。

肆、信效度檢定過程

由於本研究之主題在文獻資料中缺乏較具可靠的工具來闡明其所包含的變項，加上預試樣本數不夠充分（僅40份），且同質性亦過高（均來自於教育體系）的限制，故本研究之各量表將分別對預試與正式兩種不同樣本進行問卷的信效度檢定，以求驗證效果。首先針對40份預試樣本進行信效度檢定，以呈現各量表間之因素結構與內部一致性，再進一步以全體3,107份正式樣本重複檢核各量表因素間的建構關係，以求問卷的穩定性。部分量表如「單親家長角色壓力」與「單親家庭社會支持」在第一次因素分析時並未能呈現最佳的解釋因子，但在第二次的因素分析中均得到60%以上解釋力的因素結構，其結果呈現如下：

單親家庭生活品質量表

(一)預試樣本之信效度檢定

首先以項目分析刪除決斷值（CR）未達顯著差異，且鑑別度（D）小於1之題項共10題後，共得32個題目（**表9-3**），接下來再以因素分析刪除不符合構念與負荷值低於0.45之題項共6題後剩下26題，根據特徵值大於1，共抽取三個因子，其中最大因子特徵值是5.44，負荷值在0.86～0.46之間，可解釋變異量為20.93%；第二因子特徵值則是4.63，負荷值在0.83～0.51之間，可解釋變異量為17.81%，第三因子特徵值則是4.34，負荷值在0.78～0.45之間，可解釋變異量為16.68%，此三因子共可解釋受試者在「生活品質量表」上總變異量的55.42%（**表9-4**）。

接著是因子的命名，由於此量表所呈現之因素結構驗證了問卷內容

(續)專欄9-5 研究工具編製之範例

的理論架構與專家邏輯效度,因此研究者依據題項的意義,分別將此三因子命名為「財務經濟安全感」、「生理健康安適感」與「心理社會幸福感」,以此三個構念形成單親家庭生活品質之整體概念。

最後,為了進一步瞭解問卷的考靠性,本研究採取統計分法Cronbach's α進行問卷之內部一致性檢定。總量表之信度係數α為0.92,三個分量表分別為0.90、0.88與0.80,顯示問卷有良好的信度(**表9-5**)。

表9-3 「單親家庭生活品質量表」預試問卷之鑑別度分析摘要表

N=40

預試題號	題目內容	決斷值(CR)	鑑別度(D)	取捨
一-1	求助是困難的事	2.777*	1.20	
一-2	朋友會伸出援手	1.381	0.60	刪除
一-3	朋友能體諒單親處境	0.896	0.30	刪除
一-4	少與他人來往	2.277*	1.20	
一-5	對異樣眼光感到困擾	3.384	1.40	
一-6	有閒暇做喜歡的事	2.635*	1.40	
一-7	和子女渡假感到滿足	2.151	0.60	刪除
一-8	避免參加雙親家庭聚會	2.899**	1.30	
一-9	樂意參加孩子學校的活動	4.230***	1.30	
一-10	與前配偶互動良好	2.492*	1.30	
一-11	相信事情會好轉	2.480*	1.10	
一-12	感到孤單寂寞	3.656**	1.40	
一-13	親子關係親密	0.791	0.40	刪除
一-14	擔心發生不好的事	6.708***	2.00	
一-15	感到憂愁	1.320	0.70	刪除
一-16	值得被愛	-0.361	-0.20	刪除
一-17	生活有牽絆	3.482**	1.60	
一-18	有用且被需要	1.103	0.50	刪除
一-19	是一個失敗的人	4.632***	2.10	
一-20	變成單親我要負責	1.877	1.20	刪除

（續）專欄9-5　研究工具編製之範例

一21	生活有遺憾但滿足	2.939**	1.20	
一22	對遭遇憤憤不平	2.899**	1.30	
一23	擔心沒有一技之長	3.707**	2.00	
一24	為養家奔波工作	3.938***	1.80	
一25	財務自主	2.449*	1.00	
一26	收入不穩造成威脅	14.697***	2.40	
一27	收入不夠維持開銷	13.056***	2.50	
一28	沒有存款以應不時之需	8.135***	2.50	
一29	擔心急用時沒人能周轉	8.547***	2.50	
一30	居無定所隨時會搬家	4.905***	2.10	
一31	需仰賴政府經濟援助	7.615***	2.50	
二1	感到疲倦	8.606***	2.40	
二2	體力充沛	2.233*	1.20	
二3	保持運動習慣	0.621	0.40	刪除
二4	心神不寧	5.532***	1.70	
二5	不容易入睡或睡不安穩	5.635***	2.10	
二6	胃口不好沒有食欲	3.157**	1.20	
二7	沒有節制吃東西	0.910	0.40	刪除
二8	容易生病	3.087**	1.20	
二9	胃痛或消化不良	2.746*	1.70	
二10	頭痛	4.385***	1.90	
二11	體重無緣無故增減	4.200**	2.10	

$*p < .05$；$**p < .01$；$***p < .001$

（續）專欄9-5　研究工具編製之範例

表9-4 「單親家庭生活品質量表」預試問卷之因素結構摘要表

N=40

命名	題數	預試題號	題目內容	因素一	因素二	因素三	Cronbach's α 信度係數
財務經濟安全感	8	27	擔心收入不夠維持開銷	0.86	0.18	0.02	0.90
		26	收入不穩對家庭造成威脅	0.86	0.13	0.24	
		28	沒有足夠存款以應不時之需	0.85	0.22	0.06	
		24	為了養家活口必須奔波工作	0.75	0.07	0.08	
		29	擔心有急用沒有人可以周轉	0.74	0.00	0.37	
		31	需要政府經濟援助	0.69	0.44	0.23	
		30	沒有固定住所隨時可能搬家	0.62	0.30	0.05	
		23	擔心沒有一技之長坐吃山空	0.46	0.30	0.14	
生理健康安適感	8	9	有胃痛或消化不良毛病	0.05	0.83	0.00	0.88
		10	頭痛肩頸痛或胸悶	0.12	0.80	0.23	
		6	胃口不好	0.16	0.78	-0.16	
		5	不易入睡或睡不安穩	0.29	0.72	0.24	
		8	容易生病	0.21	0.66	0.13	
		4	心神不寧無法集中注意	0.20	0.55	0.37	
		1	感到疲倦提不起勁	0.37	0.52	0.46	
		11	體重無緣無故增減	0.30	0.51	0.33	
心理社會幸福感	10	11	相信事情會好轉	-0.11	0.21	0.78	0.80
		10	與前配偶互動良好	-0.04	-0.01	0.70	
		9	樂意參加孩子學校的活動	0.24	0.20	0.66	
		4	少與他人來往	0.24	-0.29	0.60	
		21	雖然有遺憾但感到滿足	0.12	0.24	0.58	
		25	財務自主不用受制於人	0.37	-0.10	0.58	
		5	以異樣眼光看我而困擾	0.13	0.16	0.50	
		19	是一個失敗的人	0.46	0.20	0.50	
		8	避免參加雙親家庭聚會	0.12	0.29	0.47	
		14	擔心發生不好的事	0.39	0.17	0.45	
總量表	26		特徵值	5.44	4.63	4.34	0.92
			解釋變異量%	20.93	17.81	16.68	
			總解釋變異量%		55.42		

（續）專欄9-5　研究工具編製之範例

(二)正式樣本之信效度檢定

本研究之正式施測問卷經項目分析後顯示：本量表26個題項之決斷值（CR）均達顯著差異，且鑑別度（D）都在0.6以上（**表9-5**）。接下來再進行一次因素分析以檢驗各因素構念間的穩定效果。

以全體正式樣本所進行之因素分析結果如下。刪除「我擔心發生不好的事」與「我與前配偶有良好的互動」兩題負荷值低於0.45之題項後剩下24題，根據特徵值大於1，共抽取出三個因子，與第一次因素分析結果相同。其中第一個因子為「生理健康安適感」，特徵值是4.68，負荷值在0.70以上，可解釋變異量為19.51%；第二因子為「財務經濟安全感」，特徵值是4.42，負荷值在0.54以上，可解釋變異量為18.43%；第三因子則是「心理社會幸福感」，特徵值為3.09，負荷值在0.50以上，可解釋變異量為12.86%，此三個因子共可解釋「單親家庭生活品質量表」總變異量之50.80%，與第一次因素分析之解釋力（55.42%）相當，顯示此量表有穩定且一致的建構效度。此外，其內部一致性Cronbach's α 檢定，總量表之信度係數為0.89，三個分量表分別為0.90、0.87與0.75，顯示此量表亦有良好的信度（**表9-6**）。

表9-5　「單親家庭生活品質量表」正式問卷之鑑別度分析摘要表

N＝3,107

預試題號	題目內容	決斷值（CR）	鑑別度（D）
一-1	樂意參加孩子學校的活動	14.202***	0.61
一-2	與前配偶互動良好	10.881***	0.63
一-3	少和他人來往	23.062***	1.03
一-4	以異樣眼光看我而困擾	25.157***	1.04
一-5	避免帶孩子參加雙親家庭聚會	23.513***	1.08
一-6	相信事情會好轉	15.588***	0.66
一-7	擔心發生不好的事	26.987***	1.25
一-8	是一個失敗的人	32.721***	1.36
一-9	雖然有遺憾但感到滿意	18.394***	0.83
一-10	擔心沒有一技之長會坐吃山空	26.191***	1.39

（續）專欄9-5　研究工具編製之範例

一11	為了養家活口必須奔波工作	26.148***	1.29
一12	財務自主不用受制於人	13.293***	0.60
一13	收入不穩對家庭造成威脅	41.867***	1.86
一14	擔心收入不夠維持開銷	35.385***	1.66
一15	沒有足夠存款以應不時之需	32.021***	1.54
一16	擔心有急用時沒有人可以周轉	35.327***	1.66
一17	沒有固定住所隨時可能要搬家	28.677***	1.49
一18	需要仰賴政府經濟援助	37.686***	1.75
二1	感到疲倦提不起勁	43.209***	1.74
二2	心神不寧無法集中注意	43.632***	1.74
二3	睡的不安穩	37.783***	1.75
二4	胃口不好	36.539***	1.45
二5	容易生病	34.540***	1.45
二6	有胃痛或消化不良毛病	28.795***	1.49
二7	頭痛肩頸痛或胸悶	35.703***	1.72
二8	體重無緣無故增減	31.206***	1.46

***$p < .001$

表9-6　「單親家庭生活品質量表」正式問卷之因素結構摘要表

N＝3,107

命名	題數	預試題號	題目內容	因素一	因素二	因素三	Cronbach's α 信度係數
生理健康安適感	8	7	頭痛肩頸痛或胸悶	0.77	0.17	-0.05	0.90
		5	容易生病	0.76	0.13	0.10	
		2	心神不寧無法集中注意	0.76	0.18	0.22	
		3	不易入睡或睡不安穩	0.75	0.17	0.08	
		1	感到疲倦提不起勁	0.75	0.20	0.19	
		4	胃口不好	0.73	0.12	0.19	
		6	有胃痛或消化不良毛病	0.72	0.09	-0.01	
		8	體重無緣無故增減	0.70	0.15	0.08	

（續）專欄9-5　研究工具編製之範例

財務經濟安全感	8	14	擔心收入不夠維持開銷	0.16	0.83	0.03	0.87
		15	無足夠存款以應不時之需	0.13	0.81	0.03	
		13	收入不穩對家庭造成威脅	0.14	0.81	0.18	
		16	擔心有急用時沒有人可以周轉	0.14	0.77	0.11	
		11	為養家活口必須奔波工作	0.13	0.66	0.00	
		18	需要政府經濟援助	0.16	0.63	0.28	
		10	擔心無一技之長坐吃山空	0.16	0.59	0.03	
		17	無固定住所隨時可能要搬家	0.15	0.54	0.19	
心理社會幸福感	8	6	相信事情會好轉	0.05	-0.06	0.67	0.75
		9	雖然有遺憾但感到滿足	0.08	0.02	0.64	
		5	避免參加雙親家庭聚會	0.13	0.16	0.59	
		4	以異樣眼光看我而困擾	0.13	0.19	0.58	
		8	是一個失敗的人	0.22	0.25	0.57	
		1	樂意參加孩子學校的活動	-0.02	0.02	0.57	
		12	財務自主不用受制於人	0.01	0.01	0.56	
		3	少和他人來往	0.09	0.21	0.50	
總量表	24	特徵值		4.68	4.42	3.09	0.89
		解釋變異量%		19.51	18.43	12.86	
		總解釋變異量%		50.80			

　　在這一章中，我們已介紹一些測量化方法、統計技術及瞭解相關指標及量表之製作方法。從測量之意涵、測量之數量化模式、信度、效度，到建立指標與量表之方法。

　　實徵研究之兩個重要概念：概念化及測量化。雖然測量化之核心概念是信度與效度。信度之概念是排除各種誤差，如題本、時間及人為因素，而效度是找到真正之測量特性。信度與效度只是一種邏輯之建構，最重要的是替研究變項訂定清楚的定義，使用多重指標，採用異質觀察，以及適當使用加權與標準化之資料，以確保資料蒐集時減少誤差之資料，不然，垃圾進、垃圾出之輸出結果，對研究之正確性則大打折扣。也使研究結果造成不可挽回的傷害。

第二節　項目分析、因素分析與內部一致性在SPSS之運用

一、項目分析（item analysis）

(一)項目分析基本概念

◆項目難度

1. 對錯二分的題型，以總分的高低取其上下各27%的樣本人數，總分高的前27%的受試者稱之為高分組，總分低的後27%的受試者稱之為低分組。難度的計算公式為：

$$P = (P_H + P_L)/2$$

式中P代表難度，P_H代表高分組通過某一題目的百分比，P_L代表低分組通過某一題目。

2. 多點尺度的題型：最適合作為難度指標者就是題目的平均數。當平均數過高或過低時，代表題目較為偏易或偏難。

◆項目鑑別度

1. 項目與效標的關係：若外在效標不易取得時，可利用測驗的總分高低來作為效標。
2. 一個項目有其效度，應跟總分有明顯正相關；若題目不好，則與總分的相關就會降低。

◆鑑別指數

1. 鑑別度D值：$D = P_H - P_L$，P為試題的總難度，P_H代表高分組在某個題項答對人數的百分比；P_L代表低分組在某個題項答對人數的百分比。

第九章　信度分析、因素分析及SPSS之運用

2. 高分組答對的百分比與低分組答對的百分比的差異值。
3. 鑑別度指數D值是介於-1.00至1.00的數值（**表9-7**）。
   (1) D＝1.00，代表高分組的人全部答對，低分組的人全部答錯。
   (2) D＝-1.00，代表高分組的人全部答錯，低分組的人全部答對。
   (3) D＝0，代表高分組和低分組的人皆半數答對。若D值為負，表示該題低分組得分優於高分組。表示該題為一反向題或是不良。

表9-7　鑑別度評鑑標準

鑑別度	試題評鑑
0.40以上	非常優良
0.30-0.39	良好，但需要細部修改
0.20-0.29	尚可，但需要修改
0.19以下	劣，必須淘汰或修改

首先，我們先來操作項目鑑別度在SPSS運用的過程：

1. 我們要先將所欲施作鑑別度之變數做高低分組設定，使用SPSS軟體之操作步驟（**圖9-1**），首先點選「分析(A)」→接著點選「敘述統計(E)」→最後選擇「次數分配表(F)」。
2. 進入次數分配操作視窗後，選取欲建立高低分組之變數，將此變數從左方移至右方變數(V)欄位，茲以「社會資本總分」變項為例（**圖9-2**）
3. 選取後，我們可點選右方的「統計量(S)」，勾選百分位數，一般以前後27%為分組標準，因此，我們便輸入27與73（**圖9-3**），輸入完畢後按「繼續」即可；最後會出現前27%與後27%的高低分組標準（**圖9-4**）。
4. 得到高低分組標準後，我們便要開始進行分組動作，首先點選「轉換(T)」→「重新編碼成不同變數(R)」（**圖9-5**），接著將「社會資本總分」移至右方欄位，並在輸出之新變數欄位名稱中鍵入「社

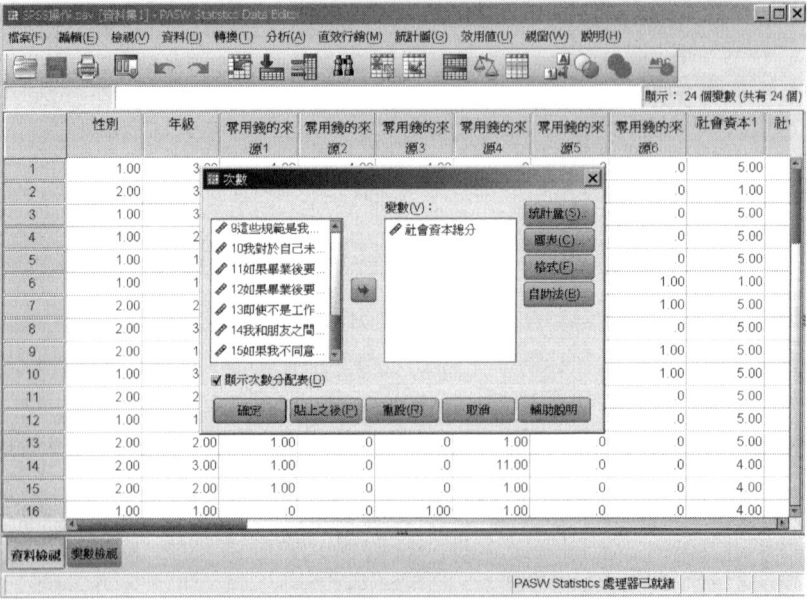

圖9-1　SPSS操作視窗（分析）

圖9-2　SPSS操作視窗（高低分組）

第九章　信度分析、因素分析及SPSS之運用

313

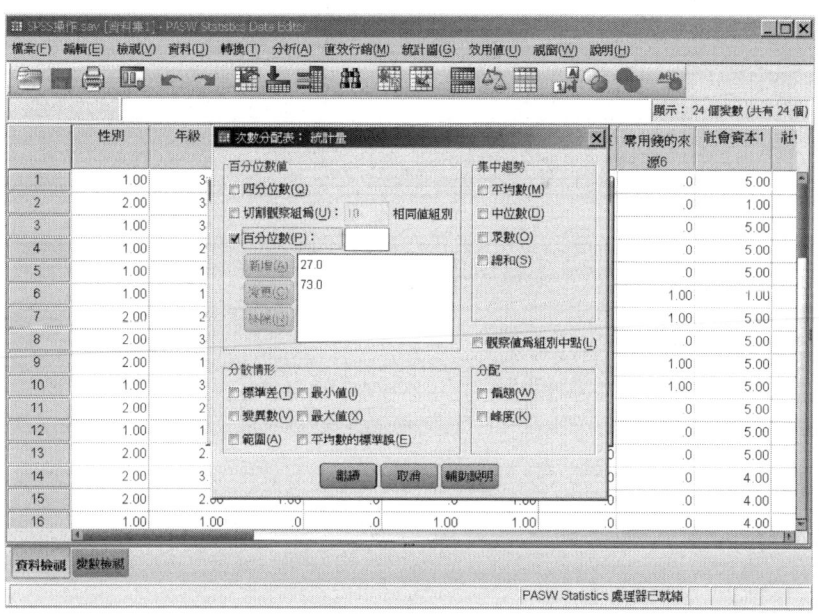

圖9-3　SPSS操作視窗（到P_{27}、P_{73}）

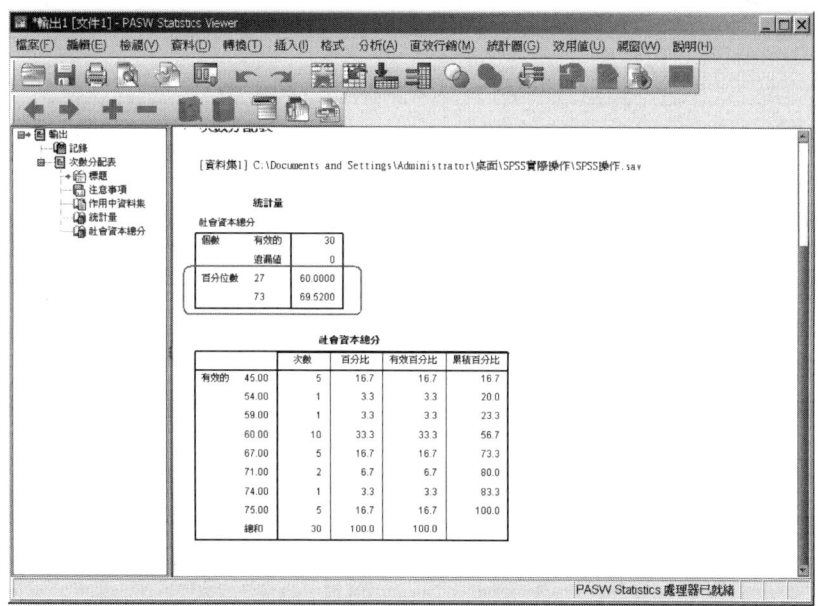

圖9-4　高低分組前27%與73%之統計量

圖9-5 重新編碼成不同變數

會資本高低分組」（圖9-6），輸入新名稱後，便點選「舊值與新值(O)」進行分組：在左下方「範圍，LOWEST到值(G)」輸入上述第三步驟中27%之值，並在右上方新值數值欄位輸入1，作為低分組；接著，繼續在左下方「範圍，HIGHEST到值(E)」輸入上述第三步驟中73%之值，並在右上方新值數值欄位輸入2，作為高分組（圖9-7）。輸入完畢後按繼續，便會出現社會資本高低分組變數欄（圖9-8）。

5.高低分組完成後，便要開始進行項目分析，首先，點選「分析(A)」→點選「比較平均數法(M)」→接著選擇「獨立樣本t檢定(T)」（圖9-9）；進入視窗後，將欲操作之量表題目移至右方「檢定變數(T)」欄位，並將第四步驟之高低分組變數移至下方「分組變數欄位(G)」，並點選「定義組別(D)」輸入1和2，最後點選確定

第九章　信度分析、因素分析及SPSS之運用

圖9-6　社會資本高低分組操作視窗

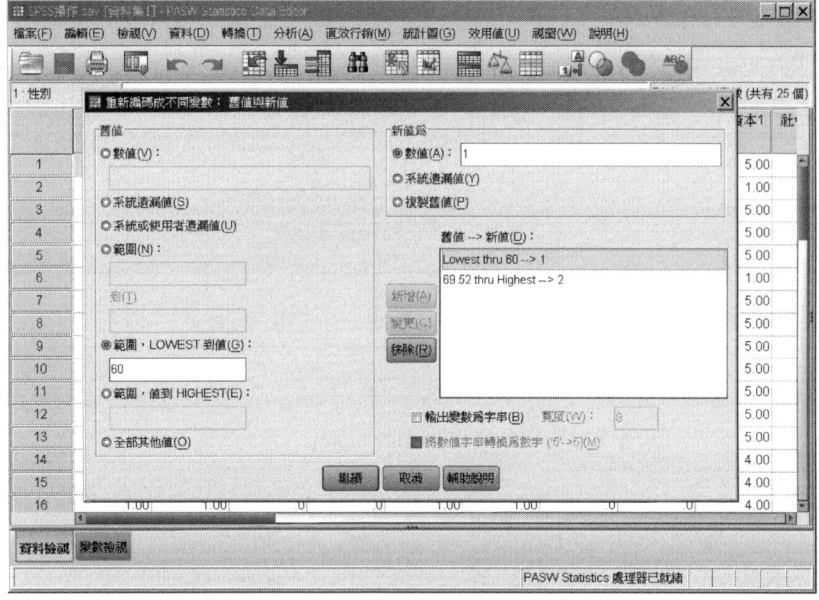

圖9-7　設定高低分組數值

圖9-8　社會資本高低分組完成圖

圖9-9　鑑別度SPSS操作視窗（分析）

第九章　信度分析、因素分析及SPSS之運用

（**圖9-10**）。最後，當我們做完以上步驟，按下「確定」鍵，即可獲得組別統計量表（**表9-8**）、獨立樣本t檢定（**表9-9**）。

6. 當統計軟體幫我們輸出統計報表後，我們還必須將它的格式整理為研究與論文所要求的使用格式，並將無用之數據去除，保留所需且重要之數據，這樣才能符合研究與論文之要求，並且要針對我們所輸出的資料來作解釋與說明，否則，我們辛苦做出來的資料只是一堆無用的統計數據（**表9-10**）。

在此項輸出結果中，我們先看每個題項組別變異數相等性的「F檢定」的顯著性，如果達顯著（顯著性p< .05），則應拒絕虛無假設，接受對立假設，表示兩個組別變異數不相等，此時要看「不假設變異數相等」欄位的t值（如題目：1、2、3、4、5、6、9、10、11、12、13、14、15）；反之，如果未達顯著（顯著性p> .05），則應接受虛無假設，拒絕

圖9-10　鑑別度SPSS操作視窗（選擇變數）

表9-8　社會資本各項目之組別統計量表

	社會資本高低分組	個數	平均數	標準差	平均數的標準誤
1我熟識社區內的一些居民	1.00	17	3.5294	.79982	.19398
	2.00	8	4.8750	.35355	.12500
2當我有困難時，同學會為了我而暫時放下手邊的工作	1.00	17	3.7647	.56230	.13638
	2.00	8	5.0000	.00000	.00000
3當我在學校急需別人幫忙時，有朋友願意立刻伸出援手	1.00	17	3.5882	.87026	.21107
	2.00	8	5.0000	.00000	.00000
4當我在學校生病或受傷時，有朋友願意幫助我	1.00	17	3.7647	.56230	.13638
	2.00	8	5.0000	.00000	.00000
5我在學校內有可以分享心事的朋友	1.00	17	3.7647	.56230	.13638
	2.00	8	5.0000	.00000	.00000
6當我心情不好時，學校師長能適時關懷我	1.00	17	3.7647	.56230	.13638
	2.00	8	5.0000	.00000	.00000
7朋友知道有哪些行為是我討厭的	1.00	17	3.5882	.87026	.21107
	2.00	8	4.5000	1.41421	.50000
8在有共識的規範下，我和朋友們相處融洽	1.00	17	3.7647	.56230	.13638
	2.00	8	4.5000	1.41421	.50000
9這些規範是我和朋友之間的默契，只有我們彼此知道	1.00	17	3.7647	.56230	.13638
	2.00	8	5.0000	.00000	.00000
10我對於自己未來的生涯發展感到茫然	1.00	17	3.7647	.56230	.13638
	2.00	8	5.0000	.00000	.00000
11如果畢業後要就業，我知道自己想要從事何種職業	1.00	17	3.7647	.56230	.13638
	2.00	8	5.0000	.00000	.00000
12如果畢業後要升學，我知道自己想要就讀哪個科系	1.00	17	3.7647	.56230	.13638
	2.00	8	5.0000	.00000	.00000
13即使不是工作上的要求，我也會主動幫同學	1.00	17	3.5294	.79982	.19398
	2.00	8	5.0000	.00000	.00000
14我和朋友之間，有一種不用說出來對方也知道的默契	1.00	17	3.5294	.79982	.19398
	2.00	8	5.0000	.00000	.00000
15如果我不同意朋友的看法，我能毫無顧慮的說出來	1.00	17	3.5294	.79982	.19398
	2.00	8	5.0000	.00000	.00000

第九章　信度分析、因素分析及SPSS之運用

表9-9　社會資本各項目之獨立樣本 t 檢定

		變異數相等的 Levene檢定		平均數相等的t檢定						
		F檢定	顯著性	t	自由度	顯著性（雙尾）	平均差異	標準誤差異	差異的95%信賴區間	
									下界	上界
1我熟識社區內的一些居民	假設變異數相等	4.309	.049	-4.516	23	.000	-1.34559	.29799	-1.96202	-.72915
	不假設變異數相等			-5.831	22.987	.000	-1.34559	.23077	-1.82299	-.86819
2我有困難時，同學會為了我而騰時會放下手邊的工作	假設變異數相等	15.638	.001	-6.143	23	.000	-1.23529	.20108	-1.65125	-.81934
	不假設變異數相等			-9.058	16.000	.000	-1.23529	.13638	-1.52440	-.94619
3當我在學校急需別人幫忙時，有朋友願意立刻伸出援手	假設變異數相等	10.754	.003	-4.536	23	.000	-1.41176	.31120	-2.05554	-.76799
	不假設變異數相等			-6.689	16.000	.000	-1.41176	.21107	-1.85921	-.96432
4當我在學校生病或受傷時，有朋友願意幫助我	假設變異數相等	15.638	.001	-6.143	23	.000	-1.23529	.20108	-1.65125	-.81934
	不假設變異數相等			-9.058	16.000	.000	-1.23529	.13638	-1.52440	-.94619
5我在學校內有可以分享心事的朋友	假設變異數相等	15.638	.001	-6.143	23	.000	-1.23529	.20108	-1.65125	-.81934
	不假設變異數相等			-9.058	16.000	.000	-1.23529	.13638	-1.52440	-.94619
6當我心情不好時，學校師長能適時關懷我	假設變異數相等	15.638	.001	-6.143	23	.000	-1.23529	.20108	-1.65125	-.81934
	不假設變異數相等			-9.058	16.000	.000	-1.23529	.13638	-1.52440	-.94619
7朋友知道有哪些行為是我討厭的	假設變異數相等	.493	.490	-1.996	23	.058	-.91176	.45688	-1.85690	.03337
	不假設變異數相等			-1.680	9.584	.125	-.91176	.54272	-2.12818	.30466
8在有共識的規範下，我和朋友相處融洽	假設變異數相等	2.382	.136	-1.884	23	.072	-.73529	.39029	-1.54267	.07208
	不假設變異數相等			-1.419	8.061	.193	-.73529	.51827	-1.92885	.45826

(續) 表9-9 社會資本各項目之獨立樣本 t 檢定

項目				t	df	顯著性	平均差異	標準誤差異	下界	上界
9這些規範是我和朋友之間的默契，只有我們彼此知道	假設變異數相等	15.638	.001	-6.143	23	.000	-1.23529	.20108	-1.65125	-.81934
	不假設變異數相等			-9.058	16.000	.000	-1.23529	.13638	-1.52440	-.94619
10我對於自己未來的生涯發展感到沉然	假設變異數相等	15.638	.001	-6.143	23	.000	-1.23529	.20108	-1.65125	-.81934
	不假設變異數相等			-9.058	16.000	.000	-1.23529	.13638	-1.52440	-.94619
11如果畢業後要就業，我知道自己要從事何種職業	假設變異數相等	15.638	.001	-6.143	23	.000	-1.23529	.20108	-1.65125	-.81934
	不假設變異數相等			-9.058	16.000	.000	-1.23529	.13638	-1.52440	-.94619
12如果畢業後要升學，我知道自己要就讀哪個科系	假設變異數相等	15.638	.001	-6.143	23	.000	-1.23529	.20108	-1.65125	-.81934
	不假設變異數相等			-9.058	16.000	.000	-1.23529	.13638	-1.52440	-.94619
13即使不是工作上的要求，我也會主動幫同學	假設變異數相等	11.806	.002	-5.142	23	.000	-1.47059	.28601	-2.06225	-.87892
	不假設變異數相等			-7.581	16.000	.000	-1.47059	.19398	-1.88182	-1.05936
14我和朋友之間，有一種不用說出來對方也知道的默契	假設變異數相等	11.806	.002	-5.142	23	.000	-1.47059	.28601	-2.06225	-.87892
	不假設變異數相等			-7.581	16.000	.000	-1.47059	.19398	-1.88182	-1.05936
15如果我不同意朋友的看法，我能毫無顧慮的說出來	假設變異數相等	11.806	.002	-5.142	23	.000	-1.47059	.28601	-2.06225	-.87892
	不假設變異數相等			-7.581	16.000	.000	-1.47059	.19398	-1.88182	-1.05936

第九章 信度分析、因素分析及SPSS之運用

表9-10 社會資本量表之鑑別度分析摘要表

題目	決斷值（CR）	鑑別度（D）	取捨
1我熟識社區內的一些居民	-5.831***	-1.34559	保留
2當我有困難時，同學會為了我而暫時放下手邊的工作	-9.058***	-1.23529	保留
3當我在學校急需別人幫忙時，有朋友願意立刻伸出援手	-6.689***	-1.41176	保留
4當我在學校生病或受傷時，有朋友願意幫助我	-9.058***	-1.23529	保留
5我在學校內有可以分享心事的朋友	-9.058***	-1.23529	保留
6當我心情不好時，學校師長能適時關懷我	-9.058***	-1.23529	保留
7朋友知道有哪些行為是我討厭的	-1.996	-.91176	刪除
8在有共識的規範下，我和朋友們相處融洽	-1.884	-.73529	刪除
9這些規範是我和朋友之間的默契，只有我們彼此知道	-9.058***	-1.23529	保留
10我對於自己未來的生涯發展感到茫然	-9.058***	-1.23529	保留
11如果畢業後要就業，我知道自己想要從事何種職業	-9.058***	-1.23529	保留
12如果畢業後要升學，我知道自己想要就讀哪個科系	-9.058***	-1.23529	保留
13即使不是工作上的要求，我也會主動幫同學	-7.581***	-1.47059	保留
14我和朋友之間，有一種不用說出來對方也知道的默契	-7.581***	-1.47059	保留
15如果我不同意朋友的看法，我能毫無顧慮的說出來	-7.581***	-1.47059	保留

$*p < .05$ $**p < .01$ $***p < .001$
若CR值(t) < 3.000，則表示鑑別力較差，可考慮刪題。

對立假設，表示兩個組別變異數相等，此時要看「假設變異數相等」欄位的t值（如題目：7、8）；如果t值達顯著（顯著性$p < .05$），表示此題具有鑑別度，如果t值不顯著（顯著性$p > .05$），則表示此題不具有鑑別度。

　　從上述摘要表可以得知，這15題中，只有第7題、第8題的決斷值（CR）並未達顯著且< .3000，因此，可以考慮刪除這兩題；接著，再從鑑別度D值來決定是否刪除題，依照鑑別度評鑑標準，此份量表每一題的D值皆大於.40，表示試題是有鑑別度的，無需刪題。其中，摘要表欄位

中的數值前方之「-」號,並非代表負數,而是表示相關程度而已。

二、因素分析

因素分析在SPSS操作運用之過程如下步驟:

1. 使用SPSS軟體之操作步驟(**圖9-11**),首先點選「分析(A)」→接著點選「維度縮減(D)」→最後選擇「因子(F)」。
2. 進入因子分析操作視窗後,將欲操作因素分析之量表題目移至右方「變數(V)」欄位(**圖9-12**),並點選「描述性統計量(D)」勾選所欲選擇之項目(**圖9-13**);然後點選「萃取(E)」,選擇使用之方法,茲以主成分分析為例,社會資本量表經由文獻參考歸納三個因子,因此,在「固定因子數目」欄位輸入3(**圖9-14**);並在「轉軸法(T)」中勾選所欲使用之方法(**圖9-15**);在「分數(S)」欄位中勾選所欲使用之方法(**圖9-16**)。
3. 最後,當我們做完以上步驟,按下「確定」鍵,即可獲得KMO與Bartlett檢定表(**表9-11**)、解說總變異量(**表9-12**)與轉軸後的成分矩陣表(**表9-13**)。
4. 當統計軟體幫我們輸出統計報表後,我們還必須將它的格式整理為研究與論文所要求的使用格式,並將無用之數據去除,保留所需且重要之數據,這樣才能符合研究與論文之要求,並且要針對我們所輸出的資料來作解釋與說明,否則,我們辛苦做出來的資料只是一堆無用的統計數據(**表9-14**、**表9-15**、**表9-16**)。

從上述摘要表可以得知,KMO值為.907,達.90以上,可評為極佳,KMO值越大(接近1),表示其共同性越高,越適合進行因素分析。其近似卡方分配為 3286.057,自由度(df)105,顯著性.000,達顯著,表示本量表適合進行因素分析。

第九章 信度分析、因素分析及SPSS之運用

323

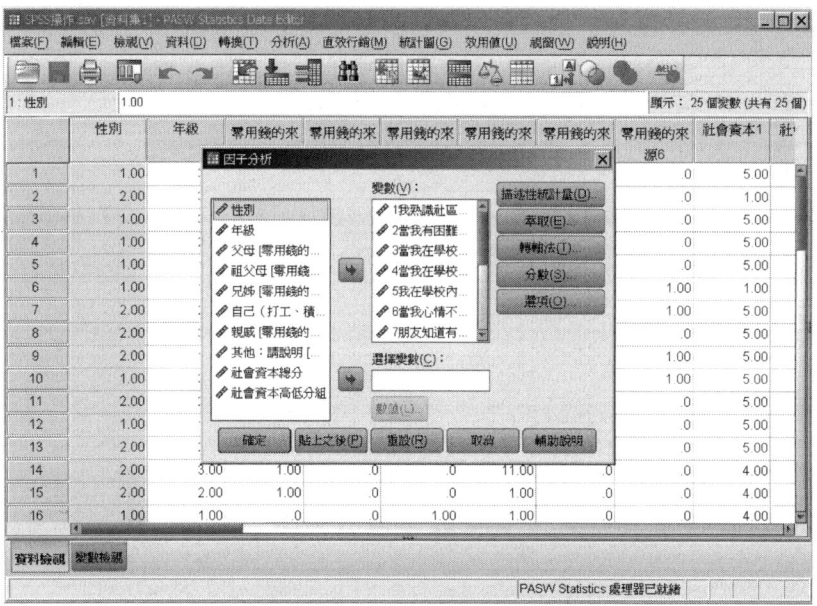

圖9-11 因素分析SPSS操作視窗（分析）

圖9-12 因素分析SPSS操作視窗（選擇變數）

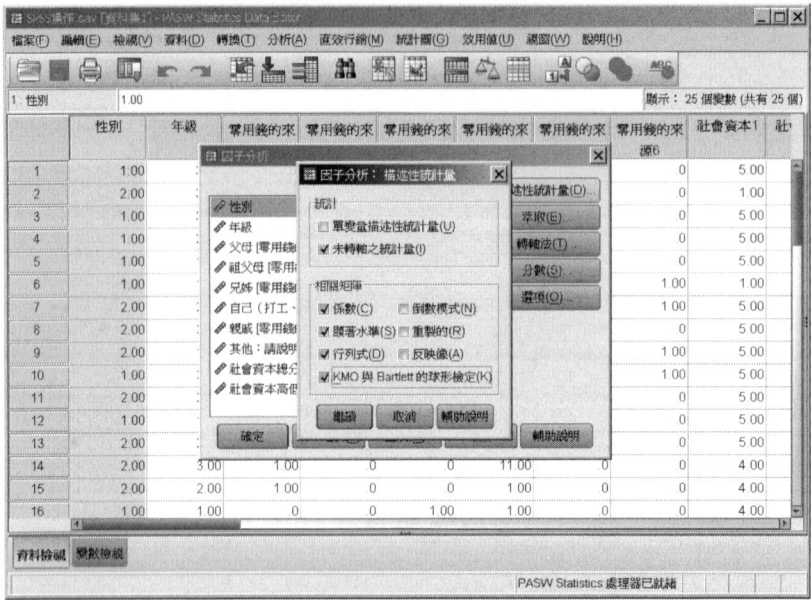

圖9-13　因素分析之描述性統計量視窗

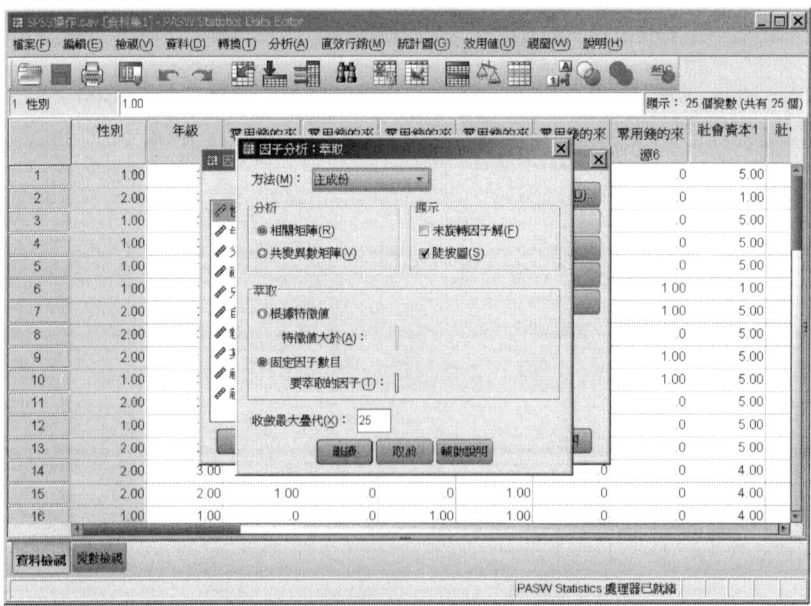

圖9-14　因素分析之萃取因子視窗

第九章 信度分析、因素分析及SPSS之運用

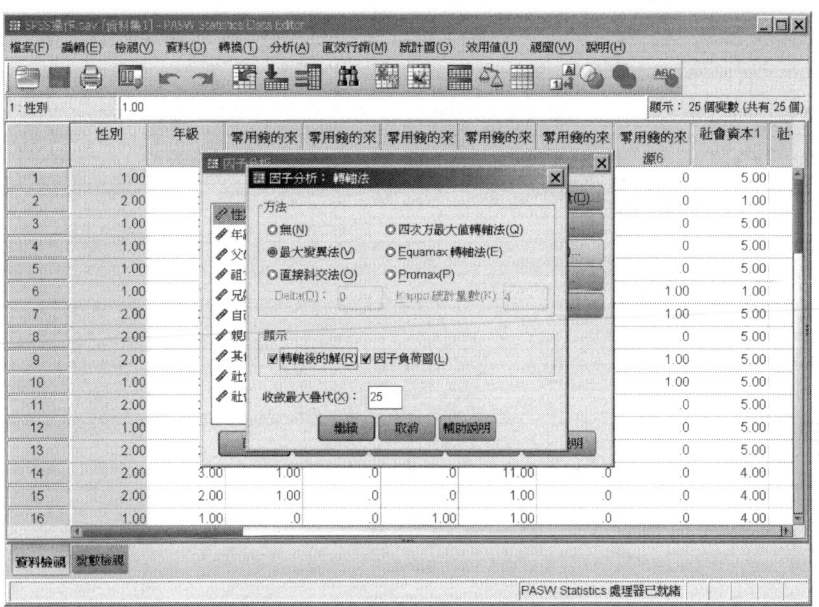

圖9-15　因素分析之轉軸法視窗

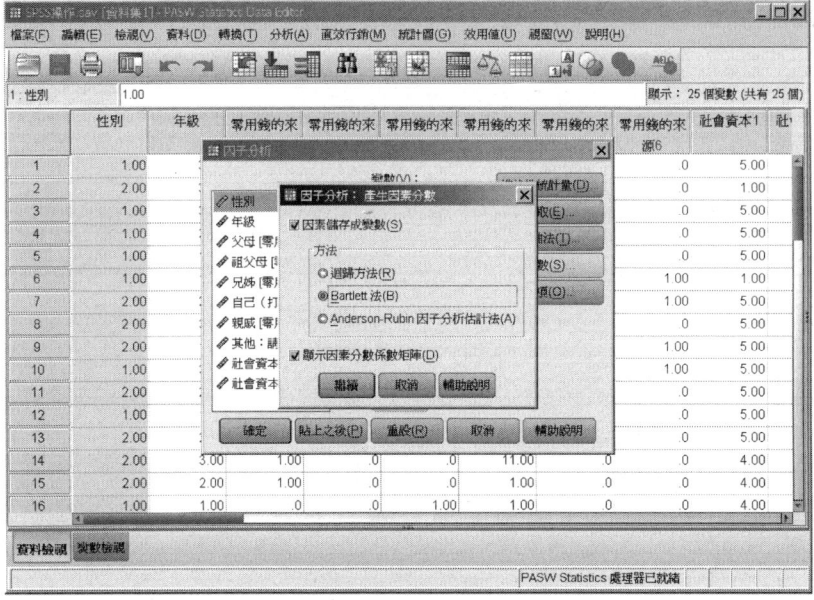

圖9-16　因素分析之因素分數視窗

表9-11 KMO與Bartlett檢定

Kaiser-Meyer-Olkin取樣適切性量數		.907
Bartlett 的球形檢定	近似卡方分配	3286.057
	df	105
	顯著性	.000

表9-12 解說總變異量

元件	初始特徵值			平方和負荷量萃取			轉軸平方和負荷量		
	總數	變異數的%	累積%	總數	變異數的%	累積%	總數	變異數的%	累積%
1	7.214	48.095	48.095	7.214	48.095	48.095	3.978	26.517	26.517
2	2.058	13.720	61.814	2.058	13.720	61.814	3.745	24.968	51.486
3	1.294	8.629	70.444	1.294	8.629	70.444	2.844	18.958	70.444
4	1.223	8.153	78.597						
5	1.092	7.277	85.873						
6	.921	6.138	92.011						
7	.689	4.596	96.607						
8	.316	2.108	98.715						
9	.115	.766	99.481						
10	.067	.448	99.929						
11	.011	.071	100.000						
12	3.375E-17	2.250E-16	100.000						
13	-3.913E-17	-2.609E-16	100.000						
14	-1.341E-16	-8.937E-16	100.000						
15	-4.687E-16	-3.125E-15	100.000						

萃取法：主成分分析。

　　以固定因子數＝3為萃取數，共萃取出有因子1（7.214）、因子2（2.058）和因子3（1.294），此量表可得到三個主要因素，分別可以解釋48.095%、13.720%及8.629%的變數變異量，合計可解釋總變異量為70.444%。

　　經轉軸後，因素的完整性增加，可解釋的比重改變，因子1（48.095%→26.517%）；因子2（13.720%→24.968%）；因子3

第九章 信度分析、因素分析及SPSS之運用

表9-13 轉軸後的成分矩陣[a]

	元件		
	1	2	3
15如果我不同意朋友的看法,我能毫無顧慮的說出來	.915	.242	.201
14我和朋友之間,有一種不用說出來對方也知道的默契	.915	.242	.201
13即使不是工作上的要求,我也會主動幫同學	.915	.242	.201
1我熟識社區內的一些居民	.896		
4當我在學校生病或受傷時,有朋友願意幫助我	.465	.398	.258
6當我心情不好時,學校師長能適時關懷我	.162	.785	.171
11如果畢業後要就業,我知道自己想要從事何種職業	.162	.785	.171
9這些規範是我和朋友之間的默契,只有我們彼此知道	.162	.785	.171
10我對於自己未來的生涯發展感到茫然	.162	.785	.171
2當我有困難時,同學會為了我而暫時放下手邊的工作	.436	.660	.533
8在有共識的規範下,我和朋友們相處融洽	.238	.478	.340
7朋友知道有哪些行為是我討厭的			.804
3當我在學校急需別人幫忙時,有朋友願意立刻伸出援手	.146	.266	.748
12如果畢業後要升學,我知道自己想要就讀哪個科系	.195	.275	.716
5我在學校內有可以分享心事的朋友	.193	.359	.649

萃取方法:主成分分析。
旋轉方法:含Kaiser常態化的Varimax法。
a 轉軸收斂於5個疊代。

表9-14 KMO與Bartlett檢定分析摘要表

Kaiser-Meyer-Olkin取樣適切性量數		.907
Bartlett的球形檢定	近似卡方分配	3286.057
	df	105
	顯著性	.000

(8.629%→18.958%);雖然,因子1的比重有縮減,而因子2和因子3的比重卻增加了,但是,三個因素的共同特性與相對位置依舊不變,特徵值之總和與整體累積總變異量也不會改變,仍然為70.444%。

從此摘要表可看出,構成某一因素的題目內容與比重,經由轉軸後,其相同潛在特性的題項會排在一起,且會按照因素負荷量大小排

表9-15 解說總變異量分析摘要

元件	初始特徵值			平方和負荷量萃取			轉軸平方和負荷量		
	總數	變異數的%	累積%	總數	變異數的%	累積%	總數	變異數的%	累積%
1	7.214	48.095	48.095	7.214	48.095	48.095	3.978	26.517	26.517
2	2.058	13.720	61.814	2.058	13.720	61.814	3.745	24.968	51.486
3	1.294	8.629	70.444	1.294	8.629	70.444	2.844	18.958	70.444
4	1.223	8.153	78.597						
5	1.092	7.277	85.873						
6	.921	6.138	92.011						
7	.689	4.596	96.607						
8	.316	2.108	98.715						
9	.115	.766	99.481						
10	.067	.448	99.929						
11	.011	.071	100.000						
12	3.375E-17	2.250E-16	100.000						
13	-3.913E-17	-2.609E-16	100.000						
14	-1.341E-16	-8.937E-16	100.000						
15	-4.687E-16	-3.125E-15	100.000						

萃取法：主成分分析。

列，表示相類似的題目會構成某一特定因素，因此研究者可以藉由題目的內容來替共同因素命名。

三、內部一致性信度（Cronbach's α）

Cronbach's α信度在SPSS操作運用之過程如下步驟：

1. 使用SPSS軟體之操作步驟（圖9-17），首先點選「分析(A)」→接著點選「尺度(A)」→最後選擇「信度分析(R)」。
2. 進入因子分析操作視窗後，將欲操作內部一致性信度之量表題目移至右方「項目(I)」欄位，並在下方模式中選擇α值（圖9-18），本書圖解為全部量表之題目，若欲執行分量表之內部一致性信度，則

第九章　信度分析、因素分析及SPSS之運用

表9-16　轉軸後因子分析摘要表

題項	因素一	因素二	因素三
15如果我不同意朋友的看法，我能毫無顧慮的說出來	.915	-	-
14我和朋友之間，有一種不用說出來對方也知道的默契	.915	-	-
13即使不是工作上的要求，我也會主動幫同學	.915	-	-
1我熟識社區內的一些居民	.896	-	-
4當我在學校生病或受傷時，有朋友願意幫助我	.465	-	-
6當我心情不好時，學校師長能適時關懷我	-	.785	-
11如果畢業後要就業，我知道自己想要從事何種職業	-	.785	-
9這些規範是我和朋友之間的默契，只有我們彼此知道	-	.785	-
10我對於自己未來的生涯發展感到茫然	-	.785	-
2當我有困難時，同學會為了我而暫時放下手邊的工作	-	.660	-
8在有共識的規範下，我和朋友們相處融洽	-	.478	-
7朋友知道有哪些行為是我討厭的	-	-	.804
3當我在學校急需別人幫忙時，有朋友願意立刻伸出援手	-	-	.748
12如果畢業後要升學，我知道自己想要就讀哪個科系	-	-	.716
5我在學校內有可以分享心事的朋友	-	-	.649

萃取法：主成分分析。

　　僅需挑選分量表之題目即可；選擇完畢後點選「統計量(S)」勾選所欲選擇之項目（**圖9-19**）。

3. 最後，當我們做完以上步驟，按下「確定」鍵，即可獲得可靠性統計量表（**表9-17**）與項目整體統計量表（**表9-18**）。
4. 當統計軟體幫我們輸出統計報表後，我們還必須將它的格式整理為研究與論文所要求的使用格式，並將無用之數據去除，保留所需且重要之數據，這樣才能符合研究與論文之要求，並且要針對我們所輸出的資料來作解釋與說明，否則，我們辛苦做出來的資料只是一堆無用的統計數據（**表9-19**、**表9-20**）。

　　從此摘要表可看出，此量表的α值為.913，大於.80，信度非常好，無須刪題來提升信度。

圖9-17　內部一致性信度SPSS操作視窗（分析）

圖9-18　內部一致性信度SPSS操作視窗（選擇變數）

第九章 信度分析、因素分析及SPSS之運用

圖9-19　內部一致性信度SPSS操作視窗（統計量）

表9-17　可靠性統計量表

Cronbach's α值	以標準化項目為準的 Cronbach's α值	項目的個數
.913	.919	15

　　從此分析摘要表中，可以發現若將第7題刪除，發現此時的信度統計量之Cronbach's α值為.918，大於原本信度之Cronbach's α值（.913），表示此題項與其他題項之內部一致性較低，若要提升信度時，可考慮刪除此題項；不過，此量表的α值為.913，大於.80，信度非常良好，實際上，無須刪題來提升信度。

　　最後，當我們完成項目分析、因素分析與內部一致性信度後，我們要將上述統計獲得之數據資料彙整為整體的因素分析摘要表，格式要符合研究與論文所要求之使用格式，並針對所輸出之資料來作解釋與說

表9-18 項目整體統計量表

	項目刪除時的尺度平均數	項目刪除時的尺度變異數	修正的項目總相關	複相關平方	項目刪除時的Cronbach's α值
1我熟識社區內的一些居民	58.1333	86.326	.507	.	.912
2當我有困難時，同學會為了我而暫時放下手邊的工作	57.8333	84.420	.924	.	.900
3當我在學校急需別人幫忙時，有朋友願意立刻伸出援手	58.0667	84.754	.572	.	.910
4當我在學校生病或受傷時，有朋友願意幫助我	57.9667	86.102	.607	.	.908
5我在學校內有可以分享心事的朋友	57.9667	86.102	.607	.	.908
6當我心情不好時，學校師長能適時關懷我	57.9667	86.102	.607	.	.908
7朋友知道有哪些行為是我討厭的	58.2000	87.476	.379	.	.918
8在有共識的規範下，我和朋友們相處融洽	57.9667	87.206	.541	.	.910
9這些規範是我和朋友之間的默契，只有我們彼此知道	57.9667	86.102	.607	.	.908
10我對於自己未來的生涯發展感到茫然	57.9667	86.102	.607	.	.908
11如果畢業後要就業，我知道自己想要從事何種職業	57.9667	86.102	.607	.	.908
12如果畢業後要升學，我知道自己想要就讀哪個科系	57.9667	86.102	.607	.	.908
13即使不是工作上的要求，我也會主動幫同學	57.9667	83.895	.742	.	.904
14我和朋友之間，有一種不用說出來對方也知道的默契	57.9667	83.895	.742	.	.904
15如果我不同意朋友的看法，我能毫無顧慮的說出來	57.9667	83.895	.742	.	.904

表9-19 可靠性統計量分析摘要表

Cronbach's α值	以標準化項目為準的 Cronbach's α值	項目的個數
.913	.919	15

α值界定：>.80：信度最佳；.80~.70：信度高；.70~.65：信度尚可；.65~：信度差。

表9-20 項目整體統計量分析摘要表

	項目刪除時的Cronbach's α值
1 我熟識社區內的一些居民	.912
2 當我有困難時，同學會為了我而暫時放下手邊的工作	.900
3 當我在學校急需別人幫忙時，有朋友願意立刻伸出援手	.910
4 當我在學校生病或受傷時，有朋友願意幫助我	.908
5 我在學校內有可以分享心事的朋友	.908
6 當我心情不好時，學校師長能適時關懷我	.908
7 朋友知道有哪些行為是我討厭的	.918
8 在有共識的規範下，我和朋友們相處融洽	.910
9 這些規範是我和朋友之間的默契，只有我們彼此知道	.908
10 我對於自己未來的生涯發展感到茫然	.908
11 如果畢業後要就業，我知道自己想要從事何種職業	.908
12 如果畢業後要升學，我知道自己想要就讀哪個科系	.908
13 即使不是工作上的要求，我也會主動幫同學	.904
14 我和朋友之間，有一種不用說出來對方也知道的默契	.904
15 如果我不同意朋友的看法，我能毫無顧慮的說出來	.904

明，如此，才是一份完整、正確的統計摘要表（**表9-21**）。

由上述因素分析摘要表得知，社會資本量表原始問卷之信度分析指標以Cronbach's α係數表示，考驗各量表的內部一致性，分別求出全量表以及各分量表的Cronbach's α係數，Cronbach's α係數愈大者，表示問卷題目間的內在一致性愈高，即問卷的內部一致性愈高。社會資本全量表之Cronbach's α係數為.913，各分量表之Cronbach's α係數：社會網絡分量表Cronbach's α係數為.925、社會信任分量表Cronbach's α係數為.879、社會

規範分量表Cronbach's α係數為.784,故社會資本全量表之Cronbach's α係數為.913之間,表示此量表之內部一致性是屬於非常良好的。

表9-21　因素分析暨Cronbach's α信度摘要表

命名	題數	題目	因素一	因素二	因素三	Cronbach's α
社會網絡	5	15如果我不同意朋友的看法,我能毫無顧慮的說出來	.915			.925
		14我和朋友之間,有一種不用說出來對方也知道的默契	.915			
		13即使不是工作上的要求,我也會主動幫同學	.915			
		1我熟識社區內的一些居民	.896			
		4當我在學校生病或受傷時,有朋友願意幫助我	.465			
社會信任	6	6當我心情不好時,學校師長能適時關懷我		.785		.879
		11如果畢業後要就業,我知道自己想要從事何種職業		.785		
		9這些規範是我和朋友之間的默契,只有我們彼此知道		.785		
		10我對於自己未來的生涯發展感到茫然		.785		
		2當我有困難時,同學會為了我而暫時放下手邊的工作		.660		
		8在有共識的規範下,我和朋友們相處融洽		.478		
社會規範	4	7朋友知道有哪些行為是我討厭的			.804	.784
		3當我在學校急需別人幫忙時,有朋友願意立刻伸出援手			.748	
		12如果畢業後要升學,我知道自己想要就讀哪個科系			.716	
		5我在學校內有可以分享心事的朋友			.649	
社會資本	15	特徵值	7.214	2.058	1.294	.913
		解釋變異量%	48.095	13.720	8.629	
		總解釋變異量%	70.444			

CHAPTER 10

羅吉斯迴歸分析及邏輯對數分析與SPSS

第一節　羅吉斯迴歸分析

第二節　邏輯對數分析

第三節　羅吉斯迴歸在SPSS之運用

第四節　邏輯對數線性在SPSS之運用

羅吉斯迴歸分析（logistic regression analysis）及邏輯對數分析（log-linear analysis），主要目的是預測功能，其與多元迴歸分析相似，只是其適用於較低層次的類別資料中，而且是屬於非線性的迴歸預測。

第一節 羅吉斯迴歸分析

羅吉斯迴歸是一套基於多元迴歸技術所發展出來用以預測類別依變項的統計技術。羅吉斯迴歸所考量的主要是每一個觀察值在一組自變項的作用之下，在依變項上產生特定結果的機率值。羅吉斯迴歸特別適用於當依變項與某個自變項並無線性關係之時。由於依變項為類別變項，因此在羅吉斯迴歸當中，DV的數值被轉換成機率值，因此IV與DV的分布圖呈現非線性關係，屬於非線性迴歸的應用。

羅吉斯迴歸最主要的特徵在於將類別變項的數值形式加以轉換，再以典型的迴歸分析來處理自變項對於依變項的解釋與預測。由於依變項是類別變項，因此可以將各水準的次數轉換成機率P(Y)，再求出發生與不發生機率的比值（odds）：

$$odds = [P(Y)] / [1 - P(Y)]$$

odds值為介於0至無限大的機率比值，而以1為中間轉折點，數值的變化呈現對數函數關係。由於對數函數並非線性函數，因此如果要套用線性關係的分析策略，必須將odds值進行對數轉換，即可得到對稱於0的線性函數。odds＝1的自然對數值為0，代表無差異，當odds值越大於1趨近於+∞，自然對數值則由0趨近+∞，當odds值越小於1趨近於0時，自然對數值則由0趨近-∞。

一、模型適配度檢驗

羅吉斯迴歸可以利用模型適配度檢驗（goodness-of-fit test）與模型比較的方式，來瞭解迴歸模型的適切性。用以衡量模型與觀察數據的契合程度為-2LL值：當-2LL值越小，代表模型越好；當-2LL值越大，表示模型越不同於完美的模型。

在一個羅吉斯迴歸模型中，僅包含常數項的模型稱為虛無模型，可以求出一個$-2LL_0$值，此時的模式適配情形最差，$-2LL_0$非常大。若在模型中加入自變項之後，也就是在迴歸方程式中加入B1X項，可以得到另一個$-2LL_1$值，因為新模型增加了一個參數，稱為削減模型（reduced model）（因為少了一個自由度），此時可以將兩個模型的-2LL值相減，來檢驗模型是否顯著的變好，由於兩個-2LL值相減服從卡方分配，此時可利用卡方檢定進行模型改善的顯著性檢定：

$$\chi^2 = 2LL_1 - 2LL_0$$

如果此一卡方值達到顯著，表示削減模型具有顯著的改善作用，也就是新模型較虛無模型能夠反應觀察數據，也就是迴歸模型較虛無模型為佳，迴歸模型成立。此外，在羅吉斯迴歸中，可以利用Wald test（Z statistic）來檢驗IV的解釋力的顯著性，性質類似於t檢定。

二、整體模式檢定

1. χ^2檢定：計算殘差平方和

$$\chi^2 = \sum_{i=1}^{n} \frac{(y-\pi_i)^2}{\pi_i(1-\pi_i)}$$

2. $\chi^2 = -2LL_0 - (-2LL_B)$比較兩個模式的負2倍自然對數概似值的差異，若達顯著差異，則顯示投入的預測變項有顯著增加的預測力。

$$LL = \sum_{i=1}^{n}(y_i \ln(\pi_i) + (1 - y_i \ln(1 - \pi_i))$$

LL值的概念類似線性迴歸中的殘差平方和，如果-2LL愈大，表示預測的適配度越差。若自變項為連續性質，則可以使用Hosmer-Lemeshow指標。

三、個別係數檢定

1. Z檢定

$$Z = \frac{\beta_k}{Se_{\beta_k}}$$

2. Wald檢定

$$W = (\frac{\beta_k}{Se_{\beta_k}})^2$$

用得較多，自由度為1時，其值會趨近於χ^2，當$\alpha = .05$，W如果大於3.84，就達顯著。但迴歸係數絕對值太大，易犯型二誤差，檢定也會過於保守。可用巢氏迴歸代替。

四、預測的準確性

1.分類正確率交叉表：

	預測值0 機率值≦0.5	1 機率值>0.5
實際值0	A真陰性	B偽陽性
1	C偽陰性	D真陽性

敏感性：D/C+D

特異性：A/A+B

第十章　羅吉斯迴歸分析及邏輯對數分析與SPSS

2.類R^2指標：只是代表預測變項與效標變項的關聯強度，不代表解釋的百分比。

3.預測機率與實際值的關聯係數：Gamma、Somers D、Tau-a、c。

五、羅吉斯迴歸與一般迴歸分析之比較

羅吉斯迴歸與一般迴歸分析之比較如**表10-1**。

六、羅吉斯迴歸公式

1.公式一：

$$E(y|X) = \pi(X) = \frac{e^{\beta_0+\beta_1 x_1+\beta_2 x_2+\cdots+\beta_j x_j}}{1+e^{\beta_0+\beta_1 x_1+\beta_2 x_2+\cdots+\beta_j x_j}}$$

2.公式二：

$$p(X) = \frac{1}{1+e^{-(\beta_0+\beta_1 x_1+\beta_2 x_2+\cdots+\beta_j x_j)}}$$

表10-1　羅吉斯迴歸與一般迴歸分析之比較

	一般迴歸分析	羅吉斯迴歸
自變項	計量性資料	計量性資料 若無則化為虛擬變項
依變項	計量性資料	非計量性資料 且二分變項
整體檢定	F檢定	χ^2、-2LL
個別檢定	t檢定	Z、Wald
解釋力	R^2	類R^2
	調整後R^2	交叉表

3.勝算比公式：

$$\frac{p(X)}{1-p(X)} = e^{b_0+b_1x_1+b_2x_2+...+b_jx_j}$$

4.對勝算取自然數公式：

$$\ln(\frac{p(x)}{1-p(x)}) = b_0 + b_ix_1 + b_2x_2 + ... + b_jx_j$$

範例：（自變數可為連續變項，而依變項為二分名義變數）

以「性別」（x1）、「年級」（x2）、「父親溝通」（x3）、「父親依附」（x4）為預測變項，來預測對中學生的「寂寞感」（y）進行多元羅吉斯迴歸分析。調查資料中的「性別」分別以1、2代表男、女性。「年級」1代表一年級，2代表二年級，3代表三年級。本分析中，性別為二分變項，因此直接將女性代碼轉為0。年級有三類，所以需轉換成兩個虛擬變項（詳細操作方式詳見於後方統計步驟）。

第二節　邏輯對數分析

邏輯對數分析通常都用來分析依變數與自變數之間的關係。而依變數通常是類別的，而自變數可能是類別的（因子）。至於其他自變數、格共變量，則可以是連續的。在SPSS統計軟體中會自動假設它是多項式分配，這些模式有時候就稱為多項式logit模式。其使用方法，是以Newton-Raphson法來估計logit對數線性的參數。

其中，邏輯對數分析的細格結構變數可以替不完整的表格定義結構性的零、在模式中包括偏置項、適合對數比模式，或實施邊際表格的調整方法。而對比變數則能計算概化對數比（GLOR）。其值是期望細格數的對數線性組合的係數。SPSS會顯示模式資訊和適合度統計量，也可以顯示各種統計量和圖形，或將殘差和預測值儲存。

第十章 羅吉斯迴歸分析及邏輯對數分析與SPSS

而對數線性模式適用時機,是在進行兩個都是質的變項之列聯表分析時,一般會使用卡方檢定。但是,如果要處理三個以上質的變項的分析,卡方檢定就不適用,而應改用一般對數線性模式(general log-linear model)。

一般對數線性模式主要可以包含兩部分:

1. 對數線性模式(log-linear model),不區分自變項及依變項,而把所有變項都當成反應變項(response variable)。
2. 邏輯對數線性模式(logit log-linear model),有自變項及依變項的分別,比較類似迴歸分析。

對數線性模式主要目的:

1. 提出研究模式,以再製出期望次數,而且須使期望次數與實際觀察次數之間沒有顯著差異。
2. 希望以最精簡的模式達到第一點的目標。
3. 依變項一定要與其他變項有交互作用。

範例:(自變項及依變項皆為類別變項,並要做虛擬變項處理)

以「性別」(x1)、「年級」(x2)、「父親溝通」(x3)、「父親依附」(x4)為預測變項,來預測對中學生的「寂寞感」(y)進行邏輯對數分析。調查資料中的「性別」分別以1、2代表男、女性。「年級」1代表一年級,2代表二年級,3代表三年級。本分析中,性別為二分變項,因此直接將女性代碼轉為0。年級有三類,所以需轉換成兩個虛擬變項(詳細操作方式詳見於後方統計步驟)。

第三節　羅吉斯迴歸在SPSS之運用

運用SPSS統計軟體來進行操作羅吉斯迴歸的過程如下：

1. 使用SPSS軟體來操作羅吉斯迴歸之操作步驟（圖10-1），首先點選「分析(A)」→接著點選「迴歸(R)」→最後選擇「二元Logistic(G)」。
2. 進入羅吉斯迴歸操作視窗後，選取欲操作羅吉斯迴歸之變數，將此變數從左方欄位移至右方欄位，茲以「寂寞感」變項之高低分組作為依變項，以「性別」、「年級」、「與父親溝通方式」、「對父親依附感」為共變量（圖10-2）。
3. 接著在選項（O）中勾選所欲測量之統計量（圖10-3）；最後，當

圖10-1　羅吉斯迴歸操作視窗

第十章 羅吉斯迴歸分析及邏輯對數分析與SPSS

343

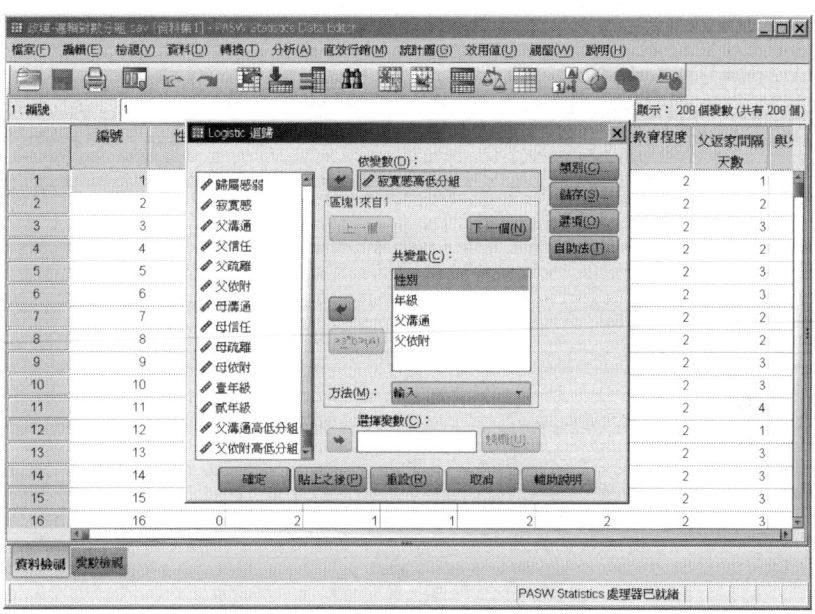

圖10-2 羅吉斯迴歸變數選取

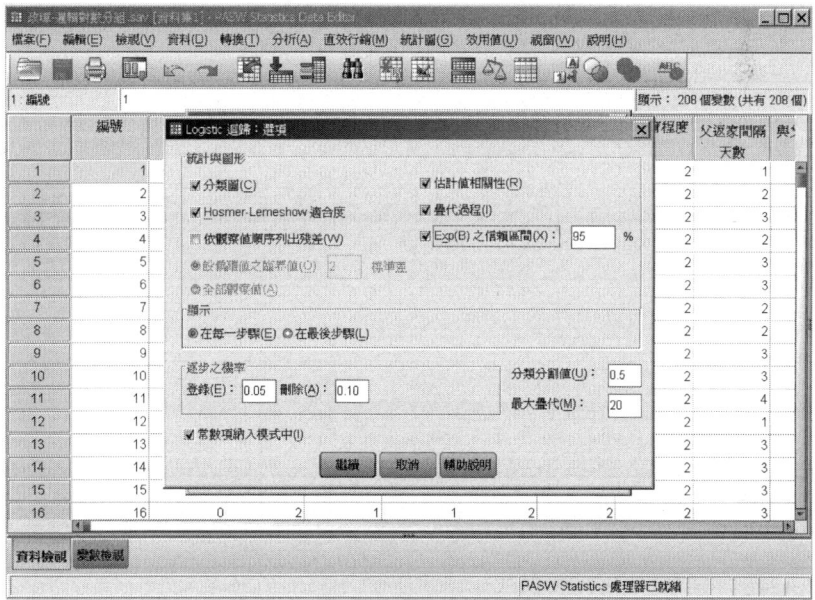

圖10-3 羅吉斯迴歸統計量選取

我們做完以上步驟，按下「確定」鍵，即可獲得統計量報表（**表10-2、表10-3、表10-4、表10-5、表10-6**）。

4.當統計軟體幫我們輸出統計報表後，我們還必須將它的格式整理為研究與論文所要求的使用格式，並將無用之數據去除，保留所需且重要之數據，這樣才能符合研究與論文之要求（**表10-7、表10-8**）。

表10-2　模式係數的Omnibus檢定

		卡方	df	顯著性
步驟1	步驟	2.466	5	.782
	區塊	2.466	5	.782
	模式	2.466	5	.782

表10-3　模式摘要

步驟	-2 對數概似	Cox & Snell R^2	Nagelkerke R^2
1	270.588[a]	.012	.017

a.因為參數估計值變化小於.001，所以估計工作在疊代數3時終止。

表10-4　Hosmer和Lemeshow檢定

步驟	卡方	df	顯著性
1	11.746	8	.163

表10-5　分類表[a]

觀察次數			預測次數		
			寂寞感高低分組		百分比修正
			.00	1.00	
步驟1	寂寞感高低分組	.00	50	47	51.5
		1.00	44	56	56.0
	概要百分比				53.8

a.分割值為.500

表10-6 變數在方程式中

		B之估計值	S.E.	Wals	df	顯著性	Exp (B)	Exp (B)的95%信賴區間	
								下界	上界
步驟1ª	性別(1)	.084	.314	.072	1	.788	1.088	.589	2.012
	一(1)	.233	.370	.396	1	.529	1.262	.611	2.607
	二(1)	.446	.391	1.303	1	.254	1.562	.726	3.361
	父溝通	.044	.040	1.240	1	.265	1.045	.967	1.129
	父依附	-.021	.028	.587	1	.444	.979	.926	1.034
	常數	-.376	1.110	.115	1	.735	.686		

a.在步驟1中選入的變數：性別，一，二，父溝通，父依附

表10-7 羅吉斯迴歸整體模式之適配度檢定及個別參數顯著性之檢定摘要表

投入變項名稱	B之估計值	S.E.	Wals	df	關聯強度
性別	.084	.314	.072	1	
一年級vs.三年級	.233	.370	.396	1	
二年級vs.三年級	.446	.391	1.303	1	Cox & Snell R^2=.012
父溝通	.044	.040	1.240	1	Nagelkerke R^2=.017
父依附	-.021	.028	.587	1	
常數	-.376	1.110	.115	1	
整體模式適合度檢定	χ^2=2.466 n.s. Hosmer-Lemeshow檢定 =11.746 n.s.				

n.s. p > .05

表10-8 預測分類正確率交叉表

實際組別	預測組別		正確百分比
	高寂寞感組	低寂寞感組	
高寂寞感組	56	44	51.5%
低寂寞感組	47	50	56.0%
總預測正確率			53.8%

5. 最後，要針對我們所輸出的資料來作解釋與說明，否則，我們辛苦做出來的資料只是一堆無用的統計數據。

從上述摘要表中可以發現，性別、年級、父溝通、父依附這些自變項對高、低寂寞感分組預測之迴歸模型中，其整體模式顯著性檢定的χ^2＝2.466（P＝.782＞.05），未達顯著。而Hosmer-Lemeshow檢定＝11.746（P＞.05），未達顯著，表示性別、年級、父溝通、父依附這些自變項所建立的迴歸模式適配度非常理想（此解釋與上述卡方檢定正好相反，未達顯著差則表示適配度佳）。從關聯強度係數而言，Cox-Snell關聯強度值為.012、Nagelkerke關聯強度指標值為.017，顯示自變項與依變項間幾乎沒有顯著的關係存在。最後，從個別的參數顯著性指標來看，所有自變項的Wals值均未達顯著。

綜上所述，雖然Hosmer-Lemeshow檢定顯示適配度佳的結果，但是χ^2、關聯係數和Wals值都顯示自變項對依變項沒有顯著關聯，所以，性別、年級、父溝通和父依附無法有效預測中學生的寂寞感。

從**表10-8**中可以看出，原先100位高寂寞感組別的學生，經由迴歸模式的預測分類，有56位觀察值也被歸類為高寂寞感組別（分類正確），而有44位觀察值被歸類於低寂寞感組（分類錯誤）；原先97位低寂寞感組別的學生，經由迴歸模式的預測分類，有50位觀察值也被歸類為低寂寞感組別（分類正確），而有47位觀察值被歸類於低寂寞感組（分類錯誤）。其整體預測分類的百分比為53.8%。

第四節　邏輯對數線性在SPSS之運用

運用SPSS統計軟體來進行操作邏輯對數線性的過程如下：

1. 使用SPSS軟體來操作邏輯對數線性之操作步驟（**圖10-4**），首先

第十章　羅吉斯迴歸分析及邏輯對數分析與SPSS

圖10-4　邏輯對數操作視窗

　　點選「分析(A)」→接著點選「對數線性(O)」→最後選擇「一般化(G)」。

2. 進入邏輯對數線性操作視窗後，選取欲操作邏輯對數線性之變數，將此變數從左方欄位移至右方欄位，茲以「性別」、「年級」、「與父親溝通方式」、「對父親依附感」變項作為因子，以「寂寞感」作為依變項進行比對（圖10-5）。

3. 接著在儲存欄位（S）與選項欄位（O）中勾選所欲測量之統計量（圖10-6、圖10-7）；最後，當我們做完以上步驟，按下「確定」鍵即可。

4. 當統計軟體幫我們輸出統計報表後，我們還必須將它的格式整理為研究與論文所要求的使用格式，並將無用之數據去除，保留所需

圖10-5　邏輯對數變數選取

圖10-6　邏輯對數統計量選取(一)

第十章　羅吉斯迴歸分析及邏輯對數分析與SPSS

圖10-7　邏輯對數統計量選取(二)

且重要之數據，這樣才能符合研究與論文之要求（**表10-9**、**表10-10**）。

5. 最後，要針對我們所輸出的資料來作解釋與說明，否則，我們辛苦做出來的資料只是一堆無用的統計數據。

從「邏輯對數線性模式」（多重列聯表）中，可看到各細格之期望值和勝算比，例如：表中第一個數值為「男生」、「一年級」、「父溝通高分組」、「父依附高分組」對「寂寞感高低分組」之勝算比，其比值為$0.736 \div 1.264 = 0.582$，表示在第一個組別中的中學生，其低寂寞組別對高寂寞組別的勝算為0.582倍。接著我們看到表中第三個數值，其組別為「男生」、「一年級」、「父溝通低分組」、「父依附高分組」對「寂寞感高低分組」之勝算比，其比值為$1.053 \div 0.947 = 1.112$，表示每增加1分，則低寂寞感與高寂寞感的勝算增加0.112倍，即11.2%。

表10-9　邏輯對數線性模式期望值　　　　　　　　　　　　　　　　　　N=278

性別	年級	父溝通	父依附	寂寞感 低	寂寞感 高	寂寞感低分組/寂寞感高分組比值（勝算比odds）
男	一	高	高	.736	1.264	0.582
			低	.311	.689	0.451
		低	高	1.053	.947	1.112
			低	6.485	7.515	0.863
	二	高	高	4.759	7.241	0.657
			低	.000	.000	0
		低	高	1.113	.887	1.131
			低	8.386	8.614	0.974
	三	高	高	2.052	4.948	0.415
			低	.000	.000	0
		低	高	.442	.558	0.792
			低	2.664	4.336	0.614
女	一	高	高	4.562	8.437	0.541
			低	.296	.704	0.420
		低	高	.000	.000	0
			低	3.558	4.442	0.801
	二	高	高	1.894	3.106	0.610
			低	.000	.000	0
		低	高	.000	.000	0
			低	2.848	3.152	0.904
	三	高	高	1.390	3.610	0.385
			低	.000	.000	0
		低	高	.000	.000	0
			低	1.453	2.547	0.570

第十章　羅吉斯迴歸分析及邏輯對數分析與SPSS

再從邏輯對數線性模式 估計表來看，可以得知寂寞感低分組之對數odds比，相較於寂寞感高分組來說，是-0.155倍。

綜上所述，我們在適合度檢定中，可以得知此邏輯對數線性模式的類似比卡方值$\chi^2=13.500$（p＝.979 ＞ .05）未達顯著水準，可以判定判斷自變項群對依變項未有顯著影響，所以我們可以說這個邏輯對數線性分析是無效的分析。

表10-10　邏輯對數線性模式參數估計　　　　　　　　　　　　N＝278

模型適合度檢定							
概似比卡方值＝13.500			自由 ＝26			顯著水準＝.979	
作用項						95%信賴區間	
變數	類屬	估計值	標準誤	Z值	P值	下限	上限
寂寞感分組	0	-.155	.711	-.218	.828	-1.547	1.238
寂寞感分組*性別	0*0	.075	.435	.171	.864	-.779	.928
寂寞感分組*壹年級	0*0	-.340	.547	-.621	.535	-1.412	.732
寂寞感分組*貳年級	0*0	-.460	.538	-.856	.392	-1.514	.594
寂寞感分組*父溝通分組	0*0	.646	.833	.776	.438	-.986	2.278
寂寞感分組*父依附分組	0*0	-.253	.813	-.311	.755	-1.846	1.340

寂寞感分組：0表低分組；1表高分組（以中數為區分）
性別：0表男生；1表女生
壹年級：0表二和三年級，1表一年級
貳年級：0表一和三年級，1表二年級
父溝通分組：0表低分組；1表高分組（以中數為區分）
父依附分組：0表低分組；1表高分組（以中數為區分）

CHAPTER 11

後記：SPSS操作筆記

這本書主要目的不在於講述統計之分析及公式，而是提醒讀者在社會科學之統計分析常用的統計方法以及在SPSS之運用，然統計分析又可分為描述統計及推論統計，尤其著重變項的解釋，檢證變項之間的差異與關聯性。本書已分別介紹常用量化研究的統計分析及選擇策略。本章將介紹在使用SPSS之筆記（meno），以加課或方便讀者在操作SPSS所要執行的步驟及應注意之重點。

一、SPSS之開機

(一)程式開啟（開始→程式集→SPSS for Windows）

(二)SPSS編輯程式

    1.資料檢視

    2.變數檢視

(三)開新檔案與開啟舊檔

    開啟舊檔→資料（*.sav）或（*.xls）。

(四)變數檢視

    1.變數名稱：任意命名。

    2.類型：數字（運算）、字串（非運算）、日期。

    3.寬度：變數的輸入寬度。

    4.小數：數據小數點後的位數。

    5.註解：寫明變數的代表意涵。

    6.數 ：註解「輸入數 」與「原始資料 」的對應關係。

    7.遺漏 ：問卷上未回答的欄位，通常用9或99表示。

    8.欄寬：「變數格」的欄位寬度。

    9.對齊：數據對齊，靠左、靠右、置中。

    10.測量：名義的（識別）、次序的（有順序性）、量尺的（有統計上的好壞區別）。

(五)資料檢視

　　1.有10個變數，就有10個欄位。

　　2.列數：代表輸入資料的筆數。

(六)其他功能

　　1.數 標記：「輸入數 」與「原始資料」之間的轉換。

　　2.觀測值的排序：

　　　資料→觀察 排序→將變數移至「依……排序」→選擇「遞增」、「遞減」→確定→對資料 進行排序（目的：檢視資料是否輸入錯誤）

　　3.轉換→重新編碼→成不同變數（保留原代碼）→新 ⟷ 舊
　　　→成同一變數（取代原代碼）→新 ⟷ 舊

(七)另存新檔

　　可存成（*sav）或（*.xls）。

二、SPSS統計指標之意義

統計指標	意義	判斷
顯著性（p）	該變數在變數群中的顯著情況	$p > .05$ 未達顯著相關
相關	該題目在該問卷的貢獻度（相關 越大，題目相關性越高）	$p < .05$ 高顯著相關
決斷（t）	該題目在該問卷的高、低分群中是否有鑑別度，即高、低分組能拉開，對同一題目呈相同反應（決斷 越大，題目決斷性越高）	1.Levene $p > .05$，低顯著變異（＝變異數相等，虛無假設 H_0 成立） if $p > .05$ 低顯著決斷；$p < .05$ 高顯著決斷 2.Levene $p < .05$，高顯著變異（＝變異數不相等，對立假設 H_1 成立） if $p > .05$ 低顯著決斷；$p < .05$ 高顯著決斷
變異數（σ）	個數與平均數的平均差 $\sigma = \Sigma(x-\bar{x})^2/(n-1)$	變異數（σ）越大，數 越分散；變異數（σ）越小，數 越集中
KMO Bartlett	檢定因素分析效果	KMO > 0.5 才可作因素分析 Bartlett < 0.05 才可作因素分析

三、項目分析

(一)「相關」分析：該題目在該問卷的貢獻度
  1.步驟：
    (1)先將欲分析各變項加總──Excel法或（SPSS／轉換→計算→設定新變數名稱（SUM）→將要加總的各變項移至右方視窗，以加號（＋）連結各變項→確定）。
    (2)分析→相關→雙變數→將加總後的新變項（SUM）及各變項移入視窗（註：SUM置於第一位）→選「Pearson相關係數」、「雙尾檢定」、「相關顯著訊號」勾選→確定。
  2.判斷：
    (1)顯著性p＞.05，不顯著相關（無*號者）→刪除該題。
    (2)顯著性p＜.05，顯著相關（有*或**號者）→保留該題。

(二)「決斷」分析：該題目在該問卷的高、低分群中是否有鑑別度
  1.步驟：
    (1)依「總分」分成「高分組」、「低分組」：
      分析→描述性統計→次數分配表→將加總（SUM）變項移入視窗→選「統計量」／百分位數（填入27%、73%，按「新增」）→確定→記錄「高分組」、「低分組」分數。
    (2)產生新變項──「高低分組」（GROUP）
      轉換→重新編碼→成不同變數→將加總（SUM）變項移入視窗→設定新變項名稱（SUM→GROUP）→變更→新 與 舊→設定範圍（高分組：Highest to 000→1、低分組：xxx to Lowest→2）→新增→確定→高低分組（GROUP）變項數據出現1、2數。

(3)獨立樣本t檢定：兩群樣本之間各自獨立，沒有相連性。

目的：分析「高低分組」（GROUP）與變項間是否顯著相關，且能分群決斷效果。

分析→比較平均數法→獨立樣本t檢定→將欲分析變項移至右方視窗→分組變數〔選「高低分組」（GROUP）〕→定義組別（組別一：1、組別二：2）→選項／信賴區間＝95%→確定。

3.判斷：

(1)Levene顯著性$p > .05$時，假設變異數相等，虛無假設H_0成立→if $p > .05$低決斷性；$p < .05$高決斷性。

(2)Levene顯著性$p < .05$時，不假設變異數相等，對立假設H_1成立→if $p > .05$低決斷性；$p < .05$高決斷性。

(3)高決斷性題目保留，低決斷性題目刪除。

(三)描述性統計──次數分配表：分析變項中各因子的次數統計及偏向

分析→描述性統計→次數分配表→將欲分析變項移至右方視窗→勾選「顯示次數分配表」→「圖型」／圓餅圖→「統計量」／平均數、中位數、眾數→確定。

四、因素分析

1.用途：(1)降低變數的數目；(2)找出概念上有意義且獨立的共同因素。

2.步驟：

分析→資料減縮→因子→各項變數移至變數欄	(1)描述性統計量（選「未旋轉軸統計量」、「KMO與Bartlett球型檢定」）。條件KMO＞0.5、球型檢定＜.05，因素分析成立。
	(2)萃取（選「主成分」、「特徵值＝1」、「陡坡圖」、「未旋轉因子」）可取「因子個數」特別求出數個因子；特徵值越大越好；收斂次數＝25 or more。
	(3)旋轉法（選「最大變異法」、「因子負向圖」、「旋轉後的解」）
	(4)選項（選「完全排除遺漏值」、「依因素負荷排序」、「捨棄下限」）
→貼上語法	特徵值（總和）＞1越大者佳；萃取值越小越差；累積%越大者佳。
判斷	(1)條件：KMO＞0.5、球型檢定＜0.05，因素分析成立。 (2)共同性／萃取性→越大，在整體表現中越好。 (3)特徵值（總和）＞1，歸納出該問卷題組有幾個面向。 (4)從「旋轉後的成分矩陣」可看出各面項所屬的題目，若題目的因素負荷量低於0.5，或面向不明顯者，最好斟酌修改或刪除。

五、差異性分析

(一)單一樣本t檢定

　　1.用途：用於一群資料與標準值（平均值）的比對及變異情況。

　　2.步驟：

　　　分析→比較平均數法→單一樣本t檢定→選檢定變數→輸入檢定值→貼上語法

　　　If $p > .05$ 不顯著變異→$U_1 = U_2$ 成立（虛無假設）。

　　　If $p < .05$ 顯著變異→$U_1 \neq U_2$ 成立（對立假設）。

(二)成對樣本t檢定

　　1.用途：用於同類群的兩組資料（或同一人之前、後測），如：實驗前、實驗後。

　　2.步驟：

分析→比較平均數法→成對樣本t檢定→選配對變數→貼上語法

3.判斷：

(1)樣本相關性要高（$p < .05$）。

(2)平均值：後測＞前測。

(3)前、後測有顯著差異（$p < .05$）。

(三)卡方檢定

1.用途：資料為離散量、名義變數，常用於選舉的民調。

2.步驟：

分析→描述性統計→交錯表→選名義變數移入「列」、「直行」→(1)統計量：選「卡方統計量」、「Phi & Cramer's V 係數」。(2)格：選「觀察值」、「期望」、「橫列」、「直行」。

3.判斷：

(1)對稱性量數→顯著性（$p > .05$，不顯著；$p < .05$，高顯著）。

(2)0格（0%）的預期個數少於5個→要少於20%以內，卡方檢定才有效，反之，無效。

4.期望值計算：（括弧( )內為期望個數）。

	有規律	無規律	總和
女	5 (7)	17 (15)	22 (22)
男	8 (6)	11 (13)	19 (19)
總和	13 (13)	28 (28)	41 (41)

男—有＝13 / 41*19＝6
男—無＝28 / 41*19＝13
女—有＝13 / 41*22＝7
女—無＝28 / 41*22＝15

(四)單因子變異數分析

自變數項（A）中的不同因子對於依變數項（B）的關係分析。

若因子數＞2個時，即採用此法；若因子數＝2個時，即採用「獨立樣本t檢定」即可。

分析→比較平均數法→單因子分析→(1)依變數（如：月薪）；
(2)因子（如：婚姻狀況──結婚1、未婚2、離婚3）→「選項」，勾選「描述性統計」、「變異性的同質性」→確定。

1. 若有顯著變異時，作事後比較：
   (1)變異數分析欄，顯著性 $p < .05$，才能作事後分析。
   (2)Post Hoc檢定→Scheffé法→多重比較。
   (3)各群間有顯著性，才能互相比較高低優劣；若群間無顯著性，數據的高低並不代表什麼，無法比較群間的優劣。
2. 同質性考驗：變異數同質性檢定（$p > .05$，不顯著），才能做單因子分析，代表個數間不同質，未經刻意分組（群），呈常態分布。

六、標準化分數（T分數）：用於將多組分數，轉換同一標準分數

分析→描述性統計→描述性統計量→選擇變數→勾選「將標準化的數 存成變數」（資料變數會多出一欄，將舊變數數 轉成新變數數 ，即T分數）→「選擇」勾選「平均數」、「標準差」、「最小值」、「最大值」、「標準誤」→確定→輸出描述統計表。

七、針對群體中某一部分族群作統計

1. 資料→選擇觀察值→如果滿足設定條件……（例：若sex＝1）「未被選擇的觀察值」選「過濾」→確定。
2. 分析→描述性統計→描述性統計量→選擇變數→勾選「將標準化的數 存成變數」（即T分數）→「選擇」勾選「平均數」、「標準差」、「最小值」、「最大值」、「標準誤」→確定→輸出描述統計表。

八、複數題分析：針對問卷的複數題選項作出分析

1. 選擇觀察值→刪除不當資料。
2. 分析→複數題分析→定義集合→將q1～q5選入集內變數區，選「二分法」，計數＝1，命名新變數名稱「q」→新增後，便會在「複選題集」出現「$q」→關閉。
3. 分析→複選題分析→次數分配表→將「複選題集」中「$q」選入「表格」中，勾選遺漏值→確定→出現次數分配表。
4. 分析→複選題分析→交叉表→「直行」選sex（?, ?），定義範圍「最大值」＝2，「最小值」＝1→「橫列」選$q→確定。

九、迴歸分析：預測變項數據、選出重要變項、建立模式

(一)預測變項數據和建立模式

1. 分析→迴歸方法→線性→(1)依變數（Y）效標變項；(2)自變數（X）→選「強迫進入變數法」→儲存（預測值勾「未標準化」、殘差勾「標準化」）→確定→資料檢視會出現二欄變數（預測值、標準差）。
2. 判斷：
   (1)摘要模式→R平方（可靠度）>至少0.2。
   (2)變異數分析：顯著性$p < .05$。
   (3)係數：B的估計值（常數a、自變數b）【$p < .05$，才能列入模式；+值代表正面向、-值代表負面向】→套入$Y＝aX+b$→建立模式。
3. 若輸入新的「自變數（X）」數值，重新執行迴歸分析→會出現二欄新的「預測值」、「標準差」，即得到想預測的變數值。

註:「預測值」選「未標準化」,是因為預測數必須是原值;
「殘差」:各變項間的標準化,是轉換過的值。

(二)選出重要變項

若不知哪些「自變數」是影響「依變數」的關鍵變數,可用「逐步迴歸法」,選出重要的變數。

1. 分析→迴歸方法→線性→(1)依變數(Y);(2)自變數(X)選多個可能具有關鍵性的變數(但變數間必須彼此獨立不相關,例:「加總」即不可)→選「逐步迴歸法」→確定→資料檢視會出現二欄變數(預測值、標準差)。

2. 判斷:

 (1)摘要模式→R平方(可靠度)>至少0.2。

 (2)變異數分析:顯著性$p < .05$。

 (3)「選入的變數欄」、「排除的變數欄」:選出有關鍵性影響的「自變數」、排除無影響的「自變數」。

3. 重新執行「迴歸分析」(強迫進入變數法),找出預測模式。

(三)虛擬變項

若名義變項要納入作迴歸分析,則必須將「名義變項」轉換成「虛擬變項」,才能作分析。

步驟:

重新編碼→性別(名義變項)	「性別」變項→m:「男」變項(虛擬變項)	0→1(男) 1→0(無)
	「性別」變項→w:「女」變項(虛擬變項)	1→1(女) 0→0(無)
→將「性別」變項分成「男」、「女」二變項→執行「逐步迴歸」,選出影響變項		
→執行「強迫進入變數」迴歸法→找出模型,找出預測值。		

註:若預測的模式中有三個「影響變項」,就必須輸入此三個變項的數據才能預測「自變項」的數據。

第十一章 後記：SPSS操作筆記

十、信度分析

1.目的：分析問卷的信度。

2.步驟：

分析→量尺法→信度分析→將變項移入項目欄→模式α值→勾選「列出項目註解」→統計量「刪除項目後量尺摘要」→確定

3.判斷：

(1)α＞.7，高信度；α＜.5，注意修改題目；α＜.35，低信度。

(2)可搭配資料縮減，分成不同的因素群，就不同面向（因素）的題目作信度分析。

例：認知（1-10）、情意（11-20）、技能（21-30）、問卷所有題目（1-30）作信度分析。

(3)各成分的α值＞總成分的α值，代表各面向一致性良好。

十一、判別分析

Item Deleted	Scale Mean if Item Deleted	Scale Variance if Item Deleted	Corrected Item-Total Correlation	Alpha if Item Deleted	說明
VAR00030	29.9024	16.9902	.4144	.6977	1.V30～V38共9項，信度＝0.7227，問卷信度可以接受。
VAR00031	31.1463	19.0280	.0075	.7642	2.若真要刪除一題目，應選V31，刪除後總信度可達0.7642，較原信度0.7227高，但不一定要刪，因本大題的信度已經達0.7以上。
VAR00032	29.9024	16.5902	.4578	.6904	
VAR00033	29.7561	16.3390	.4665	.6879	
VAR00034	30.3659				

16.5878	.3279	.7111
VAR00035	30.4146	
15.0488	.5136	.6750
VAR00036	30.0976	
13.7902	.5928	.6549
VAR00037	30.0000	
17.2500	.2645	.7209
VAR00038	30.0244	
14.7744	.5934	.6597

Reliability Coefficients
N of Cases = 41.0　　　　　　　　　　N of Items = 9
Alpha = .7227

1. 目的：判別（預測）某一數據歸類在哪一類群組中（註：名義變項亦要作「虛擬變項」）。分群的目的是因為判別的數據為「離散變數」，迴歸分析則是預測「連續變數」。

2. 步驟：

    分析→分類→判別→自（解釋）變數（如：組織、氣氛、領導）；分組變數（定義—Min = 1、Max = 3）→「統計量」選「平均數」、「單變量」、「Box'M檢定」、「Fisher's係數」、「組內相關矩陣」→「分類」選「逐步觀察後結果」、「摘要表」、「Leave-one-out」→儲存選「儲存預測群組」、「區別分數」→確定（註：若不確定「自變數」具有影響力，可選「使用逐步迴歸分析法」）

3. 判斷：

    (1) 群組的差異性不顯著 p > .05，才可繼續分析。

    (2) 結構矩陣：可看出函數與自變數間的相關性。

    (3) 分類結果：可看出原始組別是否已正確分類（> 50%）；交叉驗證組別是否已正確分類（> 50%）。

十二、集群(一維)分析

1. 目的:將一群異質的群體區隔為同質性較高的群集,資料靠自身的相似性群集在一起,群集的意義要靠事後說明才得知。
2. 步驟:

   分析→分類→階層集群分析法→選入變數→「統計量」選「群數凝聚過程」→圖形選「樹狀圖」、「冰柱圖/全部集群」→方法/量測/區間選「直線距離平方法」→確定
3. 判斷:

   (1) 群數凝聚過程:係數<5者,才具凝聚效果。
   (2) 可由垂直冰柱圖觀察分群變化。
   (3) 先作集群才能作判別分析。

群數凝聚過程

階段	組合集群		係數	先出現的階段集群		下一階段
	集群1	集群2		集群1	集群2	
1	7	8	1.000	0	0	3
2	4	5	1.000	0	0	8
3	6	7	2.500	0	1	8
4	12	13	4.000	0	0	9
5	10	11	4.000	0	0	9
6	2	3	4.000	0	0	7
7	1	2	10.000	0	6	10
8	4	6	13.167	2	3	10
9	10	12	38.000	5	4	11
10	1	4	63.867	7	8	13
11	9	10	110.000	0	9	12
12	9	14	424.000	11	0	13
13	1	9	1739.250	10	12	0

群數凝聚可至第六階段（< 5）。

1	2	3	4	5	6	7	8	9	10	11	12	13	14	（組）
1	2		3			4		5		6		7	8	（群）

以「信用度分析.sav」為例，作「判別分析」→先將「性別」、「婚姻狀況」等名義變項轉換成虛擬變項，對「信用度狀況」（分組變數）作出判別及預測。

1. 先作「判別分析／逐步迴歸分析法」（「統計量」選「Box'M檢定」即可），選出重要變數。

    (1)若「Box'M檢定」p > .05，即可繼續進行「判別分析／使用所有變數」，完成判別及預測。

    (2)若「Box'M檢定」p < .05，不可繼續分析，請進行2.步驟。

檢定結果

Box'M共變數相等性檢定		446.698
F檢定	近似值	21.898
	分子自由度	20
	分母自由度	168742.507
	顯著性	.000

相等母群共變數矩陣的虛無假設檢定。

2. 將各變項中變數數據過大或過小者（如：薪資等連續變數），轉變成「標準化分數」（T分數），以降低此變項所占的重要性，再進行1.步驟。

3. 承上，若「Box'M檢定」結果，p < .05，即不可分析，須進行「集群分析」。

4. 群集分析分為「一維集群分析」——資料量小時；「K平均數集群」——資料量大時。

第十一章 後記：SPSS操作筆記

十三、K平均數集群

1. 目的在於將沒有系統性、分析性的資料，作一分群，以利資料進行判別分析。
2. 先設定集群的個數，利用分類與疊代的方法，直到收斂，找出最佳的分類群數及分類法→若無法收斂，再重新設定集群的個數或疊代次數，直至收斂為止→再每個分群進行判別分析，找出可分析的集群（若分5個集群，或許只有1個集群能分析）→若仍無法進行判別分析，只能重做「K平均數集群」或放棄該份資料重做。
3. 步驟：

    分析→分類→K平均數集群→變數（自變數，含虛擬變數、標準化變數）移入右方視窗→先「假定」集群數＝3、疊代次數＝25、選「分類與疊代」、選「儲存」/各集群組員→觀察是否收斂（收斂次數越少越好），若收斂，會記錄下分群的結果（qcl_1）。

    依分群的結果設定觀察值（若分成4群，先設定qcl_1＝1先觀察，2、3、4……餘類推）→對集群1先進行「判別分析」，若不通過檢定，再對集群2分析，餘類推→若全不通過，重新設定「集群數」、「疊代次數」，直到有結果為止。

疊代記錄[a]

疊代	集群中心點的變更					
	1	2	3	4	5	6
1	.929	.878	.862	1.070	.849	.698
2	.119	.540	7.081E-02	.175	.229	.196
3	.000	8.884E-02	4.183E-02	.147	5.765E-02	6.548E-02
4	.000	.000	.000	.000	.000	.000

a. 因為距離沒有改變或距離改變很小而達成的收斂。任何中心點已經變更的最大距離為.000。目前的疊代為4。在初始中心點間的最大距離為2.012。

各集群中的觀察值個數

集群	1	12.000
	2	15.000
	3	34.000
	4	42.000
	5	123.000
	6	181.000
有效的		407.000
遺漏值		.000

達疊代收斂（4次），共分6群，第一群（12筆）、第二群（15筆）、第三群（34筆）、第四群（42筆）、第五群（123筆）、第六群（181筆）。

十四、交互作用

之前做過「單因子變異數分析」，乃針對「自變項」中不同「因子」對「依變項」的關係分析。若不同因子間有交互關聯性，就不能視為獨立的因子，必須使用交互作用分析（請參考單純主要效果分析）。

　1.步驟：
　　分析→一般線性模式→單變量→依變項（如：數學解題信念）、固定因子（如：學生性別、年級）、選項（如：a、b、a*b）、圖形（水平軸：b／個別線：a／新增）→確定
　2.判斷：若圖形產生交叉，代表兩因素產生交互關聯。

第十一章　後記：SPSS操作筆記

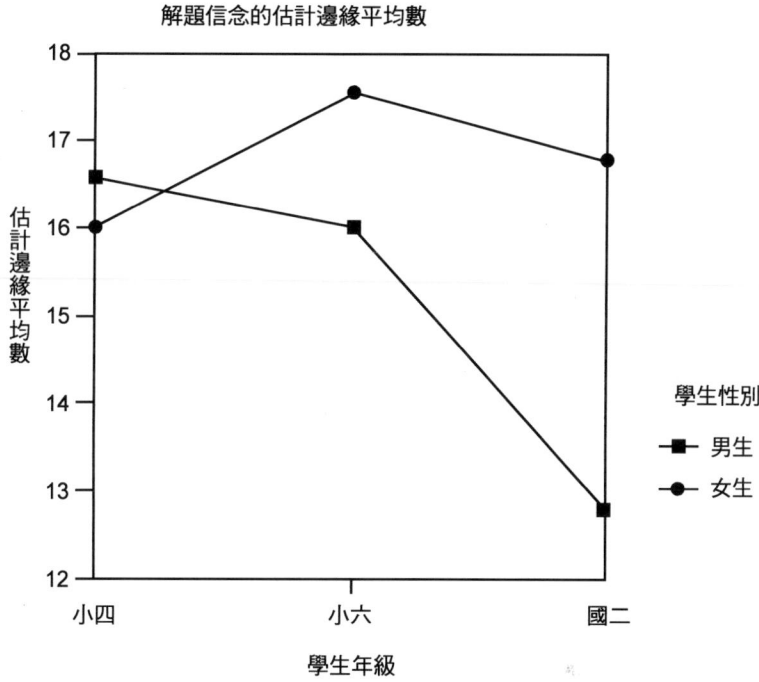

　　以上的分析memo只是提供你執行SPSS參考之用，讀者仍須視你的研究假設，參考SPSS統計書籍，按表（圖）索引及操作，並閱讀已出版的文章或論文，學習作圖表和使用統計符號，最後還要回答你的研究問題以及在實務之應用，唯有勤練習多操作，才能將這些統計概念及操作化為實用之知識，記得：統計要掌握KISS原則。

參考書目

一、中文

朱柔若譯(2000)。《社會研究方法：質化與量化取向》。台北：揚智。
林清山(2008)。《心理與教育統計學》。台北：東華書局。
林清山(1992)。《心理與教育統計學》。台北：東華書局。
李美華等譯(1998)。《社會科學研究方法》(下冊)。台北：時英。
邱皓政(2000)。《量化研究與統計分析》。台北：五南。
郭靜晃(2005)。《兒童發展與保育》。台北：威仕曼。
郭靜晃、吳幸玲譯(1993)。《發展心理學：心理社會理論與實務》。台北：揚智。
郭靜晃、徐蓮蔭譯(1997)。《家庭研究法》。台北：揚智。
郭生玉(1981)。《心理與教育研究法》。台北：精華。
黃光國(1978)。〈事後回溯研究〉。輯於楊國樞、文崇一、吳聰賢、李安園編，《社會及行為科學研究法》。台北：東華。
黃惠如(2002)。《影響單親家庭生活品質相關因素之研究》。中國文化大學兒童福利研究所碩士論文。

二、英文

American Psychological Association (APA) (1952). Publication Manual of American Psychological Association. *Psychological Bulletin*, 49, 389-499.

Kerlinger, F. N. (1973). *Foundations of Behavioral Research*. (2nd ed.), New York: Holt, Rinehart and Winston.

Kerlinger, F. N. (1986). *Foundations of Behavior Research*. New York: Holt, Rinehart and Winston.

Kuhn, T. S. (1970). *The Structure of Scientific Revolution*. (2nd ed.), Chicago: University of Chicago Press.

Tuckman, B. W. (1972). *Conducting Educational Research*. New York: Harcourt Brace Jovanovich.

國家圖書館出版品預行編目(CIP)資料

SPSS 統計實務操作 / 郭靜晃著. --初版.
-- 新北市：威仕曼文化, 2013.04
    面； 公分.--（研究方法叢書；6）

ISBN 978-986-6035-14-2 (平裝)

1.統計套裝軟體 2.統計分析

512.4   102005052

研究方法叢書 6

SPSS 統計實務操作

作　　者／郭靜晃
出 版 者／威仕曼文化事業股份有限公司
總 經 銷／揚智文化事業股份有限公司
發 行 人／葉忠賢
地　　址／22204 新北市深坑區北深路三段 260 號 8 樓
電　　話／(02)8662-6826
傳　　真／(02)2664-7633
網　　址／http://www.ycrc.com.tw
 E-mail　／service@ycrc.com.tw
印　　刷／鼎易印刷事業股份有限公司
 Ｉ Ｓ Ｂ Ｎ　／978-986-6035-14-2
初版一刷／2013 年 4 月
定　　價／新台幣 450 元

＊本書如有缺頁、破損、裝訂錯誤，請寄回更換＊